Der Missbrauch als immanente Grenze der Freiheitsrechte

Europäische Hochschulschriften Recht

European University Studies in Law

Publications Universitaires Européennes de Droit

Band/ Volume **6270**

Vasileios Naintos

Der Missbrauch als immanente Grenze der Freiheitsrechte

PETER LANG

Bibliografische Information der Deutschen Nationalbibliothek
Die Deutsche Nationalbibliothek verzeichnet diese Publikation in der Deutschen Nationalbibliografie; detaillierte bibliografische Daten sind im Internet über http://dnb.d-nb.de abrufbar.

Zugl.: Diss., Ludwig-Maximilians-Universität München, 2021

Gedruckt auf alterungsbeständigem, säurefreiem Papier.

D 19
ISSN 0531-7312
ISBN 978-3-631-86842-3 (Print)
E-ISBN 978-3-631-86725-9 (E-PDF)
E-ISBN 978-3-631-86886-7 (EPUB)
DOI 10.3726/b19273

Peter Lang – Berlin · Bern · Bruxelles · New York · Oxford · Warszawa · Wien

Diese Publikation wurde begutachtet.

www.peterlang.com

Vorwort

Die vorliegende Arbeit wurde im Sommersemester 2021 von der Juristischen Fakultät der Ludwig-Maximilians-Universität München als Dissertation angenommen. Die wissenschaftliche Forschung wurde hauptsächlich in den Bibliotheken der Universität München durchgeführt, die englischsprachige Bibliographie fand sich jedoch in der Bibliothek des Georgetown University Law Center, Washington D.C., wo ich im Juni 2018 als „visiting researcher“ aufgenommen wurde.

An dieser Stelle möchte ich mich besonders bei meinem Betreuer, Herrn Prof. Dr. Peter M. Huber, Minister a. D., Richter des Bundesverfassungsgerichts, bedanken, der mich bei der Forschung und dem Verfassen der Arbeit wissenschaftlich enorm unterstützt hat. Außerdem möchte ich Herrn Prof. Dr. Jens Kersten, Zweitgutachter meiner Dissertation, meinen Dank für seine wertvollen Bemerkungen aussprechen.

Zusätzlich muss ich dem DAAD für die großzügige finanzielle Unterstützung danken, die mir sowohl für das LL.M.-Studium an der Juristischen Fakultät der Universität München als auch für zehn Monate im Rahmen der Promotionsforschung zur Verfügung gestellt wurde.

Darüber hinaus danke ich dem Verfassungsrechtler Herrn Prof. Dr. Panagiotis Mantzoufas, Herrn Panagiotis Tsoukas, Oberstem Richter am griechischen Staatsrat, sowie meinem Doktorbruder Dr. Nikolaos Simantiras für ihre Ratschläge zum Thema der Arbeit sowie für die Bereitstellung von Material in Bezug auf die griechische Rechtsordnung.

Nicht zuletzt danke ich meinen Freunden Nikolaos Pavlakos und Angeliki Lampousi für ihre emotionale Unterstützung.

Schließlich möchte ich mich bei meinen Eltern, Dimitrios Naintos und Eleni Louizou, meiner Lebenspartnerin, Ioulia Kosina, sowie meinem Bruder, Dr. Christos Naintos und seiner Familie, für ihre ständige moralische Unterstützung während der Forschung und des Verfassens der Arbeit, was für mich von unschätzbarem Wert ist, aus tiefstem Herzen bedanken. Ihnen widme ich meine Dissertation.

Vasileios Naintos
Thessaloniki, im September 2021

Inhaltsverzeichnis

Abkürzungsverzeichnis

AA	Andere Auffassung
Abs.	Absatz
AcP	Archiv für die civilistische Praxis (Zeitschrift)
AO	Abgabenordnung
AöR	Archiv des öffentlichen Rechts (Zeitschrift)
Art.	Artikel
BayVBl.	Bayerische Verwaltungsblätter (Zeitschrift)
BayVerfGH	Bayerischer Verfassungsgerichtshof
BB	Betriebs-Berater (Zeitschrift)
Bearb.	Bearbeiter
BEG	Bundesentschädigungsgesetz
Begr.	Begründer
BGB	Bürgerliches Gesetzbuch
BGH	Bundesgerichtshof
BGHZ	Entscheidungen des Bundesgerichtshofes in Zivilsachen
BGHSt	Entscheidungen des Bundesgerichtshofes in Strafsachen
BK	Bonner Kommentar
BVerfG	Bundesverfassungsgericht
BVerfGE	Entscheidungen des Bundesverfassungsgerichts
BVerfGG	Bundesverfassungsgerichtsgesetz
BVerfGK	Kammerentscheidung des Bundesverfassungsgerichts
BVerfSchG	Bundesverfassungsschutzgesetz
BVerwG	Bundesverwaltungsgericht
BVerwGE	Entscheidungen des Bundesverwaltungsgerichts
BSG	Bundessozialgericht
bzw.	beziehungsweise
DAngVers	Die ANGestelltenVERSicherung (Zeitschrift)
ders.	derselbe
dens.	denselben
d.h.	das heißt
Diss.	Dissertation
DStR	Deutsches Steuerrecht (Zeitschrift)
DVBl.	Deutsches Verwaltungsblatt (Zeitschrift)
EGMR	Europäischer Gerichtshof für Menschenrechte

EMRK	Konvention zum Schutz der Menschenrechte und Grundfreiheiten
Erl.	Erläuterung
EuGRZ	Europäische GRUNDRECHTE-Zeitschrift (Zeitschrift)
f. (ff.)	(fort)folgende
Fn.	Fußnote
FR	Finanz-Rundschau (Zeitschrift)
FS	Festschrift
GG	Grundgesetz
ggf.	gegebenenfalls
GriechVerf.	Griechische Verfassung
h.M.	herrschende Meinung
Hrsg.	Herausgeber
i.d.F.	in der Fassung
i.V.m.	in Verbindung mit
Ind. L.J.	Indiana Law Journal (Zeitschrift)
insb.	insbesondere
IOWA L. REV.	Iowa Law Review (Zeitschrift)
i.S.	im Sinne
JR	Juristische Rundschau (Zeitschrift)
Jura	Juristische Ausbildung (Zeitschrift)
JuS	Juristische Schulung (Zeitschrift)
JZ	Juristenzeitung (Zeitschrift)
LZ	Leipziger Zeitschrift für Deutsches Recht (Zeitschrift)
MDR	Monatsschrift für Deutsches Recht (Zeitschrift)
MICH. L. REV.	Michigan Law Review (Zeitschrift)
m.w.N.	mit weiteren Nachweisen
NJ	Neue Justiz (Zeitschrift)
NJW	Neue Juristische Wochenschrift (Zeitschrift)
NStZ	Neue Zeitschrift für Strafrecht (Zeitschrift)
NVwZ	Neue Zeitschrift für Verwaltungsrecht (Zeitschrift)
OVG	Oberverwaltungsgericht
PrOVGE	Entscheidungen des Preußischen Oberverwaltungsgerichts
RGZ	Entscheidungen des Reichsgerichts in Zivilsachen
Rn.	Randnummer
RTDH	Revue trimestrielle des droits de l'homme (Zeitschrift)
RVO	Reichsversicherungsordnung

S.	Seite(n)
SGB	Sozialgesetzbuch
SJZ	Süddeutsche Juristen-Zeitung (Zeitschrift)
S.o.	Siehe oben
StGB	Strafgesetzbuch
StuW	Steuer und Wirtschaft (Zeitschrift)
ThürVerf	Verfassung des Freistaats Thüringen
u.a.	unter anderem
U. Ill. L. Rev.	University of Illinois Law Review (Zeitschrift)
U. Pa. L. Rev.	University of Pennsylvania Law Review (Zeitschrift)
u.s.w.	und so weiter
v.	von
VersammlG	Versammlungsgesetz
VerwArch	Verwaltungsarchiv (Zeitschrift)
Vgl.	Vergleiche
VVDStRL	Veröffentlichungen der Vereinigung der Deutschen Staatsrechtslehrer (Zeitschrift)
Z.	Ziffer, Zahl
z.B.	zum Beispiel
ZJS	Zeitschrift für das Juristische Studium (Zeitschrift)
ZRPh	Zeitschrift für Rechtsphilosophie (Zeitschrift)

Einleitung

I. Gegenstand der Dissertation

Das Thema der vorliegenden Dissertation lautet: „Der Missbrauch als immanente Grenze der Freiheitsrechte". *Merten* definiert die immanenten Grenzen als „die dem einzelnen Grundrecht von vorherein innewohnenden Limitierungen […], die nicht vom Schutzbereich der jeweiligen Grundrechtsbestimmung[1] erfasst und insoweit verfassungsrechtlich nicht geschützt werden".[2] Der Begriff der „immanenten Grenzen" impliziert in der Tat, dass ein Verhalten von vornherein ohne Grundrechtsschutz ist,[3] von vornherein nicht Gegenstand der grundrechtlichen Freiheit darstellt.[4] Demzufolge beschäftigt sich die Dissertation mit der Frage der Existenz eines allgemeinen Missbrauchsvorbehaltes bei den Freiheitsrechten, der besagt, dass die missbräuchliche Ausübung eines Freiheitsrechts von vornherein ohne Grundrechtsschutz ist.[5]

Ansätze für den Ausschluss des Grundrechtsmissbrauchs aus dem Grundrechtsschutz kann man schon in den ersten Verfassungsurkunden in Deutschland finden.[6] § 22 der Verfassungsurkunde des Großherzogtums Hessen aus dem Jahr 1820 besagte: „Jedem Einwohner des Großherzogthums wird der Genuß vollkommener Gewissensfreiheit zugesichert. Der Vorwand der Gewissensfreiheit darf jedoch nie ein Mittel werden, um sich irgend einer, nach den Gesetzen obliegenden Verbindlichkeit zu entziehen". Dasselbe besagte § 14 der Verfassungsurkunde des Großherzogtums Coburg-Saalfeld 1821, während § 28 der Verfassungsurkunde für das Königreich Württemberg 1819 vorschrieb: „Die Freiheit der Presse und des Buchhandels findet in ihrem vollen Umfange statt,

---

1 Zum Begriff des grundrechtlichen „Schutzbereichs" siehe Huber, Konkurrenzschutz im Verwaltungsrecht, S. 175; ders., Allgemeines Verwaltungsrecht, S. 71; Merten, in: Merten/Papier (Hrsg.), HbGR III, § 56 Rn. 1 ff.; Hillgruber, in: Isensee/Kirchhof (Hrsg.), HStR IX, § 200 Rn. 1 ff.

2 Merten, in: Merten/Papier (Hrsg.), HbGR III, § 60 Rn. 10.

3 Vgl. Stemmler, Das „Neminem-laedere-Gebot", S. 47; Merten, in: Merten/Papier (Hrsg.), HbGR III, § 60 Rn. 25 ff.

4 Muckel, in: FS Schiedermair, S. 347; ders., Religiöse Freiheit und staatliche Letztentscheidung, S. 196.

5 Gallwas, Faktische Beeinträchtigungen, S. 86; Thiel, in: Thiel (Hrsg.), Wehrhafte Demokratie, S. 129 (151 f.); Dickert, Naturwissenschaften, S. 239 m.w.N.

6 Sachs, in: Stern (Hrsg.), Staatsrecht III/2, § 81, S. 544.

jedoch unter Beobachtung der gegen den Mißbrauch bestehenden oder künftig zu erlassenden Gesetze".[7]

Jedoch ist die Möglichkeit des Missbrauchs bei den Grundrechten und sogar in diesen des Grundgesetzes ein strittiges Thema, zu dem es in der Literatur aber auch in der Rechtsprechung viele und verschiedene Meinungen gibt. Zusätzlich ist anzumerken, dass diejenigen, die den Missbrauch als immanente Grenze der Freiheitsrechte verstehen, entweder die Voraussetzungen eines Grundrechtsmissbrauchs nicht konkretisieren oder sich nicht über diese Voraussetzungen einigen. Da jedoch die Annahme immanenter Grenzen mit Gefahren für die grundrechtliche Freiheit verbunden ist[8] – denn was nicht geschützt wird, kann durch den Staat weder berührt noch verletzt werden[9] –, ist eine holistische Betrachtung des Grundrechtsmissbrauchs als immanenter Grenze der Freiheitsrechte notwendig. Eine solche Betrachtung bedingt die Analyse der Grundannahmen der Lehre vom Rechtsmissbrauch sowohl im Zivilrecht als auch im Verwaltungsrecht (insbesondere im Steuer- und im Sozialrecht), die Darstellung der Rechtsprechung des Bundesverfassungsgerichts, des Bundesverwaltungsgerichts und des Bundesgerichtshofs sowie der in der Literatur vertretenen Meinungen zum allgemeinen Missbrauchsvorbehalt bei den Grundrechten und schließlich die Formulierung der entsprechenden Meinung des Verfassers dieser Arbeit.

Demzufolge wird der Hauptteil dieser Dissertation in drei Kapitel aufgegliedert: Kapitel 1 analysiert die Lehre vom Rechtsmissbrauch im Zivilrecht und Verwaltungsrecht. In Kapitel 2 werden die einschlägige Rechtsprechung dargestellt und die verschiedenen in der Literatur vertretenen Meinungen systematisiert. In Kapitel 3 wird die entsprechende Meinung des Verfassers formuliert. Am Ende werden die wichtigsten Ergebnisse der Untersuchung zusammengefasst.

II. Begriffliche Erläuterungen

1. Der Begriff „(verfassungs)immanente Schranke"

Zunächst jedoch soll darauf hingewiesen werden, dass die Literatur und die Rechtsprechung manchmal statt des Begriffes „immanente Grenze" den Begriff „(verfassungs)immanente Schranke" verwenden, um die (von vornherein)

---

7 Eine Zusammenstellung dieser Paragrafen bei Sachs, in: Stern (Hrsg.), Staatsrecht III/2, § 81, S. 544, Fn. 253.

8 Merten, in: Merten/Papier (Hrsg.), HbGR III, § 60 Rn. 12.

9 Merten, in: Merten/Papier (Hrsg.), HbGR III, § 56 Rn. 1.

Begrenzung des Schutzbereichs eines Grundrechts zu umschreiben. Dieser Begriff muss aber richtigerweise für die Beschränkung von Grundrechten und insbesondere von vorbehaltlosen Grundrechten aufgrund gleichrangigen Rechts benutzt und demzufolge nicht für die Begrenzung des Schutzbereichs der Grundrechte verwendet werden.[10] Das wird damit begründet, dass der Begriff der „Grundrechtsschranke“ die Einschränkung von grundrechtlichen prima-facie-Positionen betrifft.[11] Eine Grundrechtsschranke ist außerhalb des grundrechtlichen Schutzbereichs verankert, greift in ihn hinein und „drängt die potenziell geschützte Freiheit auf das gewollte Maß zurück“.[12] Gibt es eine grundrechtliche prima-facie-Position nicht, dann gibt es auch keine Einschränkung. Die Idee der verfassungsimmanenten Schranken bei vorbehaltlosen Grundrechten findet man auch in der Rechtsprechung des Bundesverfassungsgerichts, wobei betont wird, dass „nur kollidierende Grundrechte Dritter und andere mit Verfassungsrang ausgestattete Rechtswerte“ ausnahmsweise auch uneinschränkbare Grundrechte begrenzen können.[13] Hier geht es um ungeschriebene Grundrechtsbegrenzungen auf der Schrankenebene durch eine im konkreten Fall vorgenommene Abwägung von kollidierenden Verfassungswerten.[14]

2. Der Begriff „Grundrechtsgebrauch“

Es muss noch eine begriffliche Erläuterung vorgenommen werden, und zwar in Bezug auf den Begriff des „Grundrechtsgebrauchs“. In der Literatur wird betont, dass der Grundrechtsgebrauch „die Geltendmachung des Grundrechtsschutzes gegenüber dem Staat“ ist, denn die Grundrechte funktionieren primär als Abwehrrechte und begründen kein Handlungsrecht.[15] Die Diskussion betrifft insbesondere Art. 18 GG und veranlasste sogar einen Teil der Literatur, zu vertreten, dass die Freiheitsrechte auch „Duldungsansprüche“[16] oder „politische

10 Zu den „verfassungsimmanenten Schranken“ siehe Huber, Allgemeines Verwaltungsrecht, S. 73; Hufen, Staatsrecht II, § 9 Rn. 30 ff.; Merten, in: Merten/Papier (Hrsg.), HbGR III, § 60 Rn. 73.

11 Alexy, Theorie der Grundrechte, S. 254. Siehe auch Höfling, Jura 1994, 169 (171).

12 Stemmler, Das „Neminem-laedere-Gebot“, S. 31.

13 BVerfGE 28, 243 (261). Siehe dazu auch Hufen, Staatsrecht II, § 9 Rn. 32.

14 So treffend Stemmler, Das „Neminem-laedere-Gebot“, S. 46. Vgl. von Arnauld, Die Freiheitsrechte und ihre Schranken, S. 124 f.

15 So Schnelle, Freiheitsmissbrauch und Grundrechtsverwirkung, S. 78.

16 So Wilke, Die Verwirkung der Pressefreiheit, S. 19 ff.: Nach *Wilke* will das Grundgesetz im Art. 18 GG die tatsächliche verfassungsfeindliche Betätigung verhindern und nicht die nach einem staatlichen Eingriff mögliche Berufung auf Grundrechte

Mitwirkungsrechte"[17] sind. Es wurde auch die Meinung vertreten, Art. 18 GG

(S. 19 f.). Um seine Meinung zu untermauern, betont er zunächst die Besonderheit der Duldungsansprüche im Gegensatz zu den eigentlichen Unterlassungsansprüchen, die darin liege, dass sie sich „nicht in einem bloßen Nichtstun erschöpfen, sondern ein spezielles Nichtstun fordern, das sich durch Passivität gegenüber fremden Handlungen auszeichnet" und demzufolge werden sie „durch die Vornahme der Handlung geltend gemacht" (S. 20 f. m.w.N.). Was die Grundrechte betreffe, die als Unterlassungsansprüche qualifiziert werden, dürfe der Staat „sie nicht verhindern, sondern ist gezwungen bestimmte Verhaltensweisen der Bürger innerhalb ihrer Freiheitssphäre nicht zu stören" (S. 21). Diese Gebote seien aber Duldungsgebote und damit stellen „Rechte auf Nichtstörung eigenen Verhaltens Duldungsansprüche" dar (S. 21). Demzufolge seien die Grundrechte des status negativus Unterlassungsansprüche in der Form der Duldungsansprüche, die auch Darfrechte genannt werden können (S. 21). Der Rechtsinhalt dieser Grundrechte werde durch die Vornahme tatsächlicher Handlungen in dem vom jeweiligen Grundrecht geschützten Lebensbereich verwirklicht (S. 21).

17 So Schmitt Glaeser, Mißbrauch und Verwirkung von Grundrechten im politischen Meinungskampf, S. 80 ff.: Wenn man die „klassischen" Grundrechte (Freiheitsrechte) als solche des status negativus verstehe, dann seien sie Unterlassungsrechte, die dann ausgeübt werden, wenn der Grundrechtsträger auf einen staatlichen Eingriff reagiert (S. 85–87). Diese „Qualifizierung der Grundrechte als ‚Reaktionsrechte'" sei aber im Rahmen des Art. 18 GG problematisch (S. 88). Das Verständnis des Grundrechtsgebrauchs als „Abwehr-Gebrauch" schalte praktisch die Wirkungskraft des Art. 18 GG aus, weil dieser Artikel nur dann aktuell werden könnte, wenn der Grundrechtsträger sich gegen ein staatliches Eingreifen wehren würde, er somit die Möglichkeit hätte, tatsächlich gegen die freiheitliche demokratische Grundordnung vorzugehen und zugleich zu entscheiden, „ob er den Mißbrauchstatbestand mit seinen Sanktionsfolgen erfüllen will oder nicht" (S. 89). Eine Betrachtung der Freiheitsrechte nur als Abwehrrechte würde im Rahmen des Art. 18 GG zu einer „ausweglosen Situation" führen (S. 89). Daraus ergebe sich, dass der Missbrauch im Art. 18 GG eine „verfassungsfeindliche Betätigung", eine „tatsächliche Handlung" sein müsse (S. 90). Dennoch bleibt *Schmitt Glaeser* nicht bei diesem Punkt, sondern fügt hinzu, dass Art. 18 GG zumindest die Vermutung begründet, dass es sich um einen Missbrauch von Rechten handelt, die über eine „gestaltende Funktion" im Verfassungsrecht verfügen (S. 91). In diesem Rahmen betont er, dass die Grundrechte, wie die Meinungsfreiheit, in einer demokratischen Staatsauffassung Gestaltungsfaktoren darstellen, was aber auch nach der Gesamtkonzeption des Grundgesetzes der Fall ist (S. 91 ff., insbesondere 98). Schon Art. 1 Abs. 1 GG, nach dem der Staat zur Achtung und zum Schutz der Menschenwürde verpflichtet werde, bringe die Menschenwürde mit dem Staat in Beziehung (S. 98), was den liberalistischen Doktrinen, „daß den Staat die Würde des Menschen nichts angehe" (S. 98 mit Verweis auf *Dürig*, siehe Dürig, in: Maunz/Dürig (Hrsg.), Grundgesetz Sonderdruck, Art. 1 Abs. I, S. 4, Fn. 1 m.w.N.) und „von einer Trennung und Entgegensetzung des politischen Staates und der unpolitischen (privaten)

spreche nicht vom Grundrecht auf Meinungsäußerung, sondern von der „Freiheit der Meinungsäußerung".[18] Die vorliegende Dissertation versteht als „Grundrechtsgebrauch" bzw. „Grundrechtsausübung" „das Verhalten im Schutzbereich

---

Gesellschaft" nicht entspreche (S. 99). Der Anspruch auf Menschenwürde habe eine „Kehrseite", nämlich die Pflicht des Menschen, die staatliche Schutzpflicht „‚realisierbar' zu machen" (S. 99 mit Verweis auf *Dürig*, siehe Dürig, in: Maunz/Dürig (Hrsg.), Grundgesetz Sonderdruck, Art. 1 Abs. I Rn. 48). Somit habe das Grundgesetz „einen Mittelweg zwischen individueller Freiheit und sozialer Bindung" (S. 99 mit Verweis auf Huber, Wirtschafts-Verwaltungsrecht I, S. 200). Dieses Menschenbild, nämlich des „‚sozial-verschränkten' Menschen", erzähle genau die grundgesetzliche Bezeichnung der Grundordnung nicht bloß als demokratisch, sondern als freiheitlich-demokratisch (S. 100). In der freiheitlichen Demokratie schaffe die Freiheit des Individuums die Demokratie und die Demokratie schütze diese Freiheit (S. 100). Außerdem mache in dieser Demokratie jeder einzelne mit, gestalte jeder einzelne den Staat mit (S. 101). Das „rechtliche Instrument dieser Mitgestaltung" seien aber die Grundrechte (S. 101). Die Freiheitsrechte können damit nach *Schmitt Glaeser* nicht „nach solchen des status negativus und solchen des status activus" aufgegliedert werden (S. 104): „Es werden sich immer nur Akzente setzen lassen" (S. 104). Im Beispiel der Meinungsfreiheit, die beim Art. 18 GG eine ganz dominierende Position habe, liege ihre Funktion in der Begründung, Förderung und Erhaltung der öffentlichen Meinung (S. 105 ff., insbesondere S. 112). Auf diese Weise diene sie der politischen Integration des Volkes (S. 112). Das sei genau der Gebrauch dieses Rechts, seine Inhaltsverwirklichung (S. 112). Das Recht auf Meinungsfreiheit sei ein „politisches Teilhaberecht", ein „politisches Mitwirkungsrecht" (S. 112). Das bedeute aber nicht, dass nur die öffentliche Meinungsäußerung verbürgt werde, sondern es werde auch die private Meinungsäußerung geschützt (S. 113 f.). Art. 18 GG könne aber nur die Ausübung politischer Teilhaberechte meinen, „wenn er von Grundrechtsmißbrauch spricht" (S. 114 f.). Art. 18 GG stelle eine „Regelung des politischen Meinungskampfes" dar (S. 115). Zwar seien nicht alle von den im Art. 18 GG genannten Grundrechte politisch-gestaltend zu gebrauchen und zu missbrauchen (so Art. 10, 14, 16 Abs. 2 S. 2 GG), es erkläre sich aber aus der Tatsache, dass der Verfassungsgeber besonders auf den Passus „verwirkt diese Grundrechte" aufmerksam war und bezüglich der vorausliegenden Begriffe „Gebrauch" und „Mißbrauch" keine Erwägungen anstellte (S. 116–122, insbesondere 120, 122). Darüber hinaus liege der Schwerpunkt des Verwirkungskatalogs auf der Meinungsfreiheit, die übrigen Grundrechte, die politisch-gestaltend zu gebrauchen seien (Pressefreiheit, Freiheit von Rundfunk, Fernsehen und Film, Versammlungsfreiheit, Vereinigungsfreiheit und Lehrfreiheit), seien „Rechte der Meinungsfreiheit in einem weiteren Sinne" denn sie beziehen sich auf die Meinungsäußerung und -verbreitung in verschiedenen Erscheinungsformen (S. 123 f.).

18 So Schnelle, Freiheitsmissbrauch und Grundrechtsverwirkung, S. 78; Schwabe, Probleme der Grundrechtsdogmatik, S. 55 ff.

eines Grundrechts",[19] „die Realisierung des freiheitlichen Gehalts eines Grundrechts".[20] Sie meint in Bezug auf das Grundrecht auf freie Meinungsäußerung die Meinungsäußerung als Grundrechtsgebrauch.[21]

---

19 Kingreen/Poscher, Grundrechte, Rn. 257. Zustimmend Höfling, Jura 1994, 169 (170).

20 Gallwas, Der Mißbrauch von Grundrechten, S. 34.

21 Gallwas, Der Mißbrauch von Grundrechten, S. 34. Vgl. Reif, Der Begriff der Verwirkung der Grundrechte, S. 82.

Kapitel 1: Die Lehre vom Rechtsmissbrauch im Zivil- und Verwaltungsrecht

Es ist allgemein anerkannt, dass die Lehre vom Rechtsmissbrauch einen „sicheren Bestand“ sowohl der zivilrechtlichen Theorie als auch der zivilrechtlichen Praxis darstellt.[22] Sie ist aber auch im Verwaltungsrecht anerkannt, insbesondere im Steuer- und im Sozialrecht.[23]

Dieses Kapitel ist demzufolge in drei Abschnitte aufgeteilt. Der erste (I) beschäftigt sich mit der Lehre vom Rechtsmissbrauch im Zivilrecht, der zweite (II) mit der Lehre vom Rechtsmissbrauch im Verwaltungsrecht. Schließlich erfolgt im dritten Abschnitt (III) eine Zusammenfassung der ersten zwei Abschnitte.

I. Die Lehre vom Rechtsmissbrauch im Zivilrecht

Die Lehre vom Rechtsmissbrauch im Zivilrecht wird von der Auseinandersetzung zwischen der *Innentheorie* und der *Außentheorie* beherrscht.[24] Diese Theorien versuchen „ein rechtstheoretisches Modell für das Verhältnis zwischen subjektivem Recht und seinen Schranken“ anzubieten, das gleichzeitig auch die Missbrauchsproblematik erklären kann.[25] Die Innentheorie ist aber in der Rechtsprechung[26] und der Literatur[27] herrschend.[28]

---

22 So Gallwas, Der Mißbrauch von Grundrechten, S. 11; Reif, Der Begriff der Verwirkung der Grundrechte, S. 3, mit Verweis auf Lehrbücher und Kommentare des Bürgerlichen Gesetzbuchs.

23 Vgl. Gallwas, Der Mißbrauch von Grundrechten, S. 13 ff.; Krüger, Rechtsmissbrauch, S. 53 ff.

24 Reif, Der Begriff der Verwirkung der Grundrechte, S. 4, Fn. 5.

25 Krüger, Rechtsmissbrauch, S. 41. Vgl. Reif, Der Begriff der Verwirkung der Grundrechte, S. 4, Fn. 5. Allgemein – unabhängig von der Missbrauchsproblematik – zu den Thesen dieser Theorien siehe Alexy, Theorie der Grundrechte, S. 250 ff.

26 Siehe u.a. BGHZ 30, 140 (145), BGH NJW 2012, 3424 (3425 Rn. 16).

27 Siehe u.a. Schulze, in: Schulze (Schriftleitung), Hk-BGB, § 242 Rn. 21; Bork, Allgemeiner Teil, Rn. 343: „Die missbräuchliche Rechtsausübung gehört von vornherein nicht zur geschützten Verhaltensberechtigung“.

28 Die Innentheorie benennen als herrschend u.a. Mansel, in: Stürner/Jauernig, BGB Kommentar, § 242 Rn. 33; Reif, Der Begriff der Verwirkung der Grundrechte, S. 4; Wysk, Rechtsmißbrauch, S. 53.

1. Innentheorie

Die *Innentheorie* wurde von *Siebert*[29] begründet.[30] Nach ihm tritt aus den Einzelvorschriften des BGB, besonders aber aus dem Wesen und der Aufgabe der Rechtsordnung und der einzelnen subjektiven Rechte, der Grundsatz hervor, „daß der Inhalt eines jeden Rechts durch seine rechtsethische und soziale Funktion bestimmt ist oder wenigstens in der Weise immanente Grenzen aufweist, daß eine zweckfremde, funktionswidrige Ausübungshandlung durch den Inhalt des Rechts nicht mehr gedeckt ist, sondern eine Abkehr vom Recht, eine Rechtsüberschreitung darstellt."[31] Diese These von *Siebert* erinnert an den berühmten Satz von *Planiol*: „le droit cesse où l'abus commence".[32] So kommt *Siebert* zur Schlussfolgerung, dass die funktionswidrige Ausübungshandlung „nur noch scheinbar" ein Gebrauch des Rechts ist und der Rechtsmissbrauch in Wirklichkeit ein „Handeln ohne Recht" darstellt.[33] „Deshalb ist eine solche scheinbare Ausübungshandlung unzulässig."[34] *Siebert* fügt hinzu, dass die immanente Begrenzung des Inhalts des Rechts in den allgemeinen Tatbeständen der guten Sitten und der Einhaltung von Treu und Glauben lediglich einen generellen Ausdruck findet und „durch die abstrakte Fassung der meisten Einzelnormen über den Rechtsinhalt [...] verdeckt" wird; „sie wird daher erst bei einer bestimmten Ausübung im Einzelfall sichtbar und wirksam. [...] Die Fälle der äußerlich (formell) durch den Rechtsinhalt gedeckten, erst im einzelnen Rechtsstreit sichtbar werdenden Rechtsüberschreitung sind die eigentlichen Fälle des Rechtsmißbrauchs."[35]

---

29 Siebert, Verwirkung und Unzulässigkeit der Rechtsausübung, S. 83 ff.

30 Wysk, Rechtsmißbrauch, S. 53.

31 Siebert, in: Soergel (Begr.)/Siebert (Hrsg.), BGB I, Vorbemerkungen vor § 226 Rn. 12, S. 755 f.

32 Planiol/Ripert, Traité élémentaire II, S. 298, auf den auch Siebert, Verwirkung und Unzulässigkeit der Rechtsausübung, S. 88, verweist.

33 Siebert, in: Soergel (Begr.)/Siebert (Hrsg.), BGB I, Vorbemerkungen vor § 226 Rn. 12, S. 756.

34 Siebert, in: Soergel (Begr.)/Siebert (Hrsg.), BGB I, Vorbemerkungen vor § 226 Rn. 12, S. 756. Der Begriff „Rechtsmissbrauch" im Rahmen der zivilrechtlichen Missbrauchslehre betrifft den „Tatbestand der missbilligten Inanspruchnahme eines Rechts", während der Begriff „unzulässige Rechtsausübung" besser die Rechtsfolge zeigt, nämlich die Verwehrung der Ausübung oder der Durchsetzung eines Rechts. So zutreffend Schubert, in: Krüger (Redakteur), Münchener Kommentar BGB II, § 242 Rn. 199.

35 Siebert, in: Soergel (Begr.)/Siebert (Hrsg.), BGB I, Vorbemerkungen vor § 226 Rn. 14, S. 756.

Auf jeden Fall ist praktisches Ergebnis der inhaltlichen Begrenzung des Rechts, dass die Erhebung einer Einrede nicht erforderlich ist, damit die Grundsätze der unzulässigen Rechtsausübung angewandt werden, sondern sie werden im Prozess „von Amts wegen" berücksichtigt.[36]

2. Außentheorie

Nach der *Außentheorie*[37] existiert das Recht „an sich".[38] Die subjektiven Rechte werden von äußeren Schranken begrenzt.[39] Diese Schranken, die positivrechtlich gesehen werden, beeinflussen den Bestand und den Inhalt des Rechts nicht, sondern untersagen, im Einzelfall „von außen an das Recht herangetragen", die Rechtsausübung.[40] Der Rechtsmissbrauch ist demzufolge verboten nicht aufgrund einer Rechtsüberschreitung, sondern wegen der Verletzung einer – neben dem Recht bestehenden – Rechtsnorm.[41]

„Grundgedanke" dieser Theorie ist somit „die Vorstellung einer zweiten, korrektiven Rechtsordnung".[42] Die *Außentheorie* wird aber von *Siebert* rechtspolitisch als unhaltbar angesehen, „weil sie den durch den Pflicht- und Gemeinschaftsgedanken herbeigeführten Wandel im Wesen des Rechts, insbesondere der subjektiven Rechte, von dem Inhalt der Rechte fernhält, wo sich doch gerade der Inhalt dieser Rechte wandeln soll und muß".[43]

Auf jeden Fall ist praktische Folge der *Außentheorie*, dass die Rechtsmissbrauchsfigur eine Einrede darstellt.[44]

---

36 BGH, NJW 2011, 3149 (3150, Rn. 7); Mansel, in: Stürner/Jauernig, BGB Kommentar, § 242 Rn. 36; Bork, Allgemeiner Teil, Rn. 343; Haferkamp, Die heutige Rechtsmißbrauchslehre, S. 150.

37 Befürworter der Außentheorie sind u.a. Salzmann, Die zivilrechtliche Verwirkung, S. 49 f.; Kramme, in: Prütting/Wegen/Weinreich (Hrsg.), BGB Kommentar, § 242 Rn. 33.

38 Krüger, Rechtsmissbrauch, S. 43; Alexy, Theorie der Grundrechte, S. 250.

39 Krüger, Rechtsmissbrauch, S. 43; Reif, Der Begriff der Verwirkung der Grundrechte, S. 5 m.w.N.; Wysk, Rechtsmißbrauch, S. 53 m.w.N.

40 Krüger, Rechtsmissbrauch, S. 43; Reif, Der Begriff der Verwirkung der Grundrechte, S. 5 m.w.N; Wysk, Rechtsmißbrauch, S. 53 m.w.N.

41 Reif, Der Begriff der Verwirkung der Grundrechte, S. 5.

42 Haferkamp, Die heutige Rechtsmißbrauchslehre, S. 353.

43 Siebert, Verwirkung und Unzulässigkeit der Rechtsausübung, S. 156. Kritisch dazu Salzmann, Die zivilrechtliche Verwirkung, S. 49.

44 Krüger, Rechtsmissbrauch, S. 44.

Es folgt eine tabellarische Darstellung der Differenzen zwischen der Innentheorie und der Außentheorie im Zivilrecht:

Innentheorie	**Außentheorie**
Das Recht existiert mit immanenten Grenzen.	Das Recht existiert „an sich", wird aber von äußeren Schranken begrenzt.
„Von Amts wegen" Berücksichtigung der Grundsätze der unzulässigen Rechtsausübung	Rechtsmissbrauchsfigur als Einrede

3. Fallgruppen des Rechtsmissbrauchs

Von der herrschenden Innentheorie ausgehend und auf der Grundlage des § 242 BGB wurden bestimmte Fallgruppen des Rechtsmissbrauchs entwickelt.[45] Diese sind die beiden folgenden: der individuelle und der institutionelle Rechtsmissbrauch. Die treuwidrige Ausübung eines individuellen Rechts stellt den individuellen Rechtsmissbrauch dar.[46] Historisch gesehen wurde der Rechtsmissbrauch als ein individueller entwickelt.[47] Dennoch wird betont, dass der Grundsatz von Treu und Glauben nicht nur subjektive Rechte, sondern auch Rechtsinstitute und Rechtsnormen begrenzt.[48] Die Rechtsfolgen, die sich aus einem Rechtsinstitut oder einer Rechtsnorm (scheinbar) ergeben, müssen zurücktreten, wenn sie zu einem Ergebnis führen, das mit Treu und Glauben unvereinbar sei.[49]

II. Die Lehre vom Rechtsmissbrauch im Verwaltungsrecht

Die Lehre vom Rechtsmissbrauch wurde auch im Bereich des Verwaltungsrechts im Ansatz entwickelt und sogar durch die Annahme der Geltung des Treu- und

45 Krüger, Rechtsmissbrauch, S. 45.
46 Grüneberg, in: Palandt, BGB, § 242 Rn. 40.
47 Schubert, in: Krüger (Redakteur), Münchener Kommentar BGB II, § 242 Rn. 204.
48 Grüneberg, in: Palandt, BGB, § 242 Rn. 40; Schulze, in: Schulze (Schriftleitung), Hk-BGB, § 242 Rn. 22.
49 BGHZ 29, 6 (10 f.); 48, 396 (398 f.); Grüneberg, in: Palandt, BGB, § 242 Rn. 40; Schulze, in: Schulze (Schriftleitung), Hk-BGB, § 242 Rn. 22.

Glaubensgrundsatzes[50] nicht nur für die Verwaltung, sondern auch für den Bürger bedeutsam.[51] Zur allgemeinen Missbrauchslehre erscheinen aber im Bereich des Steuer- und Sozialrechts bemerkenswerte Varianten.[52]

1. Die Geltung des Treu- und Glaubensgrundsatzes im Verwaltungsrecht

a) Der Treu- und Glaubensgrundsatz als „allgemeiner Rechtsgrundsatz"

Durch die Entwicklung der Theorie des „allgemeinen Rechtsgedankens" begründete das Reichsgericht die Übertragung des Treu- und Glaubensgrundsatzes vom Schuldrecht in das Verwaltungsrecht.[53]

Die Rechtsgrundsätze sind generell „fundamentale Rechtsnormen", die aus der Anwendung des Prinzips der Gerechtigkeit hergeleitet werden.[54] „Sie sind wegen ihres allgemeinen Charakters mit objektiver Erkenntnisgewissheit als positives Recht aus dem Rechtsprinzip ableitbar und können daher wegen ihrer Verallgemeinerungsfähigkeit von keinem Rechtsgenossen ernsthaft angezweifelt werden".[55] Die allgemeinen Rechtsgrundsätze sollen sogar unmittelbar aus dem Rechtsprinzip abgeleitet werden,[56] „da sie keine weiteren sozialen Gegebenheiten voraussetzen als die Existenz einer Vielheit von Menschen als Rechtsgenossen und den Bestand irgendeiner Rechtsordnung."[57] Sie haben „ergänzende und lückenfüllende Funktion."[58]

---

50 Gallwas, Der Mißbrauch von Grundrechten, S. 13 m.w.N.; Stober, in: Wolff/Bachof/Stober/Kluth, Verwaltungsrecht I, § 25 Rn. 4; Detterbeck, Allgemeines Verwaltungsrecht, Rn. 248; Wallerath, Allgemeines Verwaltungsrecht, § 6 Rn. 106.

51 Detterbeck, Allgemeines Verwaltungsrecht, Rn. 248.

52 Vgl. bezüglich des Steuerrechts Gallwas, Der Mißbrauch von Grundrechten, S. 16.

53 Siehe u.a. RGZ 113, 19 (24); 125, 295 (298); 125, 315 (318). Siehe auch Gallwas, Der Mißbrauch von Grundrechten, S. 13; Forsthoff, Lehrbuch des Verwaltungsrechts I, S. 168 f.; Schüle, VerwArch 38 (1933), 399 (404 ff.).

54 Stober, in: Wolff/Bachof/Stober/Kluth, Verwaltungsrecht I, § 25 Rn. 2.

55 Stober, in: Wolff/Bachof/Stober/Kluth, Verwaltungsrecht I, § 25 Rn. 2. So auch Gallwas, Der Mißbrauch von Grundrechten, S. 14.

56 Stober, in: Wolff/Bachof/Stober/Kluth, Verwaltungsrecht I, § 25 Rn. 4. So auch Gallwas, Der Mißbrauch von Grundrechten, S. 14.

57 Stober, in: Wolff/Bachof/Stober/Kluth, Verwaltungsrecht I, § 25 Rn. 4.

58 Sander/Schad, in: Schweickhardt/Vondung/Zimmermann-Kreher, Allgemeines Verwaltungsrecht, Rn. 39 (78).

Es wird zutreffend betont, dass die Aufnahme des Treu- und Glaubensgrundsatzes in die allgemeinen Rechtsgrundsätze die Beförderung der Lehre vom Rechtsmissbrauch zu demselben Rang signalisiert.[59]

b) Die Argumentation gegen die Geltung des Treu- und Glaubensgrundsatzes im Verwaltungsrecht und die Gegenauffassung

Eine solche Aufnahme findet zwar heute die Zustimmung der Literatur,[60] früher wurden aber in der älteren Literatur gegen die Geltung des Treu- und Glaubensgrundsatzes im Verwaltungsrecht grundsätzlich zwei Argumente vorgebracht:[61] erstens, der Grundsatz von Treu und Glauben betreffe Verhältnisse zwischen Gleichgeordneten, während das Verhältnis zwischen Verwaltung und Bürger im Verwaltungsrecht ein Unterordnungsverhältnis sei, und zweitens, das Verwaltungsrecht sei durch Strenge gekennzeichnet, das Gesetzeswort sei „prinzipiell unabdingbarer Befehl“ und es gebe regelmäßig keine Dispositionsbefugnis zwischen Verwaltung und Bürger über die gegenseitigen Rechten und Pflichten, was keine Korrektion mittels des Treu- und Glaubensgrundsatzes zulasse.

Es gab aber in der Literatur schon in den 1930er Jahren auch Meinungen, die eine beschränkte Anwendung des Treu- und Glaubensgrundsatzes im Verwaltungsrecht annehmen, wobei das öffentliche Interesse die Schranke darstellen sollte.[62] Nach *Gowa* wird das Hoheitsverhältnis „bei einer abgeschlossenen gesetzlichen Regelung fordern, daß die Anwendung einer Norm des ius aequum zu unterbleiben hat. Jedoch ist das Hoheitsverhältnis niemals ein solches, daß es die Anwendung von Treu und Glauben schlechthin ausschließen müßte. Der Grundsatz der Gesetzmäßigkeit der Verwaltung, die Bejahung der subjektiven öffentlichen Rechte für die Privatperson, hat dieser auch innerhalb der Hoheitsverhältnisse eine Rechtsstellung gegeben. Mit dieser Rechtsstellung sind der Hoheitsperson der Privatperson gegenüber Rechtspflichten entstanden. Dadurch ist auch innerhalb der Hoheitsverhältnisse die rechtliche Möglichkeit

---

59 So Gallwas, Der Mißbrauch von Grundrechten, S. 14.

60 Siehe u.a. Stober, in: Wolff/Bachof/Stober/Kluth, Verwaltungsrecht I, § 25 Rn. 4.

61 Zu den Argumenten siehe ausführlich Schüle, VerwArch 38 (1933), 399 (400 ff.); Baumann, Der Begriff von Treu und Glauben im öffentlichen Recht, S. 71 ff.; Gallwas, Der Mißbrauch von Grundrechten, S. 14.

62 So Knaut, Treu und Glauben im Verwaltungsrecht, S. 23 ff., 31 ff., insbesondere 36; Hamburger, LZ 1931, 1438 (1441 ff.); Gowa, Die Rechtsnorm von Treu und Glauben im Verwaltungsrecht, S. 35 ff., insbesondere 39 f. Zu dieser Auffassung siehe ausführlich Baumann, Der Begriff von Treu und Glauben im öffentlichen Recht, S. 72 f.

entstanden, eine Rechtspflicht der Treue seitens der Hoheitsperson, ein Recht des Glaubens seitens der Privatperson zu konstruieren."[63] *Gowa* betont aber, dass das öffentliche Interesse der Anwendung von Treu und Glauben im Verwaltungsrecht entgegensteht.[64] Nach seiner Vorstellung bezeichnet der Begriff „öffentliches Interesse" die „Zweckbestimmung" des Verwaltungsrechts „für das Allgemeine, das Soziale, das Kollektive",[65] und er formuliert, dass dieses öffentliche Interesse der Rechtsnorm von Treu und Glauben gegenübertritt, „die eben unmittelbar nur die Parteien der Rechtsverhältnisse [...] berücksichtigen kann und nicht das Wohl der Allgemeinheit, eben das öffentliche Interesse".[66] Ähnlich argumentieren *Knaut*[67] und *Hamburger*[68].

Die Gegenauffassung in der Literatur betont das „faktische Synallagma", das sich zwischen der Verwaltung und den Bürgern immer weiter entwickelt,[69] die offensichtliche Einschränkung der Strenge des Verwaltungsrechts[70] und die Tatsache, dass das öffentliche Interesse bei der Interessenabwägung nicht mehr absolut gesetzt wird.[71] Nach *Gallwas* impliziere die Anwendung des Treu- und Glaubensgrundsatzes nicht, dass die speziellen Abgrenzungskriterien, die im Zivilrecht gelten, auch im öffentlichen Recht gelten müssen.[72] Dasselbe gelte auch bezüglich der Folgen des Rechtsmissbrauchs.[73] „Denn die Impulse für die Konkretisierung spezieller Treu- und Glaubensregeln können sich nur aus den typischen Interessengegensätzen des Rechtsgebietes ergeben, dem das betrachtete

63 Gowa, Die Rechtsnorm von Treu und Glauben im Verwaltungsrecht, S. 39.

64 Gowa, Die Rechtsnorm von Treu und Glauben im Verwaltungsrecht, S. 39.

65 Gowa, Die Rechtsnorm von Treu und Glauben im Verwaltungsrecht, S. 39.

66 Gowa, Die Rechtsnorm von Treu und Glauben im Verwaltungsrecht, S. 39 f.

67 Knaut, Treu und Glauben im Verwaltungsrecht, S. 36: „Beruft sich also die Behörde bei ihrem gegen Treu und Glauben verstoßenden Verhalten auf ein öffentliches Interesse, das sie gleichfalls zu wahren hat, so wird dadurch die Möglichkeit der Berufung auf Treu und Glauben abgeschnitten". Zu der Meinung von *Knaut* siehe Baumann, Der Begriff von Treu und Glauben im öffentlichen Recht, S. 72.

68 Hamburger, LZ 1931, 1438 (1441 ff.). Zu der Meinung von *Hamburger* siehe Baumann, Der Begriff von Treu und Glauben im öffentlichen Recht, S. 72 f.

69 So Dürig, JZ 1952, 513 (514, Fn. 13); Gallwas, Der Mißbrauch von Grundrechten, S. 14. Vgl. Forsthoff, Lehrbuch des Verwaltungsrechts I, S. 169 f.

70 So Gallwas, Der Mißbrauch von Grundrechten, S. 14.

71 So Gallwas, Der Mißbrauch von Grundrechten, S. 14. Vgl. Nipperdey, JZ 1952, 577 (578 f.).

72 Gallwas, Der Mißbrauch von Grundrechten, S. 15.

73 Gallwas, Der Mißbrauch von Grundrechten, S. 15.

Rechtsverhältnis angehört."[74] Von größter Bedeutung für den Rechtsmissbrauch im öffentlichen Recht sei das Gesetzmäßigkeitsprinzip, das die Existenz einer Ermächtigung zum Einschreiten der Verwaltung gegen die missbräuchliche Rechtsausübung verlange.[75] „Lediglich das Gegenrecht des Gewaltunterworfenen verliert wegen des Mißbrauchs seine Wirkung."[76]

c) Die Rechtsprechung des Bundesverwaltungsgerichts

Das Bundesverwaltungsgericht nimmt die Geltung des Treu- und Glaubensgrundsatzes als allgemeinen Grundsatz im Verwaltungsrecht und demzufolge ein Missbrauchsverbot schon früh an.[77] Danach stellt der Rechtsmissbrauch „einen besonderen Fall des Verstoßes gegen Treu und Glauben" dar.[78] „Das Gebot, sich so zu verhalten, wie Treu und Glauben es verlangen, gehört im Verwaltungsrecht zu den sog. allgemeinen Grundsätzen".[79]

2. Der Rechtsmissbrauch im Steuerrecht

a) Allgemeines zum Rechtsmissbrauch im Steuerrecht

Die Geltung des Treu- und Glaubensgrundsatzes wird auch im Rahmen des Steuerrechts anerkannt.[80] Es wird aber betont, dass die Geltung dieses Grundsatzes die Existenz eines konkreten Rechtsverhältnisses voraussetzt, z.B. zwischen der Finanzbehörde und dem Steuerpflichtigen.[81] Demzufolge beziehe er sich nicht auf abstrakte Rechtsverhältnisse, wie jenes zwischen dem Gesetzgeber und einer Vielzahl von Bürgern.[82] Beide Seiten im konkreten Steuerrechtsverhältnis seien nach dem Grundsatz von Treu und Glauben zu „konsequentem Verhalten"

---

74 Gallwas, Der Mißbrauch von Grundrechten, S. 15.
75 Gallwas, Der Mißbrauch von Grundrechten, S. 15.
76 Gallwas, Der Mißbrauch von Grundrechten, S. 15.
77 Siehe BVerwGE 55, 337 (339). Zur einschlägigen Rechtsprechung des Bundesverwaltungsgerichts siehe Teichmann, in: Soergel (Begr.)/Siebert (Hrsg.), BGB II, 12. Auflage, § 242 Rn. 99.
78 BVerwGE 55, 337 (339).
79 BVerwGE 55, 337 (339).
80 Siehe ausführlich Gallwas, Der Mißbrauch von Grundrechten, S. 15 f. m.w.N.; Seer, in: Tipke/Lang, § 21, Rz. 13.
81 Seer, in: Tipke/Lang, § 21, Rz. 13.
82 Seer, in: Tipke/Lang, § 21, Rz. 13.

verpflichtet.[83] Auch das Verhalten des Steuerpflichtigen könne als Verstoß gegen den Grundsatz von Treu und Glauben angesehen werden.[84]

Was aber diesen Bereich des Rechts besonders beschäftigt, ist der „Mißbrauch von rechtlichen Gestaltungsmöglichkeiten", der nach der Rechtsprechung des Bundesverfassungsgerichts von dem Recht des Steuerpflichtigen zu unterscheiden ist, „seine Angelegenheiten so einzurichten, daß er möglichst wenig Steuern zu zahlen" hat.[85] Der Missbrauch von rechtlichen Gestaltungsmöglichkeiten ist Gegenstand der Regelung des § 42 AO,[86] der als „Grundnorm des Allgemeinen Steuerrechts" angesehen wird.[87] Dieser Paragraf stellt als Generalklausel eine Regelung der Steuerumgehung „im Allgemeinen" dar und gilt demzufolge für das ganze Steuerrecht.[88] Die Diskussion über diesen Paragrafen wird aber auch durch die Auseinandersetzung zwischen der Innen- und Außentheorie gekennzeichnet.[89]

b) Innentheorie

Die Innentheorie geht zwar auf *Gassner*[90] zurück, wurde vor allem aber in der Habilitationsschrift von *Sieker*[91] vertieft.[92] Sie geht von der Annahme aus, „dass

83 Seer, in: Tipke/Lang, § 21, Rz. 13.

84 Birk/Desens/Tappe, Steuerrecht, Rn. 338.

85 BVerfGE 9, 237 (250). Siehe dazu Hey, StuW 2008 167 (169); Krüger, Rechtsmissbrauch, S. 53.

86 Krüger, Rechtsmissbrauch, S. 56; Englisch, in: Tipke/Lang, § 5, Rz. 117. Der erste Absatz dieses Paragrafs besagt: „Durch Missbrauch von Gestaltungsmöglichkeiten des Rechts kann das Steuergesetz nicht umgangen werden. Ist der Tatbestand einer Regelung in einem Einzelsteuergesetz erfüllt, die der Verhinderung von Steuerumgehungen dient, so bestimmen sich die Rechtsfolgen nach jener Vorschrift. Anderenfalls entsteht der Steueranspruch beim Vorliegen eines Missbrauchs im Sinne des Absatzes 2 so, wie er bei einer den wirtschaftlichen Vorgängen angemessenen rechtlichen Gestaltung entsteht".

87 Hey, BB 2009, 1044 (1044).

88 Englisch, in: Tipke/Lang, § 5, Rz. 117.

89 Vgl. Birk/Desens/Tappe, Steuerrecht, Rn. 331; Krüger, Rechtsmissbrauch, S. 57 ff.; Englisch, in: Tipke/Lang, § 5, Rz. 118; Fischer, in: Hübschmann/Hepp/Spitaler, AO/FGO, Lieferung 197 März 2008, § 42, Rz. 71 ff.; Heuermann, StuW 2004, 124 ff.; Rose, FR 2003, 1274 ff.; Fischer, FR 2001, 1212 ff.

90 Gassner, Interpretation und Anwendung der Steuergesetze, S. 86 ff.

91 Sieker, Umgehungsgeschäfte: Typische Strukturen und Mechanismen ihrer Bekämpfung, Tübingen 2001.

92 Vgl. Fischer, FR 2001, 1212 (1214); Rose, FR 2003, 1274 (1275, einschließlich Fn. 15).

aus den Normen der jeweiligen Steuerartengesetze durch teleologische Auslegung, ggf. auch durch Analogie, unmittelbar erkannt werden kann, welche Gestaltung akzeptiert und welche verworfen werden muss, um die Bewahrung des Steuerrechts ‚aus eigener Kraft'[93] zu ermöglichen".[94] Vor diesem Hintergrund betonen ihre Vertreter die Überflüssigkeit des § 42 AO und seine deklaratorische Bedeutung.[95]

c) *Außentheorie*

Im Gegensatz zur Innentheorie bevorzugen die Vertreter der Außentheorie die Ansicht, dass die Bewältigung von Umgehungssachverhalten einer gesetzlichen Regelung bedarf und § 42 AO demzufolge konstitutiv wirkt.[96] Die Außentheorie entspricht auch der Rechtsprechung des Bundesfinanzhofs.[97]

Tabellarisch lassen sich die Differenzen zwischen der Innentheorie und der Außentheorie im Steuerrecht wie folgt darstellen:

Innentheorie	**Außentheorie**
Teleologische Auslegung der Steuerrechtsnormen reicht.	Eine gesetzliche Regelung wird benötigt (Erfordernis).
Überflüssigkeit und deklaratorische Bedeutung des § 42 AO	§ 42 AO wirkt konstitutiv.

93 Diesen Ausdruck hat auch der BGH, [siehe BGHZ 110, 47 (64)] benutzt, unter Bezugnahme auf Teichmann, Die Gesetzesumgehung, 1962, S. 69. Siehe dazu Fischer, FR 2001, 1212 (1214, Fn. 16); Rose, FR 2003, 1274 (1275, Fn. 17).

94 Zusammenfassung der Innentheorie von Rose, FR 2003, 1274 (1275).

95 Siehe u.a. Sieker, Umgehungsgeschäfte, S. 23; Fischer, FR 2008, 306 (309). Siehe diesbezüglich Heuermann, StuW 2004, 124 (125); Fischer, FR 2001, 1212 (1214); Krüger, Rechtsmissbrauch, S. 58.

96 Hüttemann, DStR 2015, 1146 (1147 f.). Siehe diesbezüglich Krüger, Rechtsmissbrauch, S. 58; Heuermann, StuW 2004, 124 (125); Birk/Desens/Tappe, Steuerrecht, Rn. 331.

97 Siehe u.a. BStBl II 2004, 648. Weitere Entscheidungen siehe in: Birk/Desens/Tappe, Steuerrecht, Rn. 331, Fn. 120.

d) Stellungnahme des Gesetzgebers?

In der Neufassung des § 42 AO im Jahressteuergesetz 2008 enthält der Absatz 2 zum ersten Mal eine Definition des Missbrauchs:[98] „Ein Missbrauch liegt vor, wenn eine unangemessene rechtliche Gestaltung gewählt wird, die beim Steuerpflichtigen oder einem Dritten im Vergleich zu einer angemessenen Gestaltung zu einem gesetzlich nicht vorgesehenen Steuervorteil führt. Dies gilt nicht, wenn der Steuerpflichtige für die gewählte Gestaltung außersteuerliche Gründe nachweist, die nach dem Gesamtbild der Verhältnisse beachtlich sind." Da § 42 Abs. 2 Satz 2 AO explizit auf die Motive des Steuerpflichtigen abstellt, die aus Sicht der Innentheorie irrelevant sind, scheint der Gesetzgeber der Außentheorie zu folgen.[99] Im Schrifttum wird aber betont, „dass das dogmatische Konzept des Gesetzgebers im Dunkeln bleibt" und demzufolge die Auseinandersetzung „über die ‚richtige' Theorie zum Verständnis der Steuerumgehung" weitergehen dürfte.[100] Auf jeden Fall, und obwohl die Legaldefinition des Missbrauchs die Ersetzung der „aus der Rechtsprechung zu § 42 der Abgabenordnung (AO) entstandene Kasuistik" zum Zweck hat,[101] wird die Neufassung mit dem Argument kritisiert, dass der Missbrauch nur im Einzelfall festgestellt werden kann.[102]

Schließlich ist zu erwähnen, dass es im Steuerrecht neben der Generalklausel des § 42 AO eine Reihe von spezialgesetzlichen Missbrauchsregelungen gibt. Diese typisieren den Gestaltungsmissbrauch.[103]

---

98 Siehe ausführlich zur gesetzlichen Definition des Missbrauchs Hey, BB 2009, S. 1044 (1046 ff.).

99 Hey, BB 2009, 1044 (1047). Zustimmend Krüger, Rechtsmissbrauch, S. 60. Siehe weitere Argumente in: Hüttemann, DStR 2015, 1146 (1147).

100 Hey, BB 2009, 1044 (1047), gibt auf diese Weise *Fischer* [FR 2008, 306, (309, 311)]; ders., in: Hübschmann/Hepp/Spitaler, AO/FGO, Lieferung 200 September 2008, § 42 AO, Rz. 288 f.) Recht, der der Meinung ist, dass auch nach dem Jahressteuergesetz 2008 an der Innentheorie festzuhalten ist.

101 BT-Drs. 16/6981, S. 2.

102 So Drüen, in: Tipke/Kruse (Begr.), AO FGO, Lieferung 145, Juli 2016, vor § 42 Rn. 15. Zur Kritik siehe weiter Krüger, Rechtsmissbrauch, S. 60 f.

103 Zu den spezialgesetzlichen Missbrauchsregelungen siehe u.a. Krüger, Rechtsmissbrauch, S. 62 ff.; Gabel, Verfassungsrechtliche Maßstäbe; Hey, StuW 2008, 167 (167 ff.).

3. Der Rechtsmissbrauch im Sozialrecht

a) Allgemeines zum Rechtsmissbrauch im Sozialrecht

Die Figur des Rechtsmissbrauchs wird auch im Sozialrecht verwendet.[104] Das Sozialrecht umfasst einen großen Teil des Verwaltungsrechts.[105] Besonders prägend ist insoweit die umfangreiche Rechtsprechung des Bundessozialgerichts. Auf sie wird sich die vorliegende Arbeit konzentrieren.[106]

Bereits im zweiten Band der amtlichen Sammlung erklärt das BSG, dass sich die Einwendung der unzulässigen Rechtsausübung „allein auf den das gesamte Rechtsleben, auch das Gebiet des öffentlichen Rechts, beherrschenden Grundsatz von Treu und Glauben" stütze.[107] „Bei allen hierauf gestützten Einwendungen ist entscheidend, […] ob im Einzelfall die Heranziehung jenes Grundsatzes erforderlich ist, um anderenfalls eintretende, mit Treu und Glauben schlechthin unvereinbare Folgen zu vermeiden. Eine unzulässige, oder noch eindeutiger ausgedrückt, mißbräuchliche Rechtsanwendung lässt sich jedoch in einem Falle, in dem der Gesetzgeber dem Versicherungsträger ausdrücklich das Recht zur Rentenentziehung eingeräumt hat, jedenfalls dann nicht annehmen, wenn nicht ganz besondere Umstände des Einzelfalls zur Annahme eines Missbrauchs gebieterisch zwingen."[108]

b) Die Rechtsnatur des Rechtsmissbrauchs

In späteren Entscheidungen versucht das Gericht, die Rechtsnatur des Rechtsmissbrauchs zu präzisieren.[109] Es anerkennt die „Pflicht zu sozialangemessener Rechtsausübung" als Gegenstand der Lehre vom Rechtsmissbrauch und betont: „Der Inhalt jeden Rechts ist durch seine rechtsethische und soziale Funktion bestimmt und begrenzt. Funktionswidrige Ausübung ist nicht mehr durch den Inhalt des Rechts gedeckt, sie ist nur noch scheinbar Gebrauch des Rechts, in Wirklichkeit aber Rechtsmissbrauch."[110] In einer anderen Entscheidung macht

---

104 Siehe ausführlich Krüger, Rechtsmissbrauch, S. 66 ff.; Knödler, Mißbrauch von Rechten, S. 107 ff.

105 Siehe dazu Waltermann, Sozialrecht, Rn. 2 ff., 27 ff.

106 Ausführlich zur Rechtsprechung des BSG siehe Knödler, Mißbrauch von Rechten, S. 107 ff.; Krüger, Rechtsmissbrauch, S. 131 ff.

107 BSG, Urteil vom 22.03.1956 – 5 RKn 8/55 –, Rn. 33.

108 BSG, Urteil vom 22.03.1956 – 5 RKn 8/55 –, Rn. 33.

109 Knödler, Mißbrauch von Rechten, S. 109.

110 BSG, Urteil vom 25.04.1958 – 7 Rar 103, 57 –, Rn. 20.

das Gericht besonders auf Folgendes aufmerksam: „Das Rechtsinstitut der unzulässigen Rechtsausübung wegen Rechtsmißbrauchs ist eine aus dem Grundsatz von Treu und Glauben iS des § 242 BGB abgeleitete, jedem Recht immanente Schranke, die auch im Bereich des Sozialrechts zu beachten ist.“[111]

c) Missbrauchsfallgruppen

In seiner Rechtsprechung[112] hat das Gericht angenommen, dass die Formalmitgliedschaft nach § 315a RVO[113] nicht entsteht, „wenn der Rentenantrag rechtsmißbräuchlich gestellt wird, wenn also offensichtlich und für den Antragsteller erkennbar ein Rentenanspruch nicht besteht und mit dem gleichwohl gestellten Rentenantrag nur der Krankenversicherungsschutz des § 315a RVO ausgelöst werden soll“,[114] dass die Unbilligkeit einer Leistung nach dem Opferentschädigungsgesetz am Maßstab der unzulässigen Rechtsausübung zu bewerten ist,[115] dass „ein Träger der Sozialversicherung nur dann die Möglichkeit“ hat, „einen nach geltendem Tarifvertragsrecht oder dem Dritten Vermögensbildungsgesetz wirksam vereinbarten Verzicht auf Vergütungsspitzen nicht gegen sich gelten zu lassen, wenn die Rechtsausübung mißbräuchlich ist“,[116] dass ein Missbrauch der Vorfinanzierung des Konkursausfallgeldes nicht vorliegt, „wenn ein Sequester hierdurch die Personalkosten für die Erwirtschaftung einer ausreichenden Konkursmasse auf die Konkursausfall-Versicherung verlagert.“[117]

d) Die Figur des Rechtsmissbrauchs als Unterfall der teleologischen Reduktion

Auch in neueren Entscheidungen lehnt sich das BSG bei der Figur des Rechtsmissbrauchs an „die soziale Unangemessenheit der Rechtsausübung und einen

111 BSG, Urteil vom 13.08.1996 – 12 RK 76/94 –, Rn. 26. Siehe die Anmerkungen zu diesem Urteil von Liebich, DAngVers 1996, 581 f.

112 Ausführlich zu den Entscheidungen siehe Krüger, Rechtsmissbrauch, S. 132 ff.

113 § 315a RVO entspricht § 189 SGB V. Bei der Formalmitgliedschaft geht es um eine fingierte Mitgliedschaft in der gesetzlichen Krankenversicherung für die Dauer des Rentenantragsverfahrens. Nach § 315a RVO gelten Personen als Mitglieder der gesetzlichen Krankenversicherung gleich ab dem Tag, an dem sie Antrag auf die Rente gestellt haben. Siehe Krüger, Rechtsmissbrauch, S. 132 f., einschließlich Fn. 608.

114 BSG, Urteil vom 19.05.1978 – 8/3 RK 4/76 –, Rn 16.

115 BSG, Urteil vom 23.10.1985 – 9a RVg 4/83 –, Rn. 22.

116 BSG, Urteil vom 27.11.1986 – 5a RKnU 6/85 –, Rn. 24.

117 BSG, Urteil vom 22.03.1995 – 10 RAr 1/94 –, Ls. 1.

Widerspruch zur rechtsethischen Funktion des Rechts", konzentriert sich aber auf den „Schutzzweck der Norm":[118] „Der Gesichtspunkt des Rechtsmissbrauchs orientiert sich am Schutzbereich der Norm, wobei grundsätzlich davon auszugehen ist, dass der Berechtigte den ihm zustehenden Anspruch im gesetzlichen Rahmen mit legalen Mitteln ausschöpfen kann [...]. Der Schutzbereich der Norm, Sinn und Zweck des Rechts und damit auch seine rechtsethische Funktion wird in erster Linie durch den Gesetzgeber selbst bestimmt. Bei gesetzlich begründeten Ansprüchen auf Sozialleistungen (s § 31 SGB I) bleibt es also nicht den rechtsethischen Anschauungen des Rechtsanwenders überlassen festzulegen, wann ein Missbrauch vorliegt. Dabei kann sich der Schutzbereich einer Norm sowie ihr Sinn und Zweck auch aus dem Fehlen einer – bestimmten – Regelung erschließen, sofern der Gesetzgeber diese bewusst unterlässt. Ein Missbrauchseinwand kommt daher in erster Linie dann in Betracht, wenn der Gesetzgeber rechtliche Gestaltungsmöglichkeiten übersehen hat, die sich erst bei der späteren Anwendung des Gesetzes zeigen, und er diese nach seiner sonstigen Zielsetzung mit Sicherheit unterbunden hätte. Hingegen können Gestaltungsmöglichkeiten, die der Gesetzgeber den Bürgern ‚sehenden Auges' überlassen hat, nicht im Nachhinein von den Rechtsanwendern aus Gründen einer angenommenen ‚rechtsethischen Funktion des Rechts' begrenzt werden."[119]

Zu dieser Entscheidung wird zutreffend betont, dass sich die Figur des Rechtsmissbrauchs mit der Betonung des gesetzgeberischen Willens „von einer Allzweckwaffe in der Hand des Rechtsanwenders zu einem eng umschriebenen Korrekturinstrument für Versäumnisse des Gesetzgebers" wandelt.[120] „Die Anwendungsvoraussetzungen dieses Instruments – die Feststellung einer Abweichung vom hypothetisch weitergedachten Regelungsplan des Gesetzgebers, der eine rechtliche Gestaltungsmöglichkeit tatsächlich übersehen beziehungsweise nicht vorhergesehen hat – sind im Wesentlichen identisch mit denjenigen einer teleologischen Wortlautreduktion zur Schließung einer so genannten verdeckten Regelungslücke".[121] Diese Rechtsprechung zeigt, dass die Figur des Rechtsmissbrauchs in Zukunft als Unterfall der teleologischen Reduktion angesehen wird;[122] der Ausdruck „in erster Linie" gestattet freilich Ausnahmen.[123]

---

118 Siehe BSG, Urteil vom 25.06.2009 – B 10 EG 3/08 R –, Rn. 27. Siehe dazu Krüger, Rechtsmissbrauch, S. 132.

119 BSG, Urteil vom 25.06.2009 – B 10 EG 3/08 R –, Rn. 27 f.

120 Röhl, jurisPR-SozR 23/2009, Anm. 5.

121 Röhl, jurisPR-SozR 23/2009, Anm. 5.

122 Röhl, jurisPR-SozR 23/2009, Anm. 5; Krüger, Rechtsmissbrauch, S. 137.

123 Röhl, jurisPR-SozR 23/2009, Anm. 5; Krüger, Rechtsmissbrauch, S. 137.

III. Zusammenfassung

Die Lehre vom Rechtsmissbrauch entwickelte sich zwar im Bereich des Zivilrechts, verbreitete sich aber auch im Rahmen des Verwaltungsrechts, insbesondere des Steuer- und Sozialrechts. Das ist bemerkenswert, weil die Lehre vom Rechtsmissbrauch sich auch auf die Beziehungen zwischen dem Staat und dem Bürger ausdehnte. Während jedoch für die Steuerrechtler vor allem der „Mißbrauch von rechtlichen Gestaltungsmöglichkeiten“ von Interesse ist,[124] zeigt im Rahmen des Sozialrechts die neuere Rechtsprechung des Bundessozialgerichts, dass die Figur des Rechtsmissbrauchs in Zukunft als Unterfall der teleologischen Reduktion angesehen wird.[125]

124 Gallwas, Der Mißbrauch von Grundrechten, S. 16.

125 Röhl, jurisPR-SozR 23/2009, Anm. 5; Krüger, Rechtsmissbrauch, S. 137.

Kapitel 2: Der allgemeine Missbrauchsvorbehalt bei den Grundrechten des Grundgesetzes nach der Rechtsprechung und der Literatur

Ob die Grundrechte des Grundgesetzes einem allgemeinen Missbrauchsvorbehalt nach der Rechtsprechung und der Literatur unterliegen und – bejahendenfalls – welches die Missbrauchskriterien sind, ist Gegenstand des 2. Kapitels. Dieses Kapitel ist in drei Abschnitte gegliedert, von denen der erste (I) die einschlägige Rechtsprechung des Bundesverfassungsgerichts, des Bundesverwaltungsgerichts und des Bundesgerichtshofs analysiert und der zweite (II) sich mit den Ansichten im Schrifttum beschäftigt. Im dritten Abschnitt (III) wird – gleichsam als Exkurs – die Frage des Missbrauchsverbots in der EMRK und der griechischen Verfassung (GriechVerf.) analysiert.

I. Der allgemeine Missbrauchsvorbehalt nach der Rechtsprechung

1. Die Rechtsprechung des Bundesverfassungsgerichts

Nach dem Bundesverfassungsgericht ist es eine „Ausprägung des allgemeinen Rechtsgedankens, daß die mißbräuchliche Ausübung eines Rechts von der Rechtsordnung nicht geschützt wird.“[126]

Trotzdem hat das Gericht in Bezug auf Art. 10 Abs. 1 GG[127] betont, „[d]ie Möglichkeit von Grundrechtsmißbräuchen kann ein rechtfertigender Grund für Grundrechtsbeschränkungen, nicht aber für Schutzbereichsbegrenzungen sein“, und die Lehre von den immanenten Grenzen des Fernmeldegeheimnisses damit abgelehnt.[128] Das Gericht fügt hinzu, dass „das Grundrecht den Einzelnen auch nicht mehr vor fehlerhafter, mißbräuchlicher oder exzessiver Verwertung

---

126 BVerfGE 24, 119 (147). Siehe auch Merten, in: Merten/Papier (Hrsg.), HbGR III, § 60 Rn. 49.

127 Art. 10 Abs. 1 GG: „Das Briefgeheimnis sowie das Post- und Fernmeldegeheimnis sind unverletzlich“.

128 BVerfGE 85, 386 (397). Siehe auch Merten, in: Merten/Papier (Hrsg.), HbGR III, § 60 Rn. 50.

von Kommunikationsdaten durch die Post oder andere staatliche Stellen schützen" könnte, wenn „der Schutzbereich von Eingriffsbedürfnissen her bestimmt" werde.[129] „Denn ein Kommunikationsdatum, das aus dem Schutzbereich des Grundrechts herausfällt, kann auch nicht Gegenstand eines Grundrechtseingriffs und einer Grundrechtsverletzung sein. Deswegen ist davon auszugehen, daß alle der Post zur Beförderung oder Übermittlung anvertrauten Kommunikationsvorgänge, -träger und -inhalte den Schutz des Art. 10 Abs. 1 GG genießen".[130]

Diese Rechtsprechung wurde in der Literatur begrüßt.[131] Sie stellt aber nicht die Regel dar.[132]

So hat das Gericht den Schutz des Art. 4 Abs. 1 GG[133] bei missbräuchlicher Ausübung des Grundrechts der Glaubensfreiheit verneint.[134] Dem war folgender Sachverhalt vorausgegangen:[135] Der Beschwerdeführer befand sich in der Strafhaft und warb unter seinen Mitgefangenen für den Kirchenaustritt. Er versprach zusätzlich einzelnen von ihnen Tabak, falls sie aus der Kirche austräten. Aufgrund dieses Ereignisses hat der Bundesgerichtshof ein Gesuch des Beschwerdeführers um bedingte Entlassung aus der Strafhaft gemäß § 26 StGB mit der Begründung abgelehnt, dass nicht erwartet werden könne, dass er in Zukunft ein gesetzmäßiges und geordnetes Leben haben werde. Gegen diesen Beschluss hat der Beschwerdeführer die Verfassungsbeschwerde unter anderem mit der Behauptung erhoben, die Entscheidung verstoße gegen Art. 4 GG, denn er habe nur auf Fragen von Mitgefangenen seine religiöse Überzeugung dargelegt. Die Argumentation des Bundesverfassungsgerichts ist bemerkenswert: „Das Grundgesetz hat nicht irgendeine, wie auch immer geartete freie Betätigung des Glaubens schützen wollen, sondern nur diejenige, die sich bei den heutigen Kulturvölkern auf dem Boden gewisser übereinstimmender sittlicher Grundanschauungen im Laufe der geschichtlichen Entwicklung herausgebildet hat. Die

129 BVerfGE 85, 386 (397).

130 BVerfGE 85, 386 (397).

131 So Hellhammer-Hawig, Neonazistische Versammlungen, S. 59.

132 So zutreffend Merten, in: Merten/Papier (Hrsg.), HbGR III, § 60 Rn. 50. A.A. Stemmler, Das „Neminem-laedere-Gebot", S. 160.

133 Art. 4 Abs. 1 GG: „Die Freiheit des Glaubens, des Gewissens und die Freiheit des religiösen und weltanschaulichen Bekenntnisses sind unverletzlich".

134 BVerfGE 12, 1 (4 f.). Zu dieser Entscheidung siehe auch Schmitt Glaeser, Mißbrauch und Verwirkung von Grundrechten im politischen Meinungskampf, S. 78; Merten, in: Merten/Papier (Hrsg.), HbGR III, § 60 Rn. 52; Stemmler, Das „Neminem-laedere-Gebot", S. 160; Knödler, Mißbrauch von Rechten, S. 21.

135 Siehe BVerfGE 12, 1 (1-3).

konkrete Abgrenzung ist bei der einzigartigen Stellung dieses klassischen, auch durch die kategorische Formulierung des Artikels 4 Abs. 1 und 2 GG ausgezeichneten Grundrechts schwierig. Kann und darf der weltanschaulich neutrale Staat den Inhalt dieser Freiheit nicht näher bestimmen, weil er den Glauben oder Unglauben seiner Bürger nicht bewerten darf, so soll jedenfalls der Mißbrauch dieser Freiheit verhindert werden. Aus dem Aufbau der grundrechtlichen Wertordnung, insbesondere der Würde der Person, ergibt sich, daß Mißbrauch namentlich dann vorliegt, wenn die Würde der Person anderer verletzt wird. Die an sich erlaubte Glaubenswerbung und Glaubensabwerbung wird dann Mißbrauch des Grundrechts, wenn jemand unmittelbar oder mittelbar den Versuch macht, mit Hilfe unlauterer Methoden oder sittlich verwerflicher Mittel andere ihrem Glauben abspenstig zu machen oder zum Austritt aus der Kirche zu bewegen. Wer demjenigen, der sich von seinem Glauben lösen soll, unter Ausnutzung der besonderen Verhältnisse des Strafvollzuges hierfür Genußmittel verspricht und gewährt, genießt nicht den Schutz des Artikels 4 Abs. 1 GG."[136]

Der Missbrauchsgedanke hatte hier somit eine Schutzbereichslösung zur Folge.[137] In dieser Entscheidung ist aber auch bemerkenswert, dass das Gericht das Missbrauchsobjekt und dessen Reichweite erforscht, um den Missbrauch zu bestimmen, bevor es sich mit dem Missbrauchsmittel beschäftigt und dessen Unsittlichkeit identifiziert.[138] Dabei verweist die Betonung der Unsittlichkeit auf die zivilrechtliche Herkunft des Missbrauchsinstituts.[139]

Der Missbrauchsgedanke ist auch hinter dem Beschluss des Bundesverfassungsgerichts zum „Sprayer von Zürich" zu finden, obwohl das Gericht von einem Missbrauch der Kunstfreiheit (Art. 5 Abs. 3 S. 1 GG[140]) nicht spricht.[141] Zunächst einiges zum Sachverhalt:[142] Der sogenannte „Sprayer von Zürich" hatte in der Schweiz vermehrt öffentliche und private Bauwerke mit seinen Strichmännchenfiguren besprüht und wurde wegen Sachbeschädigung zu etlichen Monaten Haft und einer Geldbuße verurteilt. Gegen seine drohende Auslieferung von Deutschland an die Schweiz hat er Verfassungsbeschwerde erhoben und unter anderem behauptet, dass seine Auslieferung nicht zulässig sei, weil

136 BVerfGE 12, 1 (4 f.).
137 Stemmler, Das „Neminem-laedere-Gebot", S. 160.
138 Knödler, Mißbrauch von Rechten, S. 21.
139 Knödler, Mißbrauch von Rechten, S. 21.
140 Art. 5 Abs. 3 S. 1 GG: „Kunst und Wissenschaft, Forschung und Lehre sind frei".
141 So zutreffend Beisel, Die Kunstfreiheitsgarantie des Grundgesetzes, S. 124.
142 Siehe BVerfG, NJW 1984, 1293 (1293 f.). Siehe auch Rusteberg, Der grundrechtliche Gewährleistungsgehalt, S. 97.

eine beidseitige Strafbarkeit der von ihm begangenen Taten fehle. In Deutschland schütze das Grundrecht der Kunstfreiheit (Art. 5 Abs. 3 GG) ein entsprechendes Verhalten, das demzufolge als nicht strafbar anzusehen sei.

Nach dem Bundesverfassungsgericht erstrecke sich die Reichweite der Kunstfreiheit „von vorneherein nicht auf die eigenmächtige Inanspruchnahme oder Beeinträchtigung fremden Eigentums zum Zwecke der künstlerischen Entfaltung. Überdies enthält das Eigentumsrecht gleichfalls eine Verbürgung von Freiheit; nach den vom Grundgesetz getroffenen Wertungen steht es nicht prinzipiell hinter der Freiheit der Kunst zurück. Gesetze, die eine Eigentumsbeschädigung mit Strafe androhen, verstoßen nicht gegen den Sinn dieser Freiheit."[143]

Es gibt aber auch andere Entscheidungen des Bundesverfassungsgerichts, bei denen das Gericht zwar nicht explizit von einem Missbrauch spricht, den Grundrechtsschutz mit dem Gedanken aber versagt, dass es sich dabei um einen zweckfremden bzw. funktionswidrigen Grundrechtsgebrauch handelt.[144]

Zunächst ist der Beschluss zum „Herrnburger Bericht" zu nennen.[145] Die Beschwerdeführer waren Mitglieder einer Theatergruppe und wollten den „Herrnburger Bericht" aufführen. Die Aufführung sollte dem Gedenken an ein FDJ-Mitglied dienen. Dieses Mitglied war vor 30 Jahren bei einer Auseinandersetzung mit der Polizei erschossen worden. Die verteilten Plakate, die auf die geplante Aufführung des „Herrnburger Berichts" hinwiesen, zeigten einen lachenden jungen Mann in Jeans und blauem Hemd, auf dessen linkem Ärmel deutlich sichtbar ein FDJ-Emblem angebracht war.[146] Das Bundesverfassungsgericht hat festgelegt, dass zwar der Schutzbereich der Kunstfreiheit (Art. 5 Abs. 3 S. 1 GG) auch die Werbung für ein Kunstwerk enthalte, eine Handlung aber, mit der in Wahrheit gar kein Hinweis auf ein Kunstwerk bezweckt sei, sondern ihr realer Zweck in der Werbung für eine verfassungswidrige Organisation und deren Kennzeichen liege, nicht in den Schutzbereich der Kunst falle.[147] Das Gericht begründet seine Meinung mit dem Argument, dass eine solche Handlung „nur unter dem Deckmantel dieses Grundrechts" geschähe.[148]

---

143 BVerfG, NJW 1984, 1293 (1294).

144 Die folgende Analyse basiert größtenteils auf der Systematisierung der einschlägigen Entscheidungen des Bundesverfassungsgerichts von Merten, in: Merten/Papier (Hrsg.), HbGR III, § 60 Rn. 53 ff.

145 BVerfGE 77, 240.

146 Zum Sachverhalt siehe BVerfGE 77, 240 (243). Siehe auch Struth, Hassrede und Freiheit der Meinungsäußerung, S. 139.

147 BVerfGE 77, 240 (257).

148 BVerfGE 77, 240 (257).

Dementsprechend wird nach dem Gericht eine Scheinehe, die nämlich nicht zum Zweck der Führung einer ehelichen Lebensgemeinschaft, sondern ausschließlich zu anderen Zwecken, vom Art. 6 Abs. 1 GG[149] nicht geschützt.[150]

Zusätzlich betont das Bundesverfassungsgericht, dass der Art. 8 GG[151] die Teilnahme an einer Versammlung, nicht aber deren Verhinderung schützt.[152] Die folgende Begründung ist bemerkenswert: „Das Recht, sich friedlich und waffenlos zu versammeln, wird vom Grundgesetz im Interesse einer gemeinschaftlichen Meinungsbildung und Meinungskundgabe gewährleistet. Es soll die vom Staat unbehinderte, geplante oder spontane Kommunikation unter Anwesenden sowie die demonstrative Mitteilung der Kommunikationsergebnisse ermöglichen. Das Grundrecht schützt jeden Deutschen, der sich daran beteiligen will. Beteiligung setzt zwar keine Unterstützung des Versammlungsziels voraus, sondern erlaubt auch Widerspruch und Protest. Wohl aber verlangt sie die Bereitschaft, die Versammlung in ihrem Bestand hinzunehmen und abweichende Ziele allein mit kommunikativen Mitteln zu verfolgen. Wer dagegen eine Versammlung in der Absicht aufsucht, sie durch seine Einwirkung zu verhindern, kann sich nicht auf das Grundrecht aus Art. 8 GG berufen. Das gilt auch, wenn er dabei seinerseits im Verein mit anderen auftritt. Der Umstand, daß mehrere Personen zusammenwirken, bringt diese nicht in den Genuß der Versammlungsfreiheit, wenn der Zweck ihres Zusammenwirkens nur in der Unterbindung einer Versammlung besteht. Ein staatlicher Akt, durch den jemandem der Zutritt zu einer Versammlung verweigert wird, weil er nicht an ihr teilnehmen, sondern sie sprengen will, greift daher nicht in den Schutzbereich des Art. 8 GG ein".[153]

Darüber hinaus hat das Bundesverfassungsgericht darauf hingewiesen, dass die Vorschrift des § 6 Abs 1 Nr 2 BEG, die von der Entschädigung denjenigen

149 Art. 6 Abs. 1 GG: „Ehe und Familie stehen unter dem besonderen Schutze der staatlichen Ordnung".

150 BVerfG, Beschluss des Zweiten Senats (1. Kammer) vom 05.05.2003 - 2 BvR 2042/02, DVBl 2003, 1260. Siehe weiterhin Merten, in: Merten/Papier (Hrsg.), HbGR III, § 60 Rn. 54.

151 Art. 8 GG: „(1) Alle Deutschen haben das Recht, sich ohne Anmeldung oder Erlaubnis friedlich und ohne Waffen zu versammeln. (2) Für Versammlungen unter freiem Himmel kann dieses Recht durch Gesetz oder auf Grund eines Gesetzes beschränkt werden".

152 BVerfGE 84, 203 (209).

153 BVerfGE 84, 203 (209 f.). Siehe weiterhin Merten, in: Merten/Papier (Hrsg.), HbGR III, § 60 Rn. 57.

ausschließt, „[d]er nach dem 23. Mai 1949 die freiheitliche demokratische Grundordnung im Sinne des Grundgesetzes bekämpft hat", nur die Grenzen zeige, „die der Meinungsfreiheit, Versammlungsfreiheit und Vereinigungsfreiheit bereits von der Verfassung gezogen sind."[154] Das Gericht hat weiter betont, dass „[v]on einer mit Art 18 GG unvereinbaren Aushöhlung dieser Rechte durch das Bundesentschädigungsgesetz" nicht gesprochen werden könne, „wenn seine Bestimmungen unter Beachtung der grundgesetzlichen Wertordnung und der zu ihrem Schutze geschaffenen verfassungsrechtlichen Verfahrensvorschriften interpretiert werden."[155]

Auch die Grundsatzentscheidung des BVerfG vom 04.11.2009 ist nennenswert,[156] die die Meinungsfreiheit (Art. 5 Abs. 1 S. 1 GG[157]) betrifft. Zu dieser Entscheidung lässt sich der Sachverhalt wie folgt beschreiben:[158] Der Beschwerdeführer meldete jährlich und so auch für den 20.08.2005 eine Veranstaltung unter freiem Himmel mit dem Thema „Gedenken an Rudolf Heß" an, die zusätzlich das Motto tragen sollte „Seine Ehre galt ihm mehr als die Freiheit". Das Landratsamt gestützt auf § 15 Abs. 1 VersG i.V.m. § 130 Abs. 4 StGB hat die Veranstaltung verboten. § 130 Abs. 4 StGB lautet: „Mit Freiheitsstrafe bis zu drei Jahren oder mit Geldstrafe wird bestraft, wer öffentlich oder in einer Versammlung den öffentlichen Frieden dadurch stört, dass er die nationalsozialistische Gewalt- und Willkürherrschaft billigt, verherrlicht oder rechtfertigt". Nachdem der Beschwerdeführer ohne Erfolg den Rechtsweg beschritten hatte, legte er Verfassungsbeschwerde zum BVerfG ein, mit der er die Verletzung seiner Grundrechte und grundrechtsgleichen Rechte aus Art. 3 Abs. 1 und 3, Art. 4 Abs. 1, Art. 5 Abs. 1 Satz 1, Art. 8 Abs. 1 und Art. 103 Abs. 2 GG sowie einen Verstoß gegen Art. 10 Abs. 1 Satz 1 EMRK rügte. Die Kernfrage war daher, ob § 130 Abs. 4 StGB verfassungswidrig ist. In diesem Beschluss und in Übereinstimmung mit seiner bisherigen Rechtsprechung[159] betonte das Bundesverfassungsgericht, dass von

---

154 BVerfGE 13, 46 (51).

155 BVerfGE 13, 46 (51).

156 BVerfGE 124, 300. Siehe ausführliche Analyse und Kritik des Beschlusses in: Michael, ZJS 2010, 155 (158 ff.).

157 Art. 5 Abs. 1 S. 1 GG: „Jeder hat das Recht, seine Meinung in Wort, Schrift und Bild frei zu äußern und zu verbreiten und sich aus allgemein zugänglichen Quellen ungehindert zu unterrichten".

158 Siehe BVerfGE 124, 300 (302-317). Siehe auch Michael, ZJS 2010, 155 (158 f.).

159 Siehe BVerfGE 7, 198 (210); BVerfGE 61, 1 (8); BVerfGE 90, 241 (247); BVerfG, NJW 2001, S. 2069 (2070); BVerfG, NJW 2009, 908 (909), auf die das BVerfG [siehe BVerfGE 124, 300 (320)] ausdrücklich verweist.

Art. 5 Abs. 1 GG auch Meinungen geschützt seien, „die auf eine grundlegende Änderung der politischen Ordnung zielen, unabhängig davon, ob und wie weit sie im Rahmen der grundgesetzlichen Ordnung durchsetzbar sind."[160] Und dies folgt: „Das Grundgesetz vertraut auf die Kraft der freien Auseinandersetzung als wirksamste Waffe auch gegen die Verbreitung totalitärer und menschenverachtender Ideologien. Dementsprechend fällt selbst die Verbreitung nationalsozialistischen Gedankenguts als radikale Infragestellung der geltenden Ordnung nicht von vornherein aus dem Schutzbereich des Art. 5 Abs. 1 GG heraus."[161] § 130 Abs. 4 StGB, der „an die Billigung, Verherrlichung und Rechtfertigung der nationalsozialistischen Gewalt- und Willkürherrschaft anknüpft und diese unter weiteren Voraussetzungen unter Strafe stellt", greife in den Schutzbereich der Meinungsfreiheit ein.[162] Einen solchen Eingriff, der den Anforderungen an ein allgemeines Gesetz nicht entspreche, erlaube Art. 5 Abs. 1 und 2[163] GG dennoch.[164] Das Gericht führt weiter aus: „Angesichts des einzigartigen Unrechts und des Schreckens, die diese Herrschaft unter deutscher Verantwortung über Europa und weite Teile der Welt gebracht hat, und der für die Identität der Bundesrepublik Deutschland prägenden Bedeutung dieser Vergangenheit, können Äußerungen, die dies gutheißen, Wirkungen entfalten, denen nicht allein in verallgemeinerbaren Kategorien Rechnung getragen werden kann."[165] So prüft das Gericht die Verhältnismäßigkeit des § 130 Abs. 4 StGB, welcher nach seiner Auffassung den verfassungsrechtlichen Anforderungen genüge.[166]

In der Sache erkennt das BVerfG insofern in dieser Entscheidung keine immanente Schutzbereichsgrenze an.[167] Allerdings nimmt es weiter an, dass „erst eine aktiv kämpferische, aggressive Haltung gegenüber der freiheitlichen demokratischen Grundordnung" die Grenze der freien politischen Auseinandersetzung bildet.[168] Zwar wird es nicht explizit hervorgehoben, dass ein solches Verhalten

160 BVerfGE 124, 300 (320).
161 BVerfGE 124, 300 (320 f.).
162 BVerfGE 124, 300 (321).
163 Art. 5 Abs. 2 GG: „Diese Rechte finden ihre Schranken in den Vorschriften der allgemeinen Gesetze, den gesetzlichen Bestimmungen zum Schutze der Jugend und in dem Recht der persönlichen Ehre".
164 BVerfGE 124, 300 (321).
165 BVerfGE 124, 300 (321).
166 BVerfGE 124, 300 (331 ff.).
167 Michael, ZJS 2010, 155 (159).
168 BVerfGE 124, 300 (330) mit Verweis auf BVerfGE 5, 85 (141).

nicht vom Schutzbereich der Meinungsfreiheit erfasst wird, es wird aber implizit ausgedrückt.

Schließlich ist bemerkenswert, dass das Bundesverfassungsgericht auch im Rahmen des Prozessrechts von einem „ungeschriebenen Verbot des Missbrauchs prozessualer Rechte" spricht und einen Missbrauch dann annimmt, „wenn ein Verfahrensbeteiligter die ihm durch die Verfahrensordnung eingeräumte Möglichkeit zur Wahrung seiner Belange benutzt, um statt des Schutzes seiner Rechte gezielt verfahrensfremde oder verfahrenswidrige Zwecke zu verfolgen."[169] Der Missbrauch der Verfassungsbeschwerde führt zu einer Gebührenlast gemäß § 34 Abs. 2 BVerfGG,[170] der bezweckt, das Bundesverfassungsgericht vor überflüssigen Verfassungsbeschwerden und Anträgen auf Erlass einstweiliger Anordnungen zu beschützen.[171] Missbrauch der Verfassungsbeschwerde besteht nach dem Gericht unter anderem, „wenn die Verfassungsbeschwerde offensichtlich unzulässig ist und ihre Einlegung von jedem Einsichtigen als völlig aussichtslos angesehen werden muss."[172] Das Gericht betont, es ist nicht hinzunehmen, „dass es in der Erfüllung seiner Aufgaben […] durch für jedermann erkennbar aussichtslose Verfassungsbeschwerden behindert wird und dadurch anderen Bürgern den ihnen zukommenden Grundrechtsschutz nur verzögert gewähren kann."[173] Was aber das Grundrecht auf rechtliches Gehör (Art. 103 Abs. 1 GG[174]) betrifft,

---

169 BVerfGK 2, 196 (201) = NJW 2004, 1373 (1374). Zum Missbrauchsverbot im Prozessrecht nach der Rechtsprechung des BVerfG siehe ausfürlich Merten, in: Merten/Papier (Hrsg.), HbGR III, § 60 Rn. 58.

170 § 34 Abs. 2 BVerfGG: „Das Bundesverfassungsgericht kann eine Gebühr bis zu 2 600 Euro auferlegen, wenn die Einlegung der Verfassungsbeschwerde oder der Beschwerde nach Artikel 41 Abs. 2 des Grundgesetzes einen Mißbrauch darstellt oder wenn ein Antrag auf Erlaß einer einstweiligen Anordnung (§ 32) mißbräuchlich gestellt ist". Weitere Nachweise bei Merten, in: Merten/Papier (Hrsg.), HbGR III, § 60 Rn. 58, Fn. 339.

171 Zuck, Das Recht der Verfassungsbeschwerde, Rn. 1216.

172 BVerfG, Beschluss der 2. Kammer des Ersten Senats vom 20. Oktober 2016 – 1 BvR 2302/16 – Rn. (5), http://www.bverfg.de/e/rk20161020_1bvr230216.html (abgerufen am 12.01.2020).

173 BVerfG, Beschluss der 2. Kammer des Ersten Senats vom 20. Oktober 2016 – 1 BvR 2302/16 – Rn. (5), http://www.bverfg.de/e/rk20161020_1bvr230216.html (abgerufen am 12.01.2020).

174 Art. 103 Abs. 1 GG: „Vor Gericht hat jedermann Anspruch auf rechtliches Gehör".

scheint das Gericht einen Missbrauch dort zu sehen, wo der Berechtigte offenbar nicht das Verfahren beeinflussen will.[175]

2. Die Rechtsprechung des Bundesverwaltungsgerichts

Den Gedanken, dass die Grundrechte unter einem Schutz ausschließenden Missbrauchsvorbehalt stehen, findet man auch in der Rechtsprechung des Bundesverwaltungsgerichts.

Bemerkenswert ist zunächst der Beschluss des ersten Wehrdienstsenats vom 25. Februar 1969.[176] Das Gericht betonte damit, dass die Verteilung von Werbeschriften des Verbandes der Kriegsdienstverweigerter, in denen auf das Grundrecht des Art. 4 Abs. 3 GG[177] aufmerksam gemacht wurde, „eine politische Meinungsäußerung des verteilenden Soldaten [sei], wenn dieser sich mit dem Inhalt der Flugschrift identifiziert" und als solche sie vom Art. 5 Abs. 1 Satz 1 GG geschützt werde.[178] „Die Unterrichtung Dritter über die Möglichkeit und Existenz des Rechts, den Kriegsdienst mit der Waffe zu verweigern", sei eine „auch durch Art. 4 Abs. 3 GG geschützte Meinungsäußerung."[179] Die Vorschrift des Art. 17a GG[180] offenbare, „daß die Möglichkeit, auf Grund des Rechts, den Kriegsdienst mit der Waffe zu verweigern, einen Ersatzdienst zu leisten, zum

175 BVerfGE 107, 395 (409). *Merten* schließt an die These des Gerichts an und ergänzt sie um den Satz, dass der Berechtigte „sein Rederecht für andere, von der Grundrechtsbestimmung nicht erfaßte Zwecke, z.B. zur Prozessverschleppung nützt". Siehe Merten, in: Merten/Papier (Hrsg.), HbGR III, § 60 Rn. 58. Vgl. BVerfGE 4, 31 (37 f.), kommentiert von Knödler, Mißbrauch von Rechten, S. 245. Siehe auch Bethge, in: HStR IX, § 203 Rn. 184.

176 BVerwGE 33, 265.

177 Art. 4 Abs. 3 GG: „Niemand darf gegen sein Gewissen zum Kriegsdienst mit der Waffe gezwungen werden. Das Nähere regelt ein Bundesgesetz".

178 BVerwGE 33, 265 (266).

179 BVerwGE 33, 265 (267).

180 Art. 17a GG: „(1) Gesetze über Wehrdienst und Ersatzdienst können bestimmen, daß für die Angehörigen der Streitkräfte und des Ersatzdienstes während der Zeit des Wehr- oder Ersatzdienstes das Grundrecht, seine Meinung in Wort, Schrift und Bild frei zu äußern und zu verbreiten (Artikel 5 Abs. 1 Satz 1 erster Halbsatz), das Grundrecht der Versammlungsfreiheit (Artikel 8) und das Petitionsrecht (Artikel 17), soweit es das Recht gewährt, Bitten oder Beschwerden in Gemeinschaft mit anderen vorzubringen, eingeschränkt werden. (2) Gesetze, die der Verteidigung einschließlich des Schutzes der Zivilbevölkerung dienen, können bestimmen, daß die Grundrechte der Freizügigkeit (Artikel 11) und der Unverletzlichkeit der Wohnung (Artikel 13) eingeschränkt werden".

Bestandteil der Wehrverfassung des Grundgesetzes gehört. Auch die Ableistung des Ersatzdienstes ist Erfüllung der Wehrpflicht."[181] Dagegen seien von diesen Bestimmungen Meinungsäußerungen nicht geschützt, mit denen der Soldat „sein Grundrecht mißbraucht."[182] Das Gericht bestimmt aber auch, wann ein solcher Missbrauch vorliegt: „Ein solcher Mißbrauch wird immer dann gegeben sein, wenn der Hinweis auf Art. 4 Abs. 3 GG nicht der Lösung vorhandener oder denkbarer Gewissenskonflikte dient, sondern seiner eigentlichen Zweckrichtung nach auf die Schwächung der Bundeswehr oder die Störung der militärischen Ordnung abzielt. Dies wird insbesondere dann naheliegen, wenn im Rahmen militärischer Bereiche und Veranstaltungen für die Kriegsverweigerung geworben wird oder wenn nach Art und Inhalt des Hinweises nicht die Gewissensentscheidung der eigentliche Gegenstand der Meinungskundgabe ist. Der Institution der Bundeswehr ist im Interesse der Verteidigungsbereitschaft der Bundesrepublik Deutschland vom Verfassungsgesetzgeber ein entsprechend hoher eigener Wert beigemessen worden. Das Recht, den Kriegsdienst mit der Waffe zu verweigern, schließt ein Recht, auf eine Beeinträchtigung dieser Institution hinzuarbeiten, nicht ein."[183] Somit sieht das Gericht in diesem Beschluss den Missbrauch als immanente Grundrechtsgrenze an.[184]

Auch im Urteil des 2. Wehrdienstsenats vom 25. November 1987[185] ist die Rede von einem Missbrauch des Grundrechts auf Kriegsdienstverweigerung. Nach dem Gericht impliziere das Grundrecht auf Kriegsdienstverweigerung nach Art. 4 Abs. 3 Satz 1 GG den Vorrang des Schutzes des freien Einzelgewissens „gegenüber der Pflicht zur Beteiligung an der bewaffneten Landesverteidigung und damit an der Sicherung der staatlichen Existenz."[186] Der Gesetzgeber sei verpflichtet sicherzustellen, „daß nur solche Wehrpflichtige als Kriegsdienstverweigerer anerkannt werden, bei denen mit hinreichender Sicherheit angenommen werden kann, daß in ihrer Person die Voraussetzungen des Art. 4 Abs. 3 Satz 1 GG erfüllt sind (BVerfGE 48, 127, 159; 69, 1, 21). Dabei gilt es zum einen, den Staat, der der Gewissensentscheidung gegen den Kriegsdienst mit der Waffe selbst im Falle der Gefährdung seiner Existenz Vorrang gibt, vor

---

181 BVerwGE 33, 265 (267).

182 BVerwGE 33, 265 (267) mit Verweis auf BVerfGE 12, 1, 4, 5.

183 BVerwGE 33, 265 (267 f.).

184 Vgl. Pecher, Verfassungsimmanente Schranken, S. 136.

185 BVerwGE 83, 358 ff. Zu dieser Entscheidung siehe auch Knödler, Mißbrauch von Rechten, S. 67 f.

186 BVerwGE 83, 358 (361) mit Verweis auf BVerfGE 12, 45, 54; 28, 243, 260.

einer mißbräuchlichen Berufung auf das Grundrecht aus Art. 4 Abs. 3 Satz 1 GG zu schützen. Zum anderen geht es aber auch um den Schutz der Gewissensfreiheit des einzelnen selbst, die gerade dann gefährdet wird, wenn sie dazu benutzt werden kann, sich den allgemeinen staatsbürgerlichen Pflichten zu entziehen (BVerfGE 69, 1, 24).“[187] So schließe dieses Grundrecht für einen Soldaten nicht das Recht ein, „durch einen Mißbrauch der Grundrechte auf eine Beeinträchtigung der Institution Bundeswehr hinzuarbeiten.“[188] Es gebe einen solchen Missbrauch immer dann, „wenn der Hinweis auf Art. 4 Abs. 3 GG nicht der Lösung vorhandener oder denkbarer Gewissenskonflikte“ diene, „sondern seiner eigentlichen Zweckrichtung nach auf die Schwächung der Bundeswehr oder die Störung der militärischen Ordnung“ abziele.[189] So gebe es hier einen Rechtsmissbrauch, weil der Aufruf zur Kriegsdienstverweigerung keine Schärfung des individuellen Gewissens bezwecke, sondern das Ziel habe, „zum Zwecke der politischen Demonstration“ und „zur Erzeugung politischen Drucks auf die verantwortlichen Instanzen massenhaft Anträge auf Anerkennung als Kriegsdienstverweigerer zu stellen.“[190] Wie *Knödler* zutreffend bemerkt, vergleicht das BVerwG zunächst die Reichweite des Grundrechts mit dem konkreten Verhalten, um anschließend den Missbrauch zu bestimmen.[191] Die Inkongruenz zwischen diesen Parametern stellt das Indiz dafür dar, dass es einen Rechtsmissbrauch gibt.[192] Um den Rechtsmissbrauch jedoch zu determinieren, stützt das Gericht sich auf die Intentionalität des Verhaltens.[193] Wenn das Verhalten sich auf Ziele richtet, die außerhalb des Grundrechts stehen, ist es missbräuchlich.[194] Diese Entscheidung macht auch das dolose Element des Rechtsmissbrauchs klar, denn die Berufung auf das Grundrecht dient nur als Mittel, um allgemeine politische Ziele zu erreichen.[195] Auf diese Weise wird auch „das Erfordernis der Kausalität des Mißbrauchsverhaltens für die normwidrige Zweckerreichung“ offenbart.[196]

187 BVerwGE 83, 358 (361).
188 BVerwGE 83, 358 (361 f.) mit Verweis auf BVerwGE 33, 265, 267 f.
189 BVerwGE 83, 358 (362).
190 BVerwGE 83, 358 (368 f.).
191 Knödler, Mißbrauch von Rechten, S. 67 f.
192 Knödler, Mißbrauch von Rechten, S. 68.
193 Knödler, Mißbrauch von Rechten, S. 68.
194 Knödler, Mißbrauch von Rechten, S. 68.
195 Knödler, Mißbrauch von Rechten, S. 68.
196 Knödler, Mißbrauch von Rechten, S. 68.

Zusätzlich ist das Urteil des 7. Senats des BVerwG vom 9. November 1962[197] zu nennen, das von einem ungeschützten Missbrauch des Grundrechts der Glaubensfreiheit spricht. Ausgangspunkt dieses Urteils war die Anfechtungsklage eines Strickermeisters und Inhabers eines Strickereibetriebes gegen einen Bescheid der zuständigen Behörde, durch den sie dem Kläger „die Befugnis zum Halten und Anleiten von Lehrlingen auf Zeit“ entzog. Die Begründung war die Existenz einer wiederholt gröblichen Verletzung der ihm als Lehrherrn gegenüber den ihm anvertrauten Lehrlingen obliegenden Pflichten. Er habe – teilweise mit Erfolg – versucht, „einigen seiner Lehrlinge die Lehre der Zeugen Jehovas zu vermitteln, und hierdurch die Lehrlinge seelischen Konflikten ausgesetzt, in ihnen Zweifel an der Richtigkeit ihres Glaubens erweckt und sie selbst ihren Eltern entfremdet“. Der Kläger hat sich auf Art. 4 GG beruft, um sein Verhalten zu rechtfertigen.[198] In diesem Urteil schließt sich der 7. Senat des BVerwG der entsprechenden Rechtsprechung des BVerfG[199] an, nämlich dass „das Recht, für den eigenen Glauben zu werben und andere von einem fremden Glauben abzuwerben“, nicht schrankenlos gilt, sondern dass, wer dieses Recht missbraucht, sich nicht auf den Schutz des Grundgesetzes berufen kann, und fügt hinzu, dass es keine allgemeingültigen Maßstäbe gibt, um zu beurteilen, „[i]nwieweit sich eine Werbung für den eigenen und eine Abwerbung von einem anderen Glauben noch in den verfassungsrechtlich geschützten Grenzen hält und wo diese Grenzen überschritten werden.“[200] Auf jeden Fall werde nach dem Senat „die an sich erlaubte Glaubenswerbung und Glaubensabwerbung“ zu einem Grundrechtsmissbrauch, „wenn sie unter Anwendung unlauterer oder anfechtbarer Mittel betrieben wird.“[201] Der Senat berücksichtigt insoweit für den konkreten Fall die besondere Autorität, die das Gesetz dem Lehrherrn – nur zur Förderung des Lehrlings und nicht zu dieser Zielsetzung zuwiderlaufenden Zwecken – verleiht und betont, dass der Kläger im konkreten Fall die „Grenzen des [...] Zulässigen“ nicht gewahrt habe.[202] Die weiteren Gedanken des Senats sind bemerkenswert: „Denn jedenfalls muß ein Mißbrauch des zuvor nach seiner Zielsetzung gewürdigten Vertrauens- und Autoritätsverhältnisses des Lehrherrn

197 BVerwGE 15, 134 ff. Zu dieser Entscheidung siehe auch Abel, in: Engstfeld/Haack/Habscheid/Klein/Klein/Püttner/Roxin/Schmidt (Hrsg.) Juristische Probleme, S. 34 (41).

198 Siehe BVerwGE 15, 134 (134) = JR 1963, 395 (395 f.)

199 BVerfGE 12, 1 (4).

200 BVerwGE 15, 134 (136).

201 BVerwGE 15, 134 (136).

202 BVerwGE 15, 134 (136 f.).

darin erblickt werden, daß der Werbung der ihm zur Ausbildung anvertrauten Lehrlinge für die religiöse Überzeugung des Lehrherrn dadurch ein besonderer Nachdruck verliehen werden sollte, daß die einer solchen Werbung zugänglichen Lehrmädchen eine bevorzugte Behandlung gegenüber den ablehnend eingestellten erfuhren. Diese unter Ausnutzung eines Abhängigkeitsverhältnisses erfolgte Glaubenswerbung erwies sich damit zugleich als ein Mißbrauch des in Art. 4 GG gewährleisteten Rechts, die eigene religiöse Überzeugung zu vertreten und für sie zu werben."[203] Nach dem Senat sei der Missbrauch auch darin zu sehen, „daß die Werbung für die Glaubenslehre mit herabsetzenden Bemerkungen über die katholischen Geistlichen verbunden war, die überzeugte Angehörige der katholischen Glaubensgemeinschaft in ihrem religiösen Empfunden verletzen und sich zu diesem Glauben bekennende junge Menschen im Alter der vom Kläger auszubildenden, von ihm als Lehrherrn abhängigen Lehrmädchen in ernste innere Konflikte bringen müßten."[204] Der Senat begründet diese Meinung, indem er hervorhebt, dass Art. 4 GG „den einzelnen nicht nur gegen die Intoleranz seiner Mitmenschen" schütze, sondern ihn auch verpflichte, „ihnen gegenüber die gleiche Duldsamkeit zu erweisen, die er für seine eigene Überzeugung in Anspruch nimmt."[205] Schließlich erkennt der Senat die Grenzen einer vom Art. 4 GG geschützten Werbung für jedes Glaubensbekenntnis auch dadurch „in bedenklicher Weise" als missachtet an, „daß nach den getroffenen Feststellungen einem Lehrmädchen, das sich mit dem Gedanken eines Austritts aus der katholischen Kirche trug und deswegen ernste Auseinandersetzungen mit seiner verwitweten Mutter hatte, sogar das Angebot gemacht wurde, sie könne bei den Angehörigen des Lehrherrn bleiben, wenn sie aus religiösen Gründen Schwierigkeiten mit ihrer Mutter bekommen sollte."[206]

Darüber hinaus hat auch der 2. Senat des BVerwG in seinem Urteil vom 11. Juni 1968[207] markiert, dass derjenige, der das Grundrecht, „für den eigenen Glauben zu werben und andere von einem fremden Glauben abzuwerben", missbrauche, etwa durch Verletzung der Würde anderer Personen oder Anwendung unlauterer Mittel, sich nicht auf den Schutz des Art. 4 GG berufen könne.[208] So

203 BVerwGE 15, 134 (137).
204 BVerwGE 15, 134 (137).
205 BVerwGE 15, 134 (137).
206 BVerwGE 15, 134 (137 f.).
207 BVerwGE 30, 29 ff.
208 BVerwGE 30, 29 (31).

wird der Missbrauch auch in diesem Urteil als immanente Grundrechtsgrenze gesehen.[209]

Schließlich ist das Urteil des 7. Senats des BVerwG vom 27. März 1992[210] nennenswert. Zu diesem Urteil lässt sich der Sachverhalt wie folgt beschreiben:[211] Die Kläger waren Meditationsvereine der von dem Inder Osho-Rajneesh (früher: „Bhagwan“) gegründete Osho-Bewegung und sahen sich durch die staatliche Förderung eines Zusammenschlusses natürlicher Personen und Vereine, der die Öffentlichkeit über die Gefahren religiöser und ideologischer Missbräuche aufklären wollte, in ihrem Grundrecht aus Art. 4 GG verletzt. Aus diesem Grund haben sie eine Klage gegen die Bundesrepublik Deutschland erhoben, mit der sie die Feststellung der Rechtswidrigkeit dieser Förderung beantragt haben. Gegen das Urteil des Oberverwaltungsgerichts hat die Beklagte Revision eingelegt, mit der sie unter anderem geltend machte, dass die Kläger nicht den Schutz des Grundrechts aus Art. 4 GG genössen, weil sich die Osho-Bewegung überwiegend nicht religiös oder weltanschaulich, sondern wirtschaftlich betätige. Der 7. Senat des BVerwG hat im ersten Leitsatz seines Urteils Folgendes betont: „Eine Gemeinschaft wird nicht durch das Grundrecht der Religions- und Weltanschauungsfreiheit geschützt, wenn ihre religiösen oder weltanschaulichen Lehren nur als Vorwand für die Verfolgung wirtschaftlicher Ziele dienen. Dagegen entfällt der Schutz dieses Grundrechts nicht schon dann, wenn sie sich ‚überwiegend‘ wirtschaftlich betätigt.“[212] Das Gericht hebt damit hervor: Wenn eine religiöse Bewegung „als Vorwand für eine wirtschaftliche Betätigung“ diene, wenn sie „also in Wahrheit *ausschließlich* wirtschaftliche Interessen“ verfolge, „die mit ideellen Zielen bloß verbrämt sind“, dann würde es, „was keiner näheren Darlegung“ bedürfe, um einen Mißbrauch des „Rechts zur gemeinschaftlichen Pflege von Religion oder Weltanschauung“ (Art. 4 GG) gehen, „der ihnen den Schutz des Art. 4 GG nähme“.[213] Allein die luxuriöse Lebensführung des Stifters der Bewegung reiche aber nicht aus, einen Missbrauchstatbestand anzunehmen, „weil die gemeinschaftliche Pflege von Religion oder Weltanschauung [...] auch mit einem besonderen Repräsentationsaufwand an der Spitze der Gemeinschaft verbunden sein“ könne.[214] Wie *Knödler* zutreffend kommentiert,

---

209 Vgl. Pecher, Verfassungsimmanente Schranken, S. 136.

210 BVerwGE 90, 112 ff. Zu dieser Entscheidung siehe auch Knödler, Mißbrauch von Rechten, S. 70.

211 Siehe BVerwGE 90, 112 (113 f., 116).

212 BVerwGE 90, 112 (112).

213 BVerwGE 90, 112 (118); Hervorhebung im Original.

214 BVerwGE 90, 112 (118).

betont das Gericht das arglistige Element des Missbrauchs, lehnt jedoch einen Missbrauchswillen ab, „indem es einen unausgesprochenen Vergleich mit dem sozialtypischen Gebaren anderer Religionsgemeinschaften vornimmt und diesbezüglich keine Abweichung auszumachen vermag."[215] Ein Missbrauch wird insoweit auf der Basis der Sozialtypik des Verhaltens nicht angenommen.[216]

3. Die Rechtsprechung des Bundesgerichtshofs

Betreffend die Rechtsprechung des Bundesgerichtshofs, ist zunächst das Urteil vom 01.02.1954 des 3. Zivilsenats von Bedeutung.[217] In diesem Urteil hat der Zivilsenat betont, dass zwar „die Polizei unter Berufung auf ein allgemeines Polizeigesetz nicht die Tätigkeit unterbinden" könne, „die sich im Rahmen der durch das Grundrecht garantierten Freiheit hält", aber soweit der Grundrechtsmissbrauch gerade darin liege, „daß sich der Bürger zur Rechtfertigung seines Tuns zu Unrecht auf die ihm durch das Grundrecht eingeräumte Freiheit beruft, weil sein Verhalten über den eigenen Freiheitskreis hinaus wirkt und Rechte Dritter, die verfassungsmässige Ordnung oder das Sittengesetz verletzt (vgl. Art. 2 Abs. I GG), stellen sich die allgemeinen Polizeigesetze nur als eine ‚Beschränkung' dar, die dem Grundrecht seiner Natur nach innewohnt."[218] Der Senat fügt hinzu, dass sich die Polizei auf diese Rechtsschranke bedenkenlos stützen könne.[219] Andernfalls wäre es „auch dann, wenn durch Mißbrauch des Grundrechts der freien Meinungsäußerung im Einzelfalle erhebliche Gefahren für die öffentliche Sicherheit und den Bestand der demokratischen Grundordnung entstehen", recht oft nicht möglich, „rechtzeitig und wirksam einzugreifen."[220] Der durch das Grundgesetz gewährleistete Schutz der freien Meinungsäußerung finde seine Grenze dort, „wo es sich nicht mehr nur um eine Verbreitung von Gedankengut handelt, sondern sich diese Verbreitung im Einzelfall zu einer Aktion verdichtet, die die öffentliche Ordnung und Sicherheit und den Bestand der demokratischen Grundordnung der Bundesrepublik angreift. Eine solche über die bloße Meinungsäußerung hinausgehende Aktion ist aber schon in jeder jenem Ziel dienenden Propaganda zu erblicken."[221]

---

215 Knödler, Mißbrauch von Rechten, S. 70.
216 Knödler, Mißbrauch von Rechten, S. 70.
217 BGHZ 12, 197.
218 BGHZ 12, 197 (203).
219 BGHZ 12, 197 (203).
220 BGHZ 12, 197 (203).
221 BGHZ 12, 197 (205).

Der Missbrauchsgedanke verbirgt sich auch hinter der Rechtsprechung des 4. Zivilsenats des Bundesgerichtshofs zum Glaubenswechsel eines Ehegatten als Scheidungsgrund.[222] Der Senat hat hervorgehoben, dass „das Recht eines Ehegatten, die gemeinsame religiöse Grundlage der Ehe um des eigenen religiösen Weges willen aufzugeben", seine Verantwortung für den anderen Ehegatten nicht aufhebe.[223] Das Gericht betont: „Der Übertritt zu der neuen Gemeinschaft und das Leben und Handeln nach ihrem Geist und ihren Gesetzen sind daher mit einem ehegemäßen Verhalten nur vereinbar, wenn dabei die persönliche Würde des anderen Ehegatten nicht verletzt, insbesondere seine Stellung und sein Ansehen innerhalb der Ehe- und Familiengemeinschaft nicht erschüttert und sein eheliches Empfinden, wie überhaupt das gesamte Ehe- und Familienleben, nicht Belastungen ausgesetzt wird, die auch für einen verständigen und religiös duldsamen Ehegatten nicht tragbar sind."[224] Es sei nicht akzeptabel, „wenn jemand seine Persönlichkeit um den Preis zu entfalten sucht, daß er durch sein Handeln oder Unterlassen einen Mitmenschen in seiner Würde verletzt oder sonst in den lebenswichtigen Grundlagen seiner menschlichen, also seiner wirtschaftlichen oder seiner seelischen und geistigen Existenz, schädigt oder bewußt ernstlich gefährdet und ihn auf solche Weise daran hindert, seinerseits seine Persönlichkeit recht zu entwickeln und seiner menschlichen Bestimmung gerecht zu werden."[225]

Schließlich ist das Urteil vom 19. Januar 1962 des 3. Strafsenats[226] zu erwähnen. Einiges zum Sachverhalt:[227] Die Angeklagten haben für einige Monate als Mitglieder der illegalen KPD an einer kommunistischen Zeitschrift mitgearbeitet. Einer von ihnen hat außerdem vorher an einer anderen kommunistischen Zeitschrift gearbeitet. Aus diesem Grund hat die Strafkammer sie als Rädelsführer in einer verfassungsfeindlichen Vereinigung, als Mitglieder einer Geheimverbindung unter der strafschärfenden Voraussetzung der verfassungsfeindlichen Absicht und wegen Verstoßes gegen das KPD-Urteil des Bundesverfassungsgerichts vom 17. August 1956 zu Gefängnisstrafen verurteilt. Das Landgericht hat die Verhängung eines Berufsverbots gemäß § 42 1 StGB unter Berücksichtigung

222 Siehe Abel, in: Engstfeld/Haack/Habscheid/Klein/Klein/Püttner/Roxin/Schmidt (Hrsg.) Juristische Probleme, S. 34 (41).

223 BGHZ 38, 317 (325); BGHZ 33, 145 (152).

224 BGHZ 38, 317 (325).

225 BGHZ 38, 317 (326).

226 BGHSt 17, 38 ff.

227 Siehe BGHSt 17, 38 (38 f.).

des Art. 5 Abs. 1, 2 und des Art. 18 GG abgelehnt, worauf die Staatsanwaltschaft erfolgreich Revision einlegte.

Dieses Urteil des 3. Strafsenats wird zutreffend von *Schwark* interpretiert, dass das Gericht annimmt, dass derjenige, der seine Rechte zum Kampf gegen die demokratische Grundordnung missbraucht, keinen Grundrechtsschutz genießt.[228] Nach dem Senat sei es zulässig, dass ein Berufsverbot auf der Basis eines mit Art. 5 Abs. 2 GG im Einklang stehenden Strafgesetzes vom Strafrichter verhängt werden darf,[229] eine Annahme, die genau bedingt, dass ein einfaches Gesetz, das die Meinungsfreiheit eines Journalisten unmittelbar und wesentlich beschränkt, im Missbrauchsfall mit Art. 5 GG vereinbar ist.[230]

4. Fazit und Zusammenfassung

Sowohl die Rechtsprechung des BVerfG als auch diese des BVerwG und des BGH erkennen einen schutzbereichsbegrenzenden allgemeinen Missbrauchsvorbehalt bei den Grundrechten an. Derjenige, der seine Grundrechte missbraucht, genießt keinen Grundrechtsschutz. Die missbräuchliche Grundrechtsausübung steht außerhalb des Schutzbereichs des betroffenen Grundrechts.

Beispiele von Handlungen, die nach der Rechtsprechung des Bundesverfassungsgerichts als Grundrechtsmissbrauch (ausdrücklich oder stillschweigend) angesehen wurden
Verletzung der Würde anderer Personen
Eigenmächtige Inanspruchnahme oder Beeinträchtigung fremden Eigentums zum Zwecke der künstlerischen Entfaltung
Handlungen, deren realer Zweck die Werbung für eine verfassungswidrige Organisation und deren Kennzeichen ist
Scheinehe
Die Aufsuchung einer Versammlung mit der Absicht, sie durch Einwirkung zu verhindern
Die Bekämpfung der freiheitlichen demokratischen Grundordnung

228 Schwark, Der Begriff der „allgemeinen Gesetze“, S. 117.
229 BGHSt 17, 38 (41).
230 Schwark, Der Begriff der „allgemeinen Gesetze“, S. 117.

Beispiele von Handlungen, die nach der Rechtsprechung des Bundesverwaltungsgerichts als Grundrechtsmissbrauch angesehen wurden
„Wenn der Hinweis auf Art. 4 Abs. 3 GG nicht der Lösung vorhandener oder denkbarer Gewissenskonflikte dient, sondern seiner eigentlichen Zweckrichtung nach auf die Schwächung der Bundeswehr oder die Störung der militärischen Ordnung abzielt“
Glaubenswerbung oder Glaubensabwerbung durch Verletzung der Würde anderer Personen
Glaubenswerbung oder Glaubensabwerbung „unter Anwendung unlauterer oder anfechtbarer Mittel“
Wenn eine religiöse Bewegung „als Vorwand für eine wirtschaftliche Betätigung“ dient, wenn sie „also in Wahrheit ausschließlich wirtschaftliche Interessen verfolgt, die mit ideellen Zielen bloß verbrämt sind“

Beispiele von Handlungen, die nach der Rechtsprechung des Bundesgerichtshofs als Grundrechtsmissbrauch angesehen wurden
Wenn „sich der Bürger zur Rechtfertigung seines Tuns zu Unrecht auf die ihm durch das Grundrecht eingeräumte Freiheit beruft, weil sein Verhalten über den eigenen Freiheitskreis hinaus wirkt und Rechte Dritter, die verfassungsmässige Ordnung oder das Sittengesetz verletzt“
„[W]enn jemand seine Persönlichkeit um den Preis zu entfalten sucht, daß er durch sein Handeln oder Unterlassen einen Mitmenschen in seiner Würde verletzt oder sonst in den lebenswichtigen Grundlagen seiner menschlichen, also seiner wirtschaftlichen oder seiner seelischen und geistigen Existenz, schädigt oder bewußt ernstlich gefährdet und ihn auf solche Weise daran hindert, seinerseits seine Persönlichkeit recht zu entwickeln und seiner menschlichen Bestimmung gerecht zu werden“
Grundrechtsgebrauch zum Kampf gegen die demokratische Grundordnung

II. Der allgemeine Missbrauchsvorbehalt in der Literatur

Im Schrifttum ist die Existenz eines allgemeinen Missbrauchsvorbehalts bei den Grundrechten umstritten. Teils wird ein allgemeiner Missbrauchsvorbehalt bei den Grundrechten ohne Begründung angenommen[231] teils ohne Begründung abgelehnt.[232] Im Übrigen stehen sich Befürworter und Gegner aus unterschiedlichen Gründen gegenüber. Eine Systematisierung der vertretenen Argumente wird im Folgenden versucht.

1. Begründung eines allgemeinen Missbrauchsvorbehalts bei den Grundrechten

a) Das institutionelle Grundrechtsverständnis

Ein allgemeiner Missbrauchsvorbehalt wird zunächst in der Literatur auf der Basis eines institutionellen Grundrechtsverständnisses angenommen.

Nach *Häberle* haben die Grundrechte einen Doppelcharakter.[233] Zum einen verbürgen sie den Grundrechtsberechtigten subjektive öffentliche Rechte, zum anderen haben sie den Sinn „der verfassungsrechtlichen Gewährleistung freiheitlich geordneter und ausgestalteter Lebensbereiche."[234] Mit anderen Worten: „Die Grundrechte erscheinen vom Grundrechtsberechtigten her gesehen als subjektive öffentliche Rechte, von den Lebensverhältnissen aus als Institute."[235]

Häberle betont, dass die Grundrechte als Institute infrage gestellt wären, wenn sie von vielen Grundrechtsberechtigten missbraucht würden.[236] „Eine Freiheit, die in der sozialen Lebenswirklichkeit mißbraucht wird, vermag keine stabilisierende Wirkung mehr auszuüben. Der betreffende Freiheitsbereich würde erschüttert, ja das soziale Ganze in Frage gestellt, wo die Ausübung subjektiver Rechte zum Mißbrauch pervertierte. [...] Freiheit, die mißbraucht wird, ist keine Freiheit *im* Recht, sondern rechtszerstörende ‚Freiheit'."[237] So kommt *Häberle* zum Schluss, dass den Freiheitsmissbrauch zu verhindern nicht bloß erlaubt, sondern auch geboten sei, „geboten sowohl von der institutionellen Seite der Grundrechte aus als auch von ihrer individualrechtlichen Seite her."[238] Er teilt

231 So Kaufmann, VVDStRL 9, 1 (15), der vertritt, „daß auch die Individuen und Gesellschaft gewährten Freiheitsrechte rechtliche, vielfach ungeschriebene Schranken haben, die sich teils aus besonderen Gewaltverhältnissen, teils aus dem auch für sie geltenden Verbot des Mißbrauchs ergeben"; Meder, Die Verfassung des Freistaates Bayern, Art. 98 Rn. 6a.

232 So von Mangoldt/Klein, Das Bonner Grundgesetz, Artikel 18 Anm. III 4 c, S. 535.

233 Häberle, Die Wesensgehaltgarantie, S. 70 ff.

234 Häberle, Die Wesensgehaltgarantie, S. 70 m.w.N.

235 Häberle, Die Wesensgehaltgarantie, S. 71.

236 Häberle, Die Wesensgehaltgarantie, S. 119.

237 Häberle, Die Wesensgehaltgarantie, S. 119; Hervorhebung im Original.

238 Häberle, Die Wesensgehaltgarantie, S. 120 m.w.N.

die Meinung der zivilrechtlichen Innentheorie, dass der Rechtsmissbrauch „von vorherein nicht zu dessen Inhalt gehört" und betont demzufolge, dass solche Gesetze, die den Missbrauch verhindern, keine Rechtsbeschränkungen darstellen.[239] Die Grundrechte müssen „unbedenklich" unter einen (allgemeinen) Missbrauchsvorbehalt gestellt werden.[240]

b) *Die funktionelle Interpretation der Grundrechte*

Eng verwandt mit der institutionellen Betrachtung der Grundrechte ist ihre funktionelle Betrachtung, die ursprünglich auf *Smend* zurückgeht[241] und die hervorhebt, dass der Rechtsstaat mit der Garantie der Freiheitsrechte einen bestimmten Ablauf des sozialen Lebens zu sichern bezweckt, „der die Achtung der menschlichen Personwürde am besten gewährleistet."[242] So wird die Eigenschaft der Grundrechte „als auf eine bestimmte soziale Wirklichkeit und gleichzeitig wertbezogene, positive staatliche Entscheidung" betont.[243] Auf diese soziale Funktion der Freiheitsrechte gründet sich ein allgemeiner Missbrauchsvorbehalt. So hält *Smend* Grundrechtsbetätigungen, die vorrangigen Gemeinschaftswerte verletzen, für eine Überschreitung, einen Missbrauch des Grundrechts.[244]

Nach *Bäumlin* stellt die Verhinderung einer missbräuchlichen Freiheitsausübung, die die Aufhebung der rechtsstaatlich-demokratischen Ordnung bezweckt, „nicht weniger ein Anliegen des Rechtsstaates als der Demokratie" dar.[245] Angesichts der Tatsache, dass die Freiheitsrechte „funktionell, d. h. aus ihrer Bezogenheit auf eine bestimmte soziale Wirklichkeit und bestimmte Werte" verstanden werden müssen und nicht bloß als „Abgrenzung von Willenssphären", ergebe sich „ein allgemeiner, allen Freiheitsrechten immanenter Vorbehalt."[246] Auf die Freiheitsrechte könne sich nur derjenige berufen, der mit seinem Verhalten „an der durch die staatliche Freiheitsordnung konstituierten, freiheitlichen sozialen Wirklichkeit teilnehmen will, dessen Handeln den Sinn hat, im freiheitlichen Prozess des sozialen Lebens mitzumachen und zu seiner immer wieder neuen Aktualisierung beizutragen."[247] Im Gegensatz dazu falle

239 Häberle, Die Wesensgehaltgarantie, S. 120.
240 Häberle, Die Wesensgehaltgarantie, S. 120, Fn. 308.
241 Smend, VVDStRL 4 (1928), 44 (48); ders., Verfassung und Verfassungsrecht, S. 161 ff.
242 Bäumlin, Die rechtsstaatliche Demokratie, S. 62.
243 Bäumlin, Die rechtsstaatliche Demokratie, S. 62.
244 Smend, VVDStRL 4 (1928), 44 (52).
245 Bäumlin, Die rechtsstaatliche Demokratie, S. 65.
246 Bäumlin, Die rechtsstaatliche Demokratie, S. 65.
247 Bäumlin, Die rechtsstaatliche Demokratie, S. 65.

unter den Schutz der Freiheitsrechte nicht diejenige Wirksamkeit, die die Aufhebung der rechtsstaatlichen Ordnung anstrebe.[248] Dieser Vorbehalt habe keine moralische Natur, sondern eine völlig rechtliche, der mit der funktionellen Interpretation der Freiheitsrechte auftrete.[249] Da sich dieser Vorbehalt direkt aus dem Wesen der rechtsstaatlichen Freiheitsrechte ergebe, bestehe er auch unabhängig davon, ob er ausdrücklich in der Verfassung normiert sei.[250]

Die Idee der sozialen Funktion der Grundrechte findet man auch bei *Geiger*, der die in Art. 1 Abs. 2 GG proklamierte Bedeutung der Grundrechte als Grundlage „jeder menschlichen Gemeinschaft, des Friedens und der Gerechtigkeit in der Welt" betont.[251] Im Einzelnen seien, so *Geiger*, die Grundrechte „ihrem Wesen nach bestimmt, der Entfaltung der menschlichen Persönlichkeit zu dienen, die ihrer Natur nach nur als Glied der Gemeinschaft existieren kann."[252] Demgemäß bilden die Grundrechte gleichzeitig eine wichtige Grundlage „jeder menschlichen Gemeinschaft, des Friedens und der Gerechtigkeit in der Welt."[253] Ihre Verwendung zum Kampf gegen die Gemeinschaft, gegen den Frieden, gegen die Gerechtigkeit sei ein Missbrauch dieser Rechte.[254] Daraus folgert *Geiger*: „Die Grundrechte reichen ihrem Inhalt nach überhaupt nicht so weit, daß sie Handlungen rechtfertigen könnten, die gegen die natürliche Gemeinschaftsordnung, gegen die Gerechtigkeit (in einem materiellen Sinn) oder gegen den Frieden gerichtet sind; sie finden ihre Begrenzung in den legitimen, übergeordneten, elementaren Rechten der Gemeinschaft."[255]

---

248 Bäumlin, Die rechtsstaatliche Demokratie, S. 65 f.

249 Bäumlin, Die rechtsstaatliche Demokratie, S. 66.

250 Bäumlin, Die rechtsstaatliche Demokratie, S. 66.

251 Siehe Geiger, BVerfGG, Vorbemerkungen vor § 36, Anmerkung 3.

252 Geiger, BVerfGG, Vorbemerkungen vor § 36, Anmerkung 3.

253 Geiger, BVerfGG, Vorbemerkungen vor § 36, Anmerkung 3.

254 Geiger, BVerfGG, Vorbemerkungen vor § 36, Anmerkung 3.

255 Geiger, BVerfGG, Vorbemerkungen vor § 36, Anmerkung 3. Vgl. ders., Grundrechte und Rechtsprechung, S. 53: „Die Freiheitsrechte müssen zwar wegen des Schutzes der menschlichen Freiheit gegen ihre Reglementierung durch den Staat so weit gefasst werden, daß sie auch zahllose Fälle des unrichtigen Gebrauchs der Freiheit decken, daß sie auch Raum für den Mißbrauch der Freiheit geben. Sie sind aber materialiter gefordert um des *rechten* Gebrauchs der Freiheit willen. In jedem Grundrecht steckt – freilich nicht erzwingbar, bar jeder Sanktion – eine rechtliche Grundpflicht des einzelnen, von der ihm eingeräumten Freiheit der Betätigung den rechten Gebrauch zu machen"; Hervorhebung im Original.

c) *Das Grundrechtsverständnis der „Verantwortungsethik"*

In der Literatur wird ein allgemeiner Missbrauchsvorbehalt aus der Annahme, dem Grundgesetz liege eine „Verantwortungsethik" zugrunde, begründet.[256] So betont *Wiegand*, dass „das Grundgesetz in der Präambel, Art. 1 und 20 GG Prinzipien" enthalte, „die mit Mitteln des Rechts allein kaum einer Erschließung zugänglich sind. Hier sind die Nahtstellen zu sehen, die außerrechtliche Werte rezipieren."[257] Das Grundgesetz sei offen für den außerrechtlichen Wandel, es garantiere aber gleichzeitig, „daß der außerrechtliche Wandel, so er einen Verfassungswandel zu begründen vermag, den Prinzipien der Verantwortung und Humanität, wie sie in Präambel, Art. 1 und 20 GG enthalten sind, verpflichtet sein muß."[258] Demzufolge sei die Wertoffenheit relativ und bestimmte Werte stünden nicht zur Disposition.[259] Dies gestatte eine Erschließung des Grundrechtsverständnisses vermittels einer Verantwortungsethik, sodass Freiheit „nicht als allumfassende Zweckwillkür" angesehen werden könne, „sondern allein als (objektiv verstandene) Freiheit, die der Verantwortung für die Natur, zukünftigen Generationen und den Mitmenschen (dort besonders als soziale Verantwortung) Rechnung trägt und in diesem Sinne im Bezug menschlichen Handelns *folgenorientiert* ist."[260]

Ähnliche Argumentation hat *Di Fabio*. Nach ihm sei Verantwortung eine „Essenz der Verfassungsstaatlichkeit", eine „weitgehend unsichtbare konstitutionelle Grundstruktur."[261] Wer Freiheit sage, müsse auch von Verantwortung sprechen, „weil dies im Konzept der *dignitas humana* unwiderruflich angelegt"

---

256 Vgl. Thiel, in: Thiel (Hrsg.), Wehrhafte Demokratie, S. 129 (150, Fn. 102).

257 Wiegand, NJ 1993, 396 (398).

258 Wiegand, NJ 1993, 396 (398 f. m.w.N.)

259 Wiegand, NJ 1993, 396 (399).

260 Wiegand, NJ 1993, 396 (399); Hervorhebung im Original. Vgl. Kirchhof, Beherzte Freiheit, S. 39: „Freiheit ist nicht die Beliebigkeit, die den Mitmenschen den eigenen Willen aufdrängt, sondern ein Recht, das die selbstbestimmte Entfaltung des eigenen Lebens in einer Gemeinschaft des Friedens und der Freiheit für jedermann erlaubt und erwartet. Freiheit gewährt niemals Herrschaft über andere", sowie S. 47 f.: „Freiheit wehrt sich gegen Fremdbestimmung durch willkürliche Macht, durch Naturgewalten oder existenzielle Not, setzt dabei voraus, dass der Mensch seine Freiheit mutig und human wahrnimmt, er auch Herrschaft über sich selbst gewinnt. In einem Verfassungsstaat ist er frei, muss aber auch dort die Kunst entwickeln, frei zu sein. Der Freie muss seine Freiheit als verantwortliche Freiheit handhaben, sie als Wagnis verstehen, die Grenzen eines Rechts auf Selbstbestimmung selbstbewusst anerkennen".

261 Di Fabio, Der Verfassungsstaat, S. 105.

sei, „sonst wäre der Strafanspruch des Staates als sittliches Unwerturteil über den Verantwortlichen nicht zu begründen.“[262]

d) *Das Argument der „Gegenseitigkeit“*

Ein allgemeiner Missbrauchsvorbehalt gründet sich nach anderer Auffassung auf das Argument der „Gegenseitigkeit“. Nach *Fechner* sind „[d]ie ‚Unverletzlichkeit‘ des Rechts und seine gleichzeitige Begrenzung (…) einmal begründet im Wesenscharakter eines jeden Rechts, das zugleich ‚heilig‘ ist und eine (immanente) Grenze in sich trägt, weil alles Recht auf ‚Gegenseitigkeit‘ beruht. Es ist leicht einzusehen, daß jeder seine Freiheit nur soweit gebrauchen darf, als er durch den Gebrauch nicht die Freiheit der Genossen (zu deren gleichem Gebrauch) beeinträchtigt. Allein in dieser Gegenseitigkeit ist Freiheit dauerhaft verbürgt.“[263] So kommt *Fechner* zum Ergebnis, dass, was in Art. 2 Abs. 1 GG stehe, selbstverständlich sei.[264] Diese Grenze sei mit dem Wesen der Freiheit als Freiheit des Individuums innerhalb einer Gemeinschaft gegeben und die Grundrechte werden gerade dann gefährdet, wenn diese Grenze nicht beachtet werde.[265] Dazu führt er aus: „Die erste Bedrohung der Grundrechte entspringt ihrem Mißbrauch. Wer sich auf die Grundrechte beruft, um seinen persönlichen Interessen vordringlich Raum zu verschaffen, wer die Freiheitsforderungen überspannt, um auf Kosten anderer seine Freiheit zu erweitern, der bringt die Grundrechte in Mißkredit und unterhöhlt die Grundlagen ihrer tatsächlichen Geltung, die nicht zuletzt davon abhängt, daß die Glieder einer Gemeinschaft von ihnen als den Regulativen eines gesunden Gemeinschaftslebens ‚etwas halten‘ und auf ihre Unverletzlichkeit ‚vertrauen‘.“[266] Die innere Schranke der Grundrechte beeinträchtige sie nicht, sondern diene „der Sicherung und Erhaltung dieser Rechte.“[267]

262 Di Fabio, in: Merten/Papier (Hrsg.), HbGR II, § 46 Rn. 45; Hervorhebung im Original.
263 Fechner, Die soziologische Grenze der Grundrechte, S. 3.
264 Fechner, Die soziologische Grenze der Grundrechte, S. 3.
265 Fechner, Die soziologische Grenze der Grundrechte, S. 3.
266 Fechner, Die soziologische Grenze der Grundrechte, S. 3 f.
267 Fechner, Die soziologische Grenze der Grundrechte, S. 4.

e) *Bindung des Verfassungsgebers durch „höherrangige Verfassungsnormen", „vorverfassungsrechtliche Grundideen" und „überpositive Rechtsgedanken"*

Auch für *Gallwas* unterliegen die Grundrechte einem allgemeinen ungeschriebenen Missbrauchsvorbehalt.[268] Dieser gründe sich auf die Existenz von höherrangigen Verfassungsnormen, vorverfassungsrechtlichen Grundideen und überpositiven Rechtsgedanken, die Interessen[269] der am Grundrechtsverhältnis Beteiligten objektiv erkennbar schützen und selbst den Verfassungsgeber bei der Normsetzung binden, „so daß man es, falls das Grundrecht das so geschützte Interesse verdrängte, mit einer verfassungswidrigen verfassungsrechtlichen Gewährleistung zu tun hätte."[270] Nach *Gallwas* sei Grundrechtsmissbrauch „Realisierung des freiheitlichen Gehaltes einer Grundrechtsformulierung zu Lasten eines am Grundrechtsverhältnis Beteiligten (anderer Grundrechtsträger, Allgemeinheit oder Staat), sofern das jeweils verletzte Interesse durch eine höherrangige Verfassungsnorm, durch eine vorverfassungsrechtliche Grundidee oder durch einen überpositiven Rechtsgedanken objektiv erkennbar geschützt ist."[271]

f) *Der Vorbehalt der „Rechte anderer", der „verfassungsmäßigen Ordnung" und des „Sittengesetzes" in Art. 2 Abs. 1 GG*

Ein allgemeiner Missbrauchsvorbehalt wird von einem Teil der Literatur auf den Vorbehalt der „Rechte anderer", der „verfassungsmäßigen Ordnung" und des „Sittengesetzes" in Art. 2 Abs. 1 GG gegründet.

Scheuner sah in Art. 2 Abs. 1 GG eine „selbstverständliche" Schranke gegen den Rechtsmissbrauch, indem diese Vorschrift „die der Rechte anderer verletzende Mißbrauch" und „die Ausnutzung der Freiheiten zu verfassungswidrigem oder unsittlichem Handeln" verbietet.[272]

---

268 Siehe Gallwas, Der Mißbrauch von Grundrechten, S. 17 ff.; dens., Faktische Beeinträchtigungen, S. 85 ff.

269 Zum Inhalt des Interesses verweist *Gallwas* auf von Stein, Gegenwart und Zukunft, S. 139: „Sein Inhalt besteht darin, daß der Einzelne sich dem andern gegenüber als ausschließlichen Zweck setzt, und jenen als Mittel für sich benützt, die Entwicklung des andern der eigenen Entwicklung opfernd". Siehe Gallwas, Der Mißbrauch von Grundrechten, S. 32.

270 Gallwas, Der Mißbrauch von Grundrechten, S. 34 f.; ders., Faktische Beeinträchtigungen, S. 85.

271 Gallwas, Der Mißbrauch von Grundrechten, S. 35.

272 Scheuner, in: Recht – Staat – Wirtschaft III, S. 126 (159 f.).

Ernst Rudolf Huber schloss aus dem Vorbehalt der „verfassungsmäßigen Ordnung" des Art. 2 Abs. 1 GG einen allgemeinen Missbrauchsvorbehalt. Danach umfasst die „verfassungsmäßige Ordnung" des Art. 2 Abs. 1 GG nicht nur die fundamentalen Verfassungsprinzipien, sondern auch alle verfassungsmäßigen Gesetze, „die die freie Persönlichkeitsentfaltung auf ein gebotenes Maß begrenzen, um überragende Forderungen des Gemeinwohls zu verwirklichen, das allgemeine Sozialprinzip zu gewährleisten oder die gemeinschaftsverpflichtende Funktion des Eigentums zu sichern."[273] Dem Vorbehalt der „verfassungsmäßigen Ordnung" entspringe vor allem, „daß Betätigungen der individuellen Persönlichkeitsentfaltung, die einen Mißbrauch der Freiheit enthalten, indem sie sich gegen das Freiheitsprinzip richten, im Wege der Gesetzgebung ausgeschlossen werden können."[274] Die Missbrauchsklausel stelle einen immanenten Bestandteil der Verfassungsordnung dar, die das Grundgesetz aufrichte und aus der sich nicht nur die in Art. 18 GG vorgesehenen konkreten Maßnahmen, sondern auch die Zulässigkeit von Freiheitsbeschränkungen durch den Gesetzgeber nach Maßgabe des Art. 2 Abs. 1 ergeben.[275]

Dürig gründete einen allgemeinen Missbrauchsvorbehalt auf den Vorbehalt des „Sittengesetzes."[276] Im Einzelnen sprach er von der „rechtlich relevante[n] Kraft der Ethik", die sich im letzten in der durch Art. 1 Abs. 1 GG geschützten Selbstbestimmung der Persönlichkeit gründet und „die sich einer rechtlichen Heteronomie gerade entzieht."[277] So kommt er zum Schluss, dass das Recht deklaratorisch nur „die ‚inneren' ethischen Grenzen jeglicher Freiheit" verdeutlicht.[278] *Dürig* verweist dabei ausdrücklich auf die zivilrechtliche Lehre der Unzulässigkeit der Rechtsausübung und hebt hervor, dass auch der Grundrechtsgebrauch, der gegen das Schikaneverbot verstößt, sittenwidrig oder treu- und glaubenswidrig ist, „unzulässige Rechtsausübung" darstelle „und in Wirklichkeit ‚Handeln ohne Recht'"[279] sei.

273 Huber, Wirtschafts-Verwaltungsrecht I, S. 663.

274 Huber, Wirtschafts-Verwaltungsrecht I, S. 664.

275 Huber, Wirtschafts-Verwaltungsrecht I, S. 664.

276 Vgl. auch Dürig, AöR 81 (1956), 117 (137 f., einschließlich Fn. 44); ders., AöR 79 (1953/1954), 57 ff., insbesondere 80.

277 Dürig, in: Maunz/Dürig (Hrsg.), Grundgesetz Sonderdruck, Art. 2 Abs. I Rn. 74.

278 Dürig, in: Maunz/Dürig (Hrsg.), Grundgesetz Sonderdruck, Art. 2 Abs. I Rn. 74.

279 Dürig, in: Maunz/Dürig (Hrsg.), Grundgesetz Sonderdruck, Art. 2 Abs. I Rn. 74.

g) *Das Missbrauchsverbot als „allgemeiner Rechtsgrundsatz" und „Korrektive des positiven Rechts"*

In der Literatur wird weiter unterstrichen, dass das Missbrauchsverbot einen allgemeinen Rechtsgrundsatz darstelle, der nicht nur im Privatrecht, sondern auch im öffentlichen Recht gelte.

Das betont zunächst *Bettermann*.[280] Nach ihm betreffe das Missbrauchsverbot im öffentlichen Recht nicht nur die Ausübung der staatlichen Macht, sondern auch die Ausübung der Grundrechte und sonstigen Rechte der Bürger gegenüber dem Staat.[281] *Bettermann* entscheidet sich aber nicht für die Innen- oder die Außentheorie. Ihn interessiert vielmehr, dass der Grundrechtsmissbrauch in dem Sinne einer sinn- und zweckwidrigen Grundrechtsausübung als unzulässig anerkannt wird, „mag man das Mißbrauchsverbot nun als (innere) Grenze oder (äußere) Schranke betrachten."[282] Das Missbrauchsverbot als Schranke sei verfassungsunmittelbar und ein ungeschriebener Verfassungsgrundsatz, der jenseits seiner Positivierung in der Verfassung (z.B. Art. 18 und 21 GG) durch den einfachen Gesetzgeber weiter positiviert werden kann.[283]

Auch *Merten* sieht das Verbot des Rechtsmissbrauchs im Sinne einer zweckfremden funktionswidrigen Rechtsausübung als allgemeinen Rechtsgrundsatz an.[284] Er unterscheidet sich von *Bettermann* allerdings, indem er formuliert, dass das Verbot des Rechtsmissbrauchs „innentheoretisch aus dem Recht selbst abgeleitet werden" könne, angesichts der Tatsache, dass „das Mißbrauchsverbot jedem (subjektiven) Recht innewohnt."[285]

Dass ein „abus de droit" unzulässig ist, wird auch von *Stern* als „Grundprinzip der Rechtskultur der Gegenwart" bezeichnet.[286] *Schnelle* stimmt ihm zu und hebt hervor, dass das Missbrauchsverbot „ein Korrektiv des positiven Rechts" sei.[287] Sie betont, dass es zwar paradox scheine, es „aber in einer modernen Rechtsgemeinschaft angesichts der möglichen Pervertierung wohl jedes Rechts regelmäßig Bestandteil des normativen Rechts" sei, weil ein Verhalten, das sich auf Recht gründe, plötzlich in Unrecht umschlagen könne, wenn es die Legalität

280 Bettermann, Grenzen der Grundrechte, S. 11 f.
281 Bettermann, Grenzen der Grundrechte, S. 12.
282 Bettermann, Grenzen der Grundrechte, S. 14.
283 Bettermann, Grenzen der Grundrechte, S. 14.
284 Merten, in: Merten/Papier (Hrsg.), HbGR III, § 60 Rn. 49.
285 Merten, in: Merten/Papier (Hrsg.), HbGR III, § 60 Rn. 49.
286 Stern, in: Stern (Hrsg.), Staatsrecht III/2, § 87, S. 955 m.w.N.
287 Schnelle, Freiheitsmissbrauch und Grundrechtsverwirkung, S. 77.

zu anderen Zwecken als zum Dienst der Gerechtigkeit[288] ausnutze.[289] Demzufolge sei die Unzulässigkeit eines Rechtsmissbrauchs Grundprinzip unserer Rechtskultur, und daher scheine seine verfassungsrechtliche Verankerung in Art. 18 GG bloß die „Konsequenz dieser Rechtstradition" zu sein.[290]

h) *Das „neminen-laedere"-Verbot als „mitgesetzter Verfassungsrechtssatz"*

Einen allgemeinen Missbrauchsvorbehalt im Sinne eines „neminen-laedere"-Verbots bei den Grundrechten nimmt *Lindner* an.[291] Er hält dieses Verbot für einen „mitgesetzte[n] Verfassungsrechtssatz".[292]

Im Einzelnen weise dieses Verbot eine „verfassungsgeschichtliche" und eine „geistesgeschichtliche Kontinuität" auf.[293] Erstere liege darin, dass die allgemeine Friedenspflicht des Bürgers und das damit korrespondierende Gewaltmonopol des Staats als „Strukturelement" und „Entstehungsbedingung" des modernen rechtsstaatlichen Verfassungsstaates angesehen werde.[294] Die zweite liege darin, dass die politische Philosophie darin übereinstimme, dass „die Gewährleistung einer gesellschaftlichen Friedensordnung" als Legitimationsgrund des Staates angesehen werde und dass ein friedliches Zusammenleben der Menschen nur dann für möglich gehalten werde, wenn die Menschen vertraglich durch ein „neminen-laedere"-Gebot selbstbeschränkt werden und dieses Verbot „durch die Institutionalisierung einer staatlichen Rechtsordnung durchgesetzt und dauerhaft gewährleistet" werde.[295] Beide Erwägungen (verfassungsrechtliche und politikphilosophische) rechtfertigten die These, dass das „neminen-laedere"-Verbot ein „mitgesetztes Verfassungsrecht" darstelle.[296] Indizien im Text der Verfassungsurkunde seien dafür einerseits Art. 2 Abs. 1 GG und konkret der Vorbehalt der „Rechte anderer" und dieser der „verfassungsmäßigen Ordnung"

288 Mit Verweis auf Radbruch, SJZ 1946, 105 (107).
289 Schnelle, Freiheitsmissbrauch und Grundrechtsverwirkung, S. 77.
290 Schnelle, Freiheitsmissbrauch und Grundrechtsverwirkung, S. 77 f.
291 Lindner, in: Lindner/Möstl/Wolff, Verfassung des Freistaates Bayern, Vor Art. 98 Rn. 63 einschließlich der Fn. 110.
292 Lindner, Theorie der Grundrechtsdogmatik, S. 235 ff.
293 Lindner, Theorie der Grundrechtsdogmatik, S. 235–239.
294 Lindner, Theorie der Grundrechtsdogmatik, S. 235 f. m.w.N.
295 Lindner, Theorie der Grundrechtsdogmatik, S. 237 f. m.w.N.
296 Lindner, Theorie der Grundrechtsdogmatik, S. 239.

und andererseits die gleichheitsrechtliche Dimension der Freiheitsrechte, die sich in Art. 1 GG niederschlägt.[297]

Lindner bleibt aber nicht bei der Begründung des „neminen-laedere"-Verbots, sondern versucht auch, das Verbot inhaltlich zu konturieren, wobei das Prinzip der abstrakten Abwägung den Kernpunkt seiner Argumentation darstellt.[298] Er nimmt nämlich „ein verfassungsunmittelbares Realisierungsverbot" für solche Interessen an, die „bei abstrakter Abwägung mit anderen Interessen generell zurückstehen."[299] Spezieller Unterfall des „neminen-laedere"-Verbots seien das Selbsthilfeverbot und das Staatsverletzungsverbot: Sowohl die Selbsthilfe als auch die Staatsverletzung stehen außerhalb des Grundrechtsschutzes.[300]

Einen Grundrechtsmissbrauch sieht *Lindner* auf jeden Fall dann als gegeben, „wenn die Grundrechtsausübung des Einen eine Beeinträchtigung grundrechtlich geschützter Interessen des Anderen bewirkt und eine Abwägung immer zu Gunsten des beeinträchtigten Interesses ausfällt."[301] Tötungshandlungen, Gewalthandlungen, Eigentumsverletzungen, Vermögensverletzungen, Ehrverletzungen u.s.w. seien „im Ergebnis nicht grundrechtsgeschützt, da sie dem grundrechtsimmanenten Missbrauchsvorbehalt (‚neminem-laedere-Gebot') entgegenstehen."[302] *Lindner* betont aber, dass dieser Vorbehalt eng zu fassen ist, „nicht jeder Verstoß gegen eine bestehende Rechtsvorschrift ist ein Grundrechtsmissbrauch, vielmehr ist jede Rechtsvorschrift ihrerseits am Maßstab der Grundrechte zu messen."[303]

2. Ablehnung eines allgemeinen Missbrauchsvorbehalts bei den Grundrechten

a) *Keine Anwendung des Treu- und Glaubensprinzips im Staatsrecht*

Gegen die Existenz eines allgemeinen Missbrauchsvorbehaltes als Unterfall des Treu- und Glaubensprinzips wird zunächst vertreten, dass dieses Prinzip im

297 Lindner, Theorie der Grundrechtsdogmatik, S. 240 ff.
298 Siehe Lindner, Theorie der Grundrechtsdogmatik, S. 242 ff.
299 Lindner, Theorie der Grundrechtsdogmatik, S. 244.
300 Lindner, Theorie der Grundrechtsdogmatik, S. 246 f.
301 Lindner, in: Lindner/Möstl/Wolff, Verfassung des Freistaates Bayern, Vor Art. 98, Fn. 110.
302 Lindner, in: Lindner/Möstl/Wolff, Verfassung des Freistaates Bayern, Vor Art. 98, Fn. 110.
303 Lindner, in: Lindner/Möstl/Wolff, Verfassung des Freistaates Bayern, Vor Art. 98, Fn. 110.

Staatsrecht nicht anwendbar sei.[304] In Anlehnung an *Schüle,*[305] der die Anwendung des Treu- und Glaubensprinzips im Staatsrecht als „Stück rechtsgewordener personaler Ethik" (d. h. Ethik im Verhältnis zwischen Menschen) ablehnte, schien zunächst *Dürig* der Meinung zuzuneigen, dass die unzulässige Rechtsausübung, die Anwendungsfall des Treu- und Glaubensprinzips darstellt, im Bereich der Grundrechte nicht passt.[306]

Gallwas aber versucht eine derartige Meinung zu entkräften.[307] Er verwertet zunächst die Ausführungen von *Bayer,*[308] nämlich u.a., dass die Bundestreue dazu diene, „die Gegensätze und Spannungen, die dem Bundesstaat von Natur aus innewohnen, um des Bestands des Bundesstaates willen auszugleichen und zu entschärfen", um die Näherung zwischen der Missbrauchslehre, insbesondere ihrem Unterfall der zweck- und funktionswidrigen Rechtsausübung, und der Bundestreue, zu betonen.[309] Er hebt zudem hervor: „[i]n Anbetracht dieser Näherung dürfte es kaum verfehlt erscheinen, die Verpflichtung zur Bundestreue als Umschreibung des auf staatsrechtliche Kompetenzen zugeschnittenen allgemeinen Mißbrauchsverbotes aufzufassen."[310] Diese Tatsache bringe aber die These, dass der Missbrauchsgedanke für das Staatsrecht unbrauchbar sei, ins Wanken.[311] Und er fügt hinzu: „Der Zug des Mißbrauchsgedankens aus dem Schuldrecht heraus in immer neue Rechtsgebiete drängt fast zu der Überlegung, daß der Mißbrauchsvorbehalt zum Wesen eines jeden Rechtsverhältnisses gehört. Dann nämlich wäre für seine Anwendbarkeit weder die Art des Rechtsverhältnisses noch der Status der Beteiligten ausschlaggebend; es genügte, daß ein Rechtsverhältnis besteht. In der Tat erscheint es durchaus plausibel, wenn Rechtsträger miteinander in einer Beziehung stehen, kraft welcher der eine berechtigt, der andere verpflichtet ist, anzunehmen, daß allein diese Macht des

304 Vgl. die Analyse von Gallwas, Der Mißbrauch von Grundrechten, S. 19 ff.

305 Siehe Schüle, VerwArch 38 (1933), 399 (420 f.).

306 Vgl. Dürig, JZ 1952, 513 (513 f.). Anders jedoch ders., in: Maunz/Dürig (Hrsg.), Grundgesetz Sonderdruck, Art. 2 Abs. I Rn. 74 [Dazu siehe oben Kapitel 2, II. 1. f)]. Den Gegensatz unterstreicht auch Gallwas, Der Mißbrauch von Grundrechten, S. 20, Fn. 52.

307 Siehe Gallwas, Der Mißbrauch von Grundrechten, S. 20 f.

308 Bayer, Die Bundestreue, S. 52.

309 Gallwas, Der Mißbrauch von Grundrechten, S. 20.

310 Gallwas, Der Mißbrauch von Grundrechten, S. 20.

311 Gallwas, Der Mißbrauch von Grundrechten, S. 20.

einen über den anderen jene Nähe erzeugt, aus der die Nebenpflicht erwächst, sich einer zweck- und funktionswidrigen Rechtsausübung zu enthalten."[312]

b) Das liberale Grundrechtsverständnis

Ein allgemeiner Missbrauchsvorbehalt bei den Grundrechten wird weiter auf der Grundlage des liberalen Grundrechtsverständnisses abgelehnt, das die Grundrechte als Abwehrrechte gegenüber dem Staat ansieht.[313] Als Vertreter dieses Grundrechtsverständnisses lehnt *Krüger* einen allgemeinen Missbrauchsvorbehalt bei den Grundrechten ab, nimmt aber zwei Maßstäbe richtigen Grundrechtsgebrauchs an. Im Einzelnen formuliert *Krüger*, dass die Freiheitsrechte „denjenigen Bereich des menschlichen Lebens" umschreiben, in dem nicht der Staat, sondern ausschließlich das Individuum Entscheidungsbefugnis habe.[314] Der Staat könne auch nach dem klassischen Verständnis der Freiheitsrechte in diesem Raum „zwei Maßstäbe des richtigen Gebrauches" anlegen.[315] „Der erste ist die Gleichwertigkeit der Freiheiten des anderen, in die der Gebrauch der Freiheit des ersten nicht eingreifen darf, der zweite die Freiheit selbst und das, was zu ihrer Erhaltung nach innen und nach außen unumgänglich ist."[316] Demzufolge sei der Staat berechtigt, „den mit Hilfe der Freiheitsrechte geführten Kampf gegen die Freiheitsrechte zu einem Missbrauch der Freiheitsrechte zu erklären", ein allgemeines Missbrauchsverbot bei den Grundrechten bestehe aber nicht.[317]

Zu den Vertretern des liberalen Grundrechtsverständnisses könnte zum Teil auch *Winkler* gerechnet werden. *Winkler* meint, dass die Grundrechte nicht nur zur Verfolgung konkreter für die Gesellschaft nützlicher Zwecke gewährleistet sind, auch wenn die Verfolgung solcher Zwecke für den Verfassungsgeber ein

---

312 Gallwas, Der Mißbrauch von Grundrechten, S. 21.

313 Zum liberalen Grundrechtsverständnis siehe u.a. Böckenförde, NJW 1974, 1529 (1530 ff.); Sachs, Verfassungsrecht II, S. 39, Rn. 22.

314 Krüger, DVBl. 1953, 97 (99).

315 Krüger, DVBl. 1953, 97 (99).

316 Krüger, DVBl. 1953, 97 (99).

317 Krüger, DVBl. 1953, 97 (99). Zustimmend mit *Krüger* auch Hamann/Lenz, GG Kommentar, Art. 18, B. 2., S. 317, wo zusätzlich betont wird: „ein solches [d.h. „[e]in Verbot des ‚Mißbrauches' von Grundrechten, bei dessen Vorliegen jedes Gericht und Behörde die Verwirkung aussprechen könnte"] könnte auch nicht aus einem […] ‚Staatsnotrecht' abgeleitet werden".

Motiv der Gewährleistung ist.[318] Welche Interessen schutzwürdig seien und welche nicht, zeige sich vor allem „aus der Verfassung und damit aus der Auswahl an geschützten Rechtsgütern, die diese auch und gerade im Grundrechtsteil trifft."[319] Die Bestimmung weiterer hinter diesen Gütern stehende Interessen hänge von einem Konsens über die Funktion des grundrechtlich geschützten Verhaltens ab, der in einer politisch und kulturell pluralistischen Gesellschaft nicht existiere.[320] „Soweit die Grundrechte die freie Entfaltung der Persönlichkeit und damit die Selbstbestimmung über Sinn und Zweck der eigenen Lebensführung gewährleisten, wirken sie einem solchen Konsens gerade selbst entgegen".[321]

Von dem liberalen Grundrechtsverständnis ist auch *Krausnick* durchdrungen, wenn er für die Verfassung des Freistaates Bayern unterstreicht, dass es in aller Regel nicht Aufgabe des Staates sei, „gegen den sich die Grundrechte ja richten, zu beurteilen, ob der Zweck einer Grundrechtsausübung billigenswert ist".[322]

c) Die integrierende Wirkung der Grundrechte

Ein allgemeiner Missbrauchsvorbehalt bei den Grundrechten wird auch auf der Grundlage ihrer integrierenden Wirkung abgelehnt. *Krüger* betont, dass ungeschriebene Vorbehalte „über sachlichen Notwendigkeiten die Integrationsaufgabe der Grundrechte" vernachlässigen.[323] „Wenn die Grundrechte gerade unter diesem Blickwinkel als ‚Heiligtümer' oder ‚Grundwerte' des staatlichen Lebens verstanden werden, dann können sie naturgemäß nicht relative und bedingte, sondern nur absolute und unbedingte Heiligtümer und Grundwerte sein. Grundrechte können daher eine integrierende Wirksamkeit im staatlichen Vergemeinschaftungsvorgang nur dann ausüben, wenn ihr Inhalt für Jedermann ohne weiteres erkennbar, völlig übersehbar und unbedingt verläßlich ist.

---

318 Winkler, Kollisionen verfassungsrechtlicher Schutznormen, S. 238, mit Verweis auf Höfling, in: Sachs (Hrsg.), GG, 2. Auflage, Art. 8 Rn. 11. Vgl. Höfling, in: Sachs (Hrsg.), GG, Art 8 Rn. 15.

319 Winkler, Kollisionen verfassungsrechtlicher Schutznormen, S. 238.

320 Winkler, Kollisionen verfassungsrechtlicher Schutznormen, S. 238, mit Verweis auf van Nieuwland, Darstellung und Kritik, S. 73; Schmitt Glaeser, Mißbrauch und Verwirkung von Grundrechten im politischen Meinungskampf, S. 80, Fn. 48.

321 Winkler, Kollisionen verfassungsrechtlicher Schutznormen, S. 238.

322 Krausnick, in: Meder/Brechmann, Die Verfassung des Freistaates Bayern, Art. 98 Satz 1 bis 3 Rn. 44.

323 Krüger, DVBl. 1953, 97 (99).

Immanente Schranken, deren Dasein und Verlauf sich erst von Fall zu Fall herausstellt, insbesondere also eine so vage Angelegenheit wie ein ungeschriebenes Mißbrauchsverbot, vereiteln eine derartige integrierende Wirkung der Grundrechte. Ein ungeschriebenes Mißbrauchsverbot widerspricht daher dem Wesen der Grundrechte und kann infolgedessen nicht anerkannt werden."[324] Dieser Ansicht von *Krüger* stimmt auch *Wießner* zu.[325]

d) Das Prinzip der Grundrechtseffektivität

Ein allgemeiner Missbrauchsvorbehalt wird weiter auf der Grundlage des Prinzips der Grundrechtseffektivität abgelehnt. Nach *van Nieuwland* handele es sich bei der Mehrzahl der Grundrechte um „unverletzliche" und „unveräußerliche" Menschenrechte, und eine allgemeine Missbrauchsklausel führe zur Relativierung grundrechtlicher Schutzbereiche, die dem Prinzip der Grundrechtseffektivität widersprechen würde.[326]

Auch nach *Bleckmann* sei die Auffassung, die das sozial schädliche Verhalten aus dem Grundrechtstatbestand generell ausschließt, abzulehnen, „weil sie im Ergebnis den Umfang des Grundrechtsschutzes von der Wertauffassung der Mehrheit abhängig macht und schon im Ansatz die bei Grundrechten eingreifenden Garantien ausschaltet."[327]

Die Gefahr des Einfließens von „qualitativen Wertungen" in die Kunstfreiheitsgarantie und der Verkürzung des grundrechtlichen Schutzbereichs wegen der Anwendung des Instituts des Grundrechtsmissbrauchs betont auch *Beisel*, der der Meinung ist, dass mit diesem Institut bezüglich des Art. 5 Abs. 3 Satz 1 GG „nur wenige extreme Fälle" gelöst werden müssen.[328]

Die Idee der Verletzung des Prinzips der Grundrechtseffektivität findet man auch bei *Schwabe*. Nach ihm sei die Anerkennung immanenter wie Nichtstörungs- oder Missbrauchs-Schranken mit der Gesamtkonzeption des Grundrechtsteils nicht zu vereinbaren.[329] Vieles als immanente Schranke Qualifiziertes sei Gegenstand der grundrechtlichen Gesetzesvorbehalte, was genau zeige, dass auch die Verwirklichung von immanenten Schranken an das Gesetz

---

324 Krüger, DVBl. 1953, 97 (99).
325 Wießner, EuGRZ 1980, 473 (477 f.).
326 Van Nieuwland, Darstellung und Kritik, S. 74 f.
327 Bleckmann, Staatsrecht II, S. 407, Rn. 23.
328 Beisel, Die Kunstfreiheitsgarantie des Grundgesetzes, S. 127.
329 Schwabe, Probleme der Grundrechtsdogmatik, S. 33.

gebunden sei und dass es um „Eingriffe“ und „Einschränkungen“ gehe.[330] Die Verkennung dieser Tatsache führe zur Verkürzung des Grundrechts „um den (meist ignorierten) modal ausgerichteten Unterlassungsanspruch.“[331]

Wießner stimmt der Ansicht von *Schwabe* zu und fragt sich sogar, „wieso man für das allgemeine Verbot eines Grundrechtsmißbrauchs ohne Gesetz auskommen soll“, wenn die speziell geregelten grundrechtlichen Vorbehalte eine gesetzliche Grundlage für Eingriffe verlangen.[332]

Schließlich: Angesichts der Tatsache, dass der Ausschluss missbräuchlicher Grundrechtsausübung vom Schutzbereich der entsprechenden Grundrechte zu einem Wegfall der Anforderungen der Schranken- und Schranken-Schrankenprüfungen führt,[333] wird von Teilen der Literatur die Heranziehung des Missbrauchsgedankens auf der Schrankenebene vorgeschlagen.[334]

e) Umgehung der positiv-rechtlichen Ausgestaltung der Grundrechte

Verwandt mit dem Argument der Grundrechtseffektivität ist das Argument, dass ein pauschaler Missbrauchsvorbehalt zur Umgehung der positiv-rechtlichen Ausgestaltung der Grundrechte führen kann. Nach *Müller* und *Christensen* seien pauschale Gemeinschaftsvorbehalte der Grundrechtsbegrenzung „auch im Gewand von Mißbrauchsvorbehalten mit notwendig undeutlicher Umrißschärfe normativ ohne Stütze.“[335] Vorschläge, die die „Beschreibung materiell-allgemeiner, den Grundrechten angeblich vorrangiger Gegen-Normen, die immer dann gegeben sein sollen, wenn bestimmte Grundrechtsausübungen das sogenannte vorrangige Interesse eines andern Interessenträgers verletzten“, übersehen „die Eigenständigkeit der Grundrechtsgarantien und die normative Differenzierung der Einschränkungsmöglichkeiten von Grundrechten durch

330 Schwabe, Probleme der Grundrechtsdogmatik, S. 33 f.

331 Schwabe, Probleme der Grundrechtsdogmatik, S. 34. Vgl. auch Bamberger, Verfassungswerte als Schranken vorbehaltloser Freiheitsgrundrechte, S. 50 f.

332 Wießner, EuGRZ 1980, 473 (477).

333 Vgl. die kritischen Gedanken von Höfling, Jura 1994, 169 (171); von Arnauld, Die Freiheitsrechte und ihre Schranken, S. 68 ff., 84, 88.

334 So Struth, Hassrede und Freiheit der Meinungsäußerung, S. 305–307; Hellhammer-Hawig, Neonazistische Versammlungen, S. 59; Grabenwarter, in: Maunz/Dürig, GG, Art. 5 Abs. 1, 2 Rn. 74 für die Meinungsfreiheit.

335 Müller/Christensen, Juristische Methodik I, Rn. 73. So auch Müller, Die Positivität der Grundrechte, S. 28; Müller, Freiheit der Kunst, S. 26.

die Verfassung."[336] Die Missbrauchsformel werde „zum rechtsstaatlich unkontrollierbaren Einlaß für Wertungen verschiedener Art, die ohne Rücksicht auf den besonderen Geltungsgehalt der Einzelgarantien verallgemeinert werden."[337] Die Missbrauchshypothese gehe „über die verschiedene positiv-rechtliche Ausgestaltung der Freiheitsgarantien" hinweg „wie über die Unterschiedlichkeit der als frei garantierten sachgeprägten Normbereiche."[338]

Im Hinblick auf diese Gefahr betont *Müller*, dass das „Mißbrauchs"urteil als „Subsumtionsurteil" verstanden werde,[339] das den Gebrauch eines Rechts von seinem Nicht-Gebrauch abgrenze und insoweit „Mißbrauch" bloß „eine Umschreibung für die sachliche Begrenztheit aller Rechtspositionen", einschließlich der Grundrechte, und für die Notwendigkeit der dogmatischen Ausarbeitung des Inhalts, der Struktur und der Reichweite der Freiheitsgarantien darstelle.[340]

Einen pauschalen Missbrauchsvorbehalt bei den Grundrechten scheint auch *Lerche* abzulehnen.[341] Zwar hält er die missbrauchsabwehrenden Normen auch dann für zulässig, wenn die betreffende Grundrechtsnorm mit Gesetzesvorbehalt ausgestattet ist,[342] betont aber, dass die missbrauchsabwehrenden Normen nicht nur den Störer in die Schranken seines Rechtes zurückweisen, sondern in der Regel zum Zwecke dieser Zurückverweisung auch echte Einschränkungen von Rechten ermöglichen.[343] Soweit die Ermächtigungen zur Missbrauchsabwehr gleichzeitig zum Eingreifen ermächtigen, seien sie „als *ungeschriebene Annexe* der jeweiligen Grundrechtsnormen zu denken, in deren Rechtsbezirk zu Zwecken der Störungszurückweisung eingedrungen werden soll."[344] So wird die Möglichkeit eröffnet, „die Mißbrauchsannexe entsprechend den verschiedenen

---

336 Müller/Christensen, Juristische Methodik I, Rn. 73. So auch Müller, Freiheit der Kunst, S. 28.

337 Müller/Christensen, Juristische Methodik I, Rn. 73. So auch Müller, Freiheit der Kunst, S. 28. Vgl. die kritischen Gedanken von Christensen/Kudlich, in: Feldner/Forgó (Hrsg.), Norm und Entscheidung, S. 189 (191 ff.).

338 Müller/Christensen, Juristische Methodik I, Rn. 73.

339 In Anlehnung an Krüger, DVBl. 1953, 97 (98).

340 Müller, Die Positivität der Grundrechte, S. 28 f.; ders., Freiheit der Kunst, S. 26.

341 Müller, Die Positivität der Grundrechte, S. 32.

342 Lerche, Übermaß und Verfassungsrecht, S. 117 ff.

343 Siehe analytisch Lerche, Übermaß und Verfassungsrecht, S. 119 f. Vgl. ders., in: Isensee/Kirchhof (Hrsg.), HStR V, § 121 Rn. 51.

344 Lerche, Übermaß und Verfassungsrecht, S. 122; Hervorhebung im Original.

Grundrechtsnormen verschieden zu fassen."[345] Allerdings wird auch diese Auffassung von *Müller* mit dem Argument kritisiert, dass es unklar sei, „ob für alle Grundrechte und in welchem Umfang für die einzelnen Garantien solche ungeschriebenen Annexe anzunehmen seien."[346] Denn es gehe bei der Grenzbestimmung sachlicher Grundrechtsgarantien nicht um ungeschriebene Annexe, sondern um geschriebene Normgehalte.[347] Daraus werde deutlicher als aus der Annahme ungeschriebener Annexe, „daß jedem Grundrecht schon wegen seiner Rechtsqualität Sachgrenzen seiner Verbürgung gezogen sind; daß es sich bei den einzelnen ‚Mißbrauchsvorbehalten' nicht um Partikel eines auf die Grundrechte verteilten Generalvorbehalts, sondern um jeweils von der Struktur des Normbereichs und der Eigenart des Geltungsgehalts geprägte Normelemente handelt, für die in dieser Konzeption ‚Grenz'bestimmung und ‚Inhalts'bestimmung sachlich dasselbe sagen; daß es ferner nicht um ungeschrieben ‚vorhandene', sondern um von diesem theoretischen Verständnis der Grundrechte geforderte, der allgemeinen Struktur der Rechtsnormen entsprechende, von Rechtsprechung und Lehre im einzelnen zu juristischem Konsens zu bringende Bestandteile der Verfassungsauslegung und Grundrechtsdogmatik geht."[348]

f) Keine eigenständige Bedeutung der Missbrauchsfigur bei den Grundrechten des Grundgesetzes

Ein weiteres Argument gegen einen allgemeinen Missbrauchsvorbehalt ist, dass die Missbrauchsfigur bei den Grundrechten des Grundgesetzes außerhalb des Art. 18 GG keine selbstständige Bedeutung habe.

aa) Das Grundrechtsprüfungsschema: Schutzbereich-Eingriff-Schranke

Das vertritt zunächst *Muckel*, der zwar betont, dass Grundrechte, auch solche, die nicht in Art. 18 GG genannt werden, auch im Dienste anderer Ziele missbraucht werden können, es sei aber der Grundrechtsmissbrauch als eigenständige Rechtsfigur wegen des herrschenden

345 Müller, Die Positivität der Grundrechte, S. 32. Siehe auch Knödler, Mißbrauch von Rechten, S. 179.

346 Müller, Die Positivität der Grundrechte, S. 32. Siehe auch Knödler, Mißbrauch von Rechten, S. 179.

347 Müller, Die Positivität der Grundrechte, S. 32. Siehe auch Knödler, Mißbrauch von Rechten, S. 179.

348 Müller, Die Positivität der Grundrechte, S. 32 f. Siehe auch Knödler, Mißbrauch von Rechten, S. 179.

Grundrechtsprüfungsschemas: „Schutzbereich-Eingriff-Schranke" entbehrlich.[349] Wenn man den Grundrechtsmissbrauch „in der Verletzung rechtlich geschützter Interessen Dritter oder der Allgemeinheit" siehe, dann könne man die jeweiligen Grundrechtsschranken oder besondere verfassungsimmanente Schranken aktualisieren, um dies aufzufangen.[350] Wenn man ein Grundrecht geltend mache, obwohl schon seine tatbestandlichen Voraussetzungen nicht erfüllt seien, werde ein Rückgriff auf den Grundrechtsmissbrauch ebenso wenig benötigt.[351]

Von Coelln stimmt der Meinung von *Muckel* zu,[352] und dieselbe Meinung scheinen auch *Sachs*[353] und *Schwabe*[354] zu vertreten.[355] Schließlich wird auch im Rahmen der Verfassung des Freistaates Bayern der Grundrechtsmissbrauch als „eine verfassungspolitisch problematische Kategorie" angesehen, „die grundrechtsdogmatisch nicht notwendig ist."[356]

bb) Abschließende Regelung des Grundrechtsmissbrauchs im Grundgesetz

Als zweites Argument gegen die Eigenständigkeit der Missbrauchsfigur im Bereich der Grundrechte des Grundgesetzes, sodass ein allgemeiner Missbrauchsvorbehalt bei diesen abgelehnt wird, ist, dass der Grundgesetzgeber den Grundrechtsmissbrauch abschließend geregelt hat.

Stemmler hält den Grundrechtsmissbrauch als „eigenständige grundrechtsdogmatische Figur" für „überflüssig".[357] Nach ihm habe der Verfassungsgeber in Art. 18 GG sowie in anderen Artikeln (Art. 5 Abs. 3 S. 2, Art. 9 Abs. 2 und Art. 21 Abs. 2 GG) konkrete Missbrauchstatbestände ausdrücklich normiert und demzufolge war er sich des Problems des Grundrechtsmissbrauchs zweifellos bewusst.[358]

---

349 Muckel, Religiöse Freiheit und staatliche Letztentscheidung, S. 205.
350 Muckel, Religiöse Freiheit und staatliche Letztentscheidung, S. 205 f.
351 Muckel, Religiöse Freiheit und staatliche Letztentscheidung, S. 206.
352 Von Coelln, in: Stern/Becker (Hrsg.), Grundrechte-Kommentar, Art. 18 Rn. 24.
353 Sachs, in: Stern (Hrsg.), Staatsrecht III/2, § 81, S. 545 f.
354 Schwabe, JuS 1972, 380 (383, Fn. 17 m.w.N.).
355 Auf *Sachs* und *Schwabe* verweist auch Muckel, Religiöse Freiheit und staatliche Letztentscheidung, S. 205, Fn. 70.
356 So Krausnick, in: Meder/Brechmann, Die Verfassung des Freistaates Bayern, Art. 98 Satz 1 bis 3 Rn. 44.
357 Stemmler, Das „Neminem-laedere-Gebot", S. 161.
358 Stemmler, Das „Neminem-laedere-Gebot", S. 161.

Auch nach *Michael* ergebe sich aus der Existenz des Art. 18 GG im Umkehrschluss die Bedeutungslosigkeit des Grundrechtsmissbrauchsarguments.[359] Nach ihm sei Art. 18 GG „eine außergewöhnliche und abschließend zu verstehende Regelung des Grundrechtsmissbrauchs“.[360] Das spezielle Institut der Grundrechtsverwirkung bewirke den Ausschluss einer freien Verwendung des Missbrauchsarguments, um Grundrechte einzuschränken.[361]

Auch nach *Lameyer* sei es wegen des Wortlauts und der Systematik des Grundgesetzes „überhaupt problematisch, außerhalb des Art. 18 GG von einem Mißbrauch der Grundrechte zu sprechen“.[362]

Den abschließenden Charakter der Missbrauchsregelungen des Grundgesetzes betonen auch *Müller*,[363] *Selmer*[364] und *van Nieuwland*,[365] um einen allgemeinen Missbrauchsvorbehalt abzulehnen.

Im Schrifttum findet man aber auch die Gegenmeinung. Bemerkenswert ist zunächst *Gallwas*, nach dem die Anwendbarkeit der allgemeinen Missbrauchslehre der Formulierung des Missbrauchsfalles in Art. 18 GG nicht widerspreche.[366] Die Entstehungsgeschichte und der Wortlaut dieses Artikels sprechen sich nicht für eine Ausschlusswirkung des positivierten Missbrauchstatbestandes aus.[367] Art. 18 wolle dem politischen Grundrechtsmissbrauch gegenübertreten.[368] Missbrauchsfälle seien denkbar, die keinen politischen Bezug aufweisen und demzufolge nicht mit der Interessenlage harmonieren, die dem Art. 18 GG zugrunde liege.[369]

Den spezifischen Charakter des Missbrauchsfalles in Art. 18 GG und die weitere Möglichkeit „einer ganzen Mißbrauchspalette“ betont auch *Reif*, der unterstreicht, dass sich aus dem Schweigen des Grundgesetzgebers nicht ergebe, dass er eine abschließende Regelung des Grundrechtsmissbrauchs wollte.[370]

---

359 Michael, ZJS 2010, 155 (163). So auch Michael/Morlok, Grundrechte, Rn. 548.

360 Michael, ZJS 2010, 155 (164).

361 Michael/Morlok, Grundrechte, Rn. 548.

362 Lameyer, Streitbare Demokratie, S. 135, Fn. 304.

363 Müller, Die Positivität, S. 28; ders, Freiheit der Kunst, S. 25–27.

364 Selmer, in: Diskussionsbericht, in: Iliopoulos-Strangas (Hrsg.), Der Mißbrauch von Grundrechten in der Demokratie, S. 71 (73).

365 Van Nieuwland, Darstellung und Kritik, S. 76.

366 Gallwas, Der Mißbrauch von Grundrechten, S. 28.

367 Gallwas, Der Mißbrauch von Grundrechten, S. 28.

368 Gallwas, Der Mißbrauch von Grundrechten, S. 28.

369 Gallwas, Der Mißbrauch von Grundrechten, S. 28.

370 Reif, Der Begriff der Verwirkung der Grundrechte, S. 8.

g) Untauglichkeit der Missbrauchsformel zur Grenzziehung

Ein weiteres Argument gegen einen allgemeinen Missbrauchsvorbehalt besteht darin, dass die Missbrauchsformel zur Grenzziehung untauglich ist.

Bleckmann hält die Missbrauchsformel für „völlig inhaltsleer".[371] Nach *Wülfing* sei die Missbrauchsformel „selbst völlig ungeeignet", jene Auslegungsrichtlinie aufzufinden, „die die Grenze zwischen verfassungsrechtlich geschütztem und nicht mehr geschütztem Freiheitsgebrauch angibt", denn sie enthalte keine inhaltlichen Aussagen.[372] Sie gebe keine Auskunft weder über den telos der Freiheitsverbürgungen noch über die Rangordnung der Individual- und Gemeinschaftsinteressen.[373] Sie benötige die Konkretisierung durch die Regelungen des Grundgesetzes und die grundrechtlichen Vorbehalte, andernfalls werde die „verfassungsrechtliche Normativität durch interpretatorische Beliebigkeit mit der Konsequenz einer Depossedierung des Gesetzgebers ersetzt."[374] Eine verfassungsgemäße Missbrauchsklausel könne nur deskriptiv auf Freiheitsschranken verweisen, die in der Verfassung normiert werden, nicht aber selbst dazu beitragen, diese Schranken aufzufinden.[375]

Nach *van Nieuwland* kann die allgemeine Formel, Rechtsmissbrauch sei funktionswidriger Gebrauch eines Rechts, „kaum hinreichend präzise" operationalisiert werden.[376] „Sie liefert allenfalls eine Umschreibung, aber keine adäquate begriffliche Klärung."[377]

Auch für *Stemmler* ist die Figur des Missbrauchs untauglich, um eine allgemeine Grenze der Grundrechtsausübung zu begründen.[378] Er betont, dass zur Rechtfertigung eines apriorischen Grundrechtsausschlusses Kriterien benötigt werden, „die zu dieser Wertung führen".[379] Der Grundrechtsmissbrauch stelle das Ergebnis dieser Wertung dar und könne demzufolge selbst nicht das Kriterium zur Begründung dieses Ergebnisses sein.[380] „Das wäre ein argumentativer Zirkelschluß".[381]

---

371 Bleckmann, Staatsrecht II, S. 433, Rn. 83.

372 Wülfing, Grundrechtliche Gesetzesvorbehalte, S. 65. Vgl. Krausnick, in: Meder/Brechmann, Die Verfassung des Freistaates Bayern, Art. 98 Satz 1 bis 3 Rn. 44.

373 Wülfing, Grundrechtliche Gesetzesvorbehalte, S. 65.

374 Wülfing, Grundrechtliche Gesetzesvorbehalte, S. 65.

375 Wülfing, Grundrechtliche Gesetzesvorbehalte, S. 65.

376 Van Nieuwland, Darstellung und Kritik, S. 72 f.

377 Van Nieuwland, Darstellung und Kritik, S. 73.

378 Stemmler, Das „Neminem-laedere-Gebot", S. 161 ff.

379 Stemmler, Das „Neminem-laedere-Gebot", S. 162.

380 Stemmler, Das „Neminem-laedere-Gebot", S. 162.

381 Stemmler, Das „Neminem-laedere-Gebot", S. 162.

Schließlich sei nach *Müller* und *Christensen* die Missbrauchsgrenze „zur praktischen Grenzziehung meistens ungeeignet."[382]

3. Art. 18 GG als immanente Grenze (?)

Für den Missbrauch konkreter Freiheitsrechte „zum Kampfe gegen die freiheitliche demokratische Grundordnung" sieht Art. 18 GG die Rechtsfolge der Verwirkung vor, deren Feststellung er dem Bundesverfassungsgericht überträgt.[383]

Ein großer Teil der Literatur konzentriert sich auf die Frage, ob die Missbrauchsregelung des Art. 18 GG als immanente Grenze betrachtet werden kann. Die Bejahung dieser Frage hat zur Folge, dass der Gebrauch „zum Kampfe gegen die freiheitliche demokratische Grundordnung" keinen Grundrechtsschutz genießt bzw. die Schutzbereiche der Grundrechte nur ihren verfassungskonformen Gebrauch erfasst. Die herrschende Meinung spricht sich für einen solchen Missbrauchsvorbehalt aus.[384]

a) Argumentation für eine immanente Begrenzung

aa) Die Verwendung des Begriffs „Missbrauch" in Art. 18 GG

Ein erstes in der Literatur vorgebrachtes Argument für eine solche immanente Begrenzung beruft sich auf die Verwendung des Begriffs „Missbrauch" in Art. 18 GG. Nach *Wernicke* ergibt sich „[a]us dem für die Tatbestandswertung verwendeten Begriff ‚Mißbrauch' [...], daß die im Sinne des 1. Halbsatzes tatbestandsmäßige Handlung nicht mehr als Ausübung (Inhaltsverwirklichung) eines ‚Rechts', sondern als unzulässiger Gebrauch der genannten GR., als Rechtsüberschreitung, als Handeln ohne Recht anzusehen ist. Hierin dürfte eine inhaltliche Begrenzung dieser GR. zu erblicken sein. Das GR. endet dort, wo der Mißbrauch beginnt."[385] Die Übertragung der zivilrechtlichen Innentheorie auf den Bereich der Grundrechte ist in diesem Abschnitt offensichtlich.[386]

---

382 Müller/Christensen, Juristische Methodik I, Rn. 73, Fn. 250.

383 Dagtoglou, in: Iliopoulos-Strangas (Hrsg.), Der Mißbrauch von Grundrechten in der Demokratie, S. 103 (109, Fn. 30).

384 Schwark, Der Begriff der „allgemeinen Gesetze", S. 117, 118.

385 Wernicke, in: BK, Art. 18 Erl. 1 c.

386 *Wernicke* verweist sogar auf die zivilrechtliche Literatur, unter anderem auf Siebert, Verwirkung und Unzulässigkeit der Rechtsausübung, insb. S. 88 ff., 97 ff., 152, 172 ff. Siehe Wernicke, in: BK, Art. 18 Erl. 1 c.

Dieselbe Meinung wie *Wernicke* vertritt auch *Volkmann*, betonend, dass der Bezeichnung des Kampfes gegen jenen Grundbestand nicht als Gebrauch, sondern als Missbrauch der Meinungs- oder der Versammlungsfreiheit die Wertung entnommen werden könnte, „dass die entsprechenden Verhaltensweisen grundsätzlich stigmatisiert sind".[387]

bb) Der Mensch als Glied der Gemeinschaft

Ein zweites Argument zielt auf die Eigenschaft des Menschen als Glied der Gemeinschaft. Nach *Hönsch* stelle Art. 18 S. 1 GG eine „materielle Begrenzung der Grundrechte" dar.[388] Diese Begrenzung werde konkludent durch die Gesamtregelung ausgedrückt.[389] Art. 18 GG spreche von einem „Missbrauch" und nachteilige Sanktionen werden daran geknüpft.[390] *Hönsch* nimmt die Gedanken von *Siebert* an, dass der Rechtsinhalt in der Weise beschränkt werden könne, dass die Qualifizierung einer Handlung als Rechtsausübung von den Umständen des Einzelfalles abhänge, was zur Relativität des Rechtsinhalts führe,[391] und unterstreicht, dass diese Gedanken auch für die Begrenzung der Grundrechte in Art. 18 GG zutreffen.[392] So formuliert er: „Nicht nur die Ausübung der Grundrechte wird beschränkt, sondern sie werden materiell begrenzt."[393] Art. 18 GG ziehe aber diese Grenze nicht konstitutiv, sondern verdeutliche „die immanent vorhandene Schranke nur",[394] denn „der Pflichtgedanke ist dem Rechtsgedanken immanent, besonders aber den Grundrechten, da sie der Entfaltung der menschlichen Persönlichkeit dienen, der Mensch aber nur als Glied der Gemeinschaft existieren kann."[395] Die Grundrechtsnutzung zum Kampf gegen die freiheitliche demokratische Grundordnung stelle eine Handlung nur scheinbar im Rahmen der ihm gewährten Freiheit dar, in Wirklichkeit sei sie ein Handeln ohne Grundrecht.[396] Der Mensch sei kein Einzelwesen, sondern bedürfe

---

387 Volkmann, NJW 2010, 417 (418).

388 Hönsch, Die Verwirkung von Grundrechten, S. 25.

389 Hönsch, Die Verwirkung von Grundrechten, S. 25 f.

390 Hönsch, Die Verwirkung von Grundrechten, S. 26.

391 Siebert, Verwirkung und Unzulässigkeit der Rechtsausübung, S. 89. Siehe Hönsch, Die Verwirkung von Grundrechten, S. 27.

392 Hönsch, Die Verwirkung von Grundrechten, S. 27.

393 Hönsch, Die Verwirkung von Grundrechten, S. 27.

394 Hönsch, Die Verwirkung von Grundrechten, S. 27, mit Verweis auf Wintrich, in: FS Laforet, S. 227 (231), Geiger, BVerfGG, Vorbemerkungen vor § 36, Anmerkung 3.

395 Hönsch, Die Verwirkung von Grundrechten, S. 27.

396 Hönsch, Die Verwirkung von Grundrechten, S. 27.

der Gemeinschaft.[397] Das Recht „als verbindliche Norm des äusseren Verhaltens“ müsse demzufolge mehreren Forderungen genügen: Zum einen müsse es eine Freiheitssphäre für die selbstständige Entfaltung der Person als Einzelwesen und für ein verantwortliches Leben sichern, zum anderen müsse es gewährleisten, „dass eine gleichmäßige Abgrenzung allen Menschen diesen Bereich garantiert.“[398] Darüber hinaus „müssen, was hier wesentlich ist, die elementaren Werte der Gemeinschaft Raum zur Gestaltung haben.“[399] In der freiheitlichen demokratischen Grundordnung des Grundgesetzes habe der Grundgesetzgeber „eine Zuordnung und Abgrenzung der Freiheit des einzelnen mit den Belangen der Gemeinschaft vorgenommen“, wobei die Grundrechte eine bestimmte Ordnungs- und Sicherungsfunktion haben.[400] Demzufolge können sie nicht zur Störung dieses Gefüges verwendet werden, ohne dass sie ihre Funktion und ihren Rechtscharakter verlieren.[401] „Ein Kampf gegen die freiheitliche demokratische Grundordnung liegt außerhalb der Sphäre, zu deren Verwirklichung und Sicherung man sich auf die Grundrechte berufen kann.“[402]

cc) Die freiheitliche demokratische Grundordnung als Wertordnung

Ein drittes in der Literatur vorgebrachtes Argument besteht darin, dass die freiheitliche demokratische Grundordnung eine Wertordnung darstelle. Nach *Schwarz* sei Art. 18 GG „ein verfassungsrechtlicher Prototyp der Positivierung grundrechtsschutzdispensierter Räume.“[403] Die freiheitliche demokratische Grundordnung statuiere eine Wertordnung, was auch impliziere, „daß dem Gedanken dieser Ordnung diametral entgegengesetzte Verhaltensformen a priori nicht unter den Schutz eben dieser Wertordnung fallen können. Der freiheitlich demokratischen Grundordnung des Grundgesetzes sind grundrechtsspezifische Tatbestandsnegationen nicht fremd.“[404]

---

397 Hönsch, Die Verwirkung von Grundrechten, S. 28, mit Verweis auf Wintrich, in: FS Laforet, S. 227 (232).

398 Hönsch, Die Verwirkung von Grundrechten, S. 28, mit Verweis auf Wintrich, in: FS Laforet, S. 227 (232).

399 Hönsch, Die Verwirkung von Grundrechten, S. 28, mit Verweis auf Wintrich, in: FS Laforet, S. 227 (232).

400 Hönsch, Die Verwirkung von Grundrechten, S. 28 f.

401 Hönsch, Die Verwirkung von Grundrechten, S. 29.

402 Hönsch, Die Verwirkung von Grundrechten, S. 29.

403 Schwarz, JZ 2000, 126 (129).

404 Schwarz, JZ 2000, 126 (129).

Ähnlich argumentiert auch *Haller*: „Soweit nämlich der Grundrechtsträger seine Grundrechte dahingehend gebraucht, um im Einzelfalle mit ihnen die von der Verfassung als schlechthin notwendig und fundamental angesehene Grundordnung einer freiheitlichen Demokratie zu bekämpfen, wird sein – insoweit mißbräuchliches – Handeln nicht mehr von dem Freiheitsrecht gedeckt. Kein Recht, auch nicht ein Grundrecht, geht inhaltlich soweit, daß es die verbürgte Rechtsmacht zur betont gewaltsamen, intoleranten Beeinträchtigung und Abschaffung höchster Gemeinschaftswerte gewährt.“[405] *Haller* unterstützt sogar, dass „jedes Grundrecht unter der immanenten Schranke des Verbots der Bekämpfung der freiheitlichen demokratischen Grundordnung steht.“[406]

dd) Die Rechtswidrigkeit der missbräuchlichen Handlung

In der Literatur wird manchmal die Rechtswidrigkeit der in Art. 18 GG beschriebenen Handlung betont.[407] Sie wird aber oft herausgehoben, um zu zeigen, dass der Handelnde (von vornherein) kein Recht zur Bekämpfung der freiheitlichen demokratischen Grundordnung hat. Die folgenden Gedanken von *Sigloch* sind bemerkenswert: „Die Verwirkung bedeutet […], daß dem Betroffenen gegenüber das verwirkte Grundrecht außer Kraft gesetzt ist und daß ihm ohne Rücksicht auf das verwirkte Grundrecht von der zuständigen Stelle nach Maßgabe der Gesetze Beschränkungen auferlegt werden können, soweit die Verwirkung reicht und nicht andere Grundrechte beeinträchtigt werden […]. Das heißt nicht, daß damit erst dem Betroffenen das ‚Recht‘ genommen wäre, vermittels dieses Grundrechts gegen die freiheitliche demokratische Grundordnung zu wirken. Ein solches ‚Recht‘ hat das Grundgesetz von vornherein nicht anerkannt. Materiell ermächtigen die Grundrechte nur zum verfassungsmäßigen, rechtmäßigen Gebrauch. Wäre auch der Mißbrauch ‚rechtmäßig‘, so wäre nicht einzusehen, warum dieser zur Verwirkung des Grundrechts führen sollte.“[408]

Ähnlich argumentiert *Wilke*. Nach ihm zwinge „die Verhängung des Rechtsnachteils der Verwirkung“ zu dem Schluss, dass die beschriebene Handlung „mit dem Makel eines gesetzgeberischen Unwerturteils behaftet und somit verboten

---

405 Haller, Grundrechtsverwirkung und Zuständigkeitsmonopol des Bundesverfassungsgerichts, S. 41 f.

406 Haller, Grundrechtsverwirkung und Zuständigkeitsmonopol des Bundesverfassungsgerichts, S. 44.

407 So unter anderem Scheuner, in: Recht – Staat – Wirtschaft III, S. 126 (141); Dürig, JZ 1952, 513 (516); Füchtenbusch, Die Möglichkeiten polizeilichen Handelns, S. 58.

408 Sigloch, MDR 1964, 881 (883).

und rechtswidrig ist."[409] Das Verbot des Art. 18 GG stelle „somit eine Grenze oder Schranke – zumindest – für die in ihm genannten Grundrechte dar, bei deren Überschreitung sich der Handelnde in einem grundrechtsfreien Raum bewegt."[410]

b) Argumentation gegen die immanente Begrenzung der Grundrechte

In der Literatur findet man aber auch Argumente gegen eine solche immanente Begrenzung der Grundrechte.

aa) Der rechtsstaatliche und liberale Charakter des Grundgesetzes

Das erste Argument gegen eine solche Begrenzung ist der rechtsstaatliche und liberale Charakter des Grundgesetzes. Nach *Čopić* erfordere die rechtsstaatliche Begrenzung des staatlichen Handelns und „die liberal-demokratische Freisetzung politisch-gesellschaftlicher Grundrechtsbetätigung" „eine Differenzierung der Folgewirkungen verfassungswidriger staatlicher Machtausübung einerseits und verfassungsfeindlicher Grundrechtsausübung andererseits."[411] Während ein verfassungsverletzender Hoheitsakt von Verfassung wegen rechtswidrig sei, sei eine Grundrechtsbetätigung, die verfassungsfeindlichen Zielen diene, im Rahmen der allgemeinen Rechtsordnung von Verfassung wegen weder rechtswidriges noch rechtloses Handeln, „sondern Rechtsinhaltsverwirklichung politischer Grundrechte und institutioneller Garantien (Art. 5 I 1, 2; 8; 9 I; 21 I 1, 2 GG) und folglich rechtmäßiges Tun."[412] *Čopić* führt weiter aus: „Erst auf Grund von präventiven Notstandsverfahren, die das Grundgesetz in Form der Verfassungsschutzinstitute der Partei- und Vereinsrepression und der Grundrechtsverwirkung bereitgestellt hat, wird das grundrechtlich abgesicherte, politische Bewegungsfeld der staatsfreien Gesellschaft durch verfassungsunmittelbare, inhaltlich bestimmte Verbotsnormen mit Wirkung ex nunc eingegrenzt."[413]

---

409 Wilke, Die Verwirkung der Pressefreiheit, S. 53 m.w.N.
410 Wilke, Die Verwirkung der Pressefreiheit, S. 53 m.w.N.
411 Čopić, Grundgesetz und politisches Strafrecht neuer Art, S. 98.
412 Čopić, Grundgesetz und politisches Strafrecht neuer Art, S. 98 f.
413 Čopić, Grundgesetz und politisches Strafrecht neuer Art, S. 99.

bb) Die Verwendung des Begriffs „Missbrauch" in Art. 18 GG sei keine Auslegungsstütze

Das zweite Argument bezweifelt die Bedeutung der Verwendung des Begriffs „Missbrauch" in Art. 18 GG als Auslegungsstütze. *Čopić* betont, dass die Verwendung des Verbs „missbrauchen" „keine hinreichende philologische Auslegungsstütze" darstelle.[414] Rechtsmissbrauch habe zwar den technischen Sinn einer unzulässigen Rechtsausübung, es sei aber bei einem Verfassungstext, dem eine technische Rechtssprache in der Regel fremd sei, sehr zweifelhaft.[415] Es gehe zu weit, eine Ausgrenzung oder Illegalisierung verfassungsfeindlichen Handelns daraus zu schließen.[416]

Dieselbe Meinung scheint *Hesse* zu haben, nach dem Art. 18 S. 1 GG „keinen besonderen Mißbrauchstatbestand" enthalte, „der aus dem von der Verfassung vorausgesetzten Gebrauch des Grundrechts als dessen Gegenteil entwickelt werden müßte",[417] während auch *Krebs* der Ansicht ist, dass Art. 18 GG nicht dazu zwinge, „‚Missbrauch' in einem rechtstechnischen Sinn als missbilligten ‚Gebrauch' eines Grundrechts zu deuten, woraus man wiederum auf einen von der Verfassung vorausgesetzten ‚Grundrechtsgebrauch' schließen könnte."[418]

cc) Überflüssigkeit der Missbrauchsregelungen des Grundgesetzes

Die Überflüssigkeit der Missbrauchsregelungen des Grundgesetzes sei als drittes Argument hier angeführt. In Bezug auf Art. 5 Abs. 3 S. 2 GG, der lautet: „Die Freiheit der Lehre entbindet nicht von der Treue zur Verfassung", formuliert *Čopić*: „[W]äre es richtig, daß die im Tatbestand des Art. 18 S. 1 GG angeblich enthaltene Verbots- bzw. Schrankennorm die Ausübung der im gleichen Tatbestand aufgezählten Grundrechte von vornherein auf verfassungskonformen Gebrauch begrenzt, so wäre Art. 5 III 2 GG eine überflüssige Bestimmung. Indem er die Lehrfreiheit nur zum verfassungsfreundlichen Gebrauch gewährt, legt er explizit eine verfassungsunmittelbare politische Ausübungsschranke für dieses Grundrecht fest. Da es sich bei Art. 5 III 2 GG um eine singuläre Norm handelt, liegt der Schluss nahe, daß alle sonstigen im Verwirkungstatbestand aufgeführten Grundrechte nicht der gleichen oder einer engeren, verfassungsunmittelbaren

414 Čopić, Grundgesetz und politisches Strafrecht neuer Art, S. 38.
415 Čopić, Grundgesetz und politisches Strafrecht neuer Art, S. 38.
416 Čopić, Grundgesetz und politisches Strafrecht neuer Art, S. 38.
417 Hesse, Grundzüge des Verfassungsrechts, Rn. 711.
418 Krebs, in: von Münch (Begr.)/Kunig (Hrsg.), GGK I, Art. 18 Rn. 5.

politischen Begrenzung unterliegen."[419] Dieselbe Meinung findet sich auch bei *Schwark.*[420]

Teilweise wird aber auch die Überflüssigkeit der Zuständigkeitsregelung des Art. 18 GG betont. Das vertritt zunächst *Michael,* der hervorhebt, dass Art. 18 GG eine Grenze auf der Schrankenebene darstelle, die Feststellung der Verwirkung im konkreten Fall dem BVerfG vorbehalten sei und gegen einen allgemeinen Vorbehalt gegen nationalsozialistische Äußerungen bereits spreche, „dass jedenfalls zuvor die direkte Anwendung des Art. 18 GG auszuloten wäre."[421]

Das Entscheidungsmonopol des BVerfG und die Überflüssigkeit der Zuständigkeitsregelung betonen unter anderem auch *Lehmann*[422] und *Schaefer*[423],[424] während *Kutscha* in der „Monopolisierung der Kompetenz zum Verwirkungsausspruch beim BVerfG" genau „eine Garantie- und Sperrwirkung zugunsten der Grundrechtsträger" sieht, in dem Sinne, dass „anderweitige politisch motivierte Grundrechtsverkürzung ‚zum Schutz der Verfassungsordnung', insbesondere durch andere staatliche Organe" ausgeschlossen sein sollen, „soweit sie nicht durch andere Verfassungsbestimmungen (z.B. Art 9 Abs. 2 GG) ausdrücklich gedeckt sind."[425]

Schließlich wird auf die Überflüssigkeit nicht nur der Art. 5 Abs. 3 S. 2 und 18 GG, sondern auch der Art. 9 Abs. 2 und 21 Abs. 2 GG von *van Nieuwland* aufmerksam gemacht.[426]

dd) Isolierung des Art. 18 GG von den Art. 9 Abs. 2 und Art. 21 Abs. 2 GG

Ein verwandtes Argument ist die Isolierung des Art. 18 GG von den Art. 9 Abs. 2 und Art. 21 Abs. 2 GG. *Čopić* vertritt, dass Art. 18 GG durch die Ableitung einer verfassungsunmittelbaren politischen Ausübungsschranke aus dem Verwirkungstatbestand „von den kollektivrechtlichen Parallelinstituten in Art. 9 II und Art. 21 II GG" isoliert wird.[427] Dieselbe Meinung unterstützt auch *Schwark.*[428]

---

419 Čopić, Grundgesetz und politisches Strafrecht neuer Art, S. 38.
420 Schwark, Der Begriff der „allgemeinen Gesetze", S. 119.
421 Michael, ZJS 2010, 155 (156).
422 Lehmann, Der Schutz symbolträchtiger Orte, S. 141.
423 Schaefer, Grundlegung einer ordoliberalen Verfassungstheorie, S. 136.
424 Vgl. auch Čopić, JZ 1963, 494 (494 ff.); Reißmüller, JZ 1960, 529 (533); Willms, Staatsschutz, S. 27; Beyer, NJW 1954, 713 (713).
425 Kutscha, Verfassung und „streitbare Demokratie", S. 126 m.w.N.
426 Van Nieuwland, Darstellung und Kritik, S. 75 f.
427 Čopić, Grundgesetz und politisches Strafrecht neuer Art, S. 38.
428 Schwark, Der Begriff der „allgemeinen Gesetze", S. 119.

ee) Übernahme der Funktion einer Missbrauchsformel von der Formel der „allgemeinen Gesetze"

Das fünfte Argument besteht darin, dass die herrschende Meinung das Verhältnis zwischen den Meinungsrechten und ihrer Schranken aus Art. 5 Abs. 2 GG mit dem Art. 18 GG verkenne.[429] *Schwark* betont diesbezüglich, dass die Formel der „allgemeinen Gesetze" die Funktion einer Missbrauchsformel übernommen und den Versuch einer bestimmten Regelung der Befugnisse des Gesetzgebers unternommen habe.[430] „Für eine allgemeine Mißbrauchsformel als immanente Schranke, die dem Gesetzgeber eine weitere Eingriffsbefugnis erteilt, ist deshalb kein Raum."[431]

ff) Differenz zwischen Verfassungsfeindlichkeit und Verfassungsrechtswidrigkeit

Das sechste Argument betont die Differenz zwischen der Verfassungsfeindlichkeit und der Verfassungsrechtswidrigkeit. So meint *Ridder*, dass die Verfassungsfeindlichkeit „keine Steigerung gemeiner ‚Verfassungs(rechts)widrigkeit'" darstellt.[432] „Das Verfassungsschutzsystem der Art. 9, 18 und 21 GG dient der Abwehr von Angriffen durch Betätigungen, die als solche an sich nicht verfassungswidrig sind, sondern nur wegen ihrer auf die Abschaffung der ‚freiheitlichen demokratischen Grundordnung' gerichteten Zielsetzung unterdrückt werden dürfen. Das gibt den zuständigen Stellen einen weiten Ermessensbereich hinsichtlich der Initiierung von Verbots- und Verwirkungsverfahren, der in ausschließlich politischer Verantwortung wahrzunehmen ist, wohingegen zur Beseitigung rechtswidriger Vorgänge alle jeweils zuständigen Behörden stets ausnahmslos rechtlich verpflichtet sind."[433]

gg) Grundrechtsgebrauch als Voraussetzung eines im Sinne des Art 18 GG vorliegenden Grundrechtsmissbrauchs

Schließlich wird von *Kapries* betont, dass das im Art. 18 GG beschriebene Verhalten „zunächst einmal grundrechtsgeschützt sein" muss, „da andernfalls kein Gebrauch des verwirkungsfähigen Grundrechts vorläge."[434] Diese

429 Schwark, Der Begriff der „allgemeinen Gesetze", S. 118.
430 Schwark, Der Begriff der „allgemeinen Gesetze", S. 118 f.
431 Schwark, Der Begriff der „allgemeinen Gesetze", S. 119.
432 Ridder, DÖV 1963, 321 (326).
433 Ridder, DÖV 1963, 321 (326).
434 Kapries, Die Schranken der Grundrechte, S. 148.

Meinung wird aber von *Struth* bekämpft, die betont, „dass nach der Lehre vom Missbrauchsvorbehalt ein Verhalten nur denkmöglich im Schutzbereich des Grundrechts liegen muss, um einen Grundrechtsmissbrauch darzustellen. Das Verhalten muss nach dieser Lehre seiner Natur und seinen Eigenschaften nach im Schutzbereich liegen, d. h., es wäre umfasst, wäre es nicht missbräuchlich und daher ausnahmsweise nicht erfasst."[435] Der missbräuchliche Charakter des Grundrechtsgebrauchs müsse der einzige Grund sein, warum der Schutzbereich nicht eröffnet werde.[436] Der Begriff des Missbrauchs habe als Voraussetzung nur die scheinbare Rechtsausübung.[437] Dieser scheinbare Grundrechtsgebrauch begründe zwar die Einschlägigkeit des Schutzbereichs des Grundrechts nicht, reiche aber aus, um die „Missbrauchsklauseln" zu benutzen.[438] Das gelte auch für Art. 18 GG, und demzufolge bedinge ein Missbrauch „keinen tatsächlichen, sondern nur einen scheinbaren Schutz durch den grundrechtlichen Schutzbereich."[439] Somit wäre es vereinbar, wenn man annähme, dass ein Verhalten im Ergebnis aufgrund seines grundrechtsmissbräuchlichen Charakters nicht vom Schutzbereich des Grundrechts umfasst ist.[440]

c) *Vermittelnde Ansichten*

In der Literatur gibt es aber auch vermittelnde Ansichten.

aa) *Verfassungskonformer Grundrechtsgebrauch als Verfassungserwartung – Aktualisierung der Missbrauchsschranke durch den Verwirkungsausspruch*

Isensee akzeptiert zwar die Anwendbarkeit des Missbrauchsgedankens bei den Grundrechten, hebt aber hervor, dass sich der Missbrauch im Rahmen des Art. 18 GG „innerhalb der virtuellen grundrechtlichen Freiheit" vollziehe, „die der Schutzbereich umschreibt."[441] Art. 18 taste den Schutzbereich der einschlägigen Grundrechte nicht an, sondern „reduziert die effektive Freiheit" durch die Beschränkung der Ausübung des Grundrechts.[442] Es geht um eine

---

435 Struth, Hassrede und Freiheit der Meinungsäußerung, S. 300.
436 Struth, Hassrede und Freiheit der Meinungsäußerung, S. 301.
437 Struth, Hassrede und Freiheit der Meinungsäußerung, S. 301.
438 Struth, Hassrede und Freiheit der Meinungsäußerung, S. 301.
439 Struth, Hassrede und Freiheit der Meinungsäußerung, S. 301.
440 Struth, Hassrede und Freiheit der Meinungsäußerung, S. 301.
441 Isensee, in: FS Graßhof, S. 289 (294).
442 Isensee, in: FS Graßhof, S. 289 (294).

„verfassungsimmanente Schranke", die aber „keine imperative Wirkung für den Grundrechtsträger" zeitige, solange die Einzelfallentscheidung des Bundesverfassungsgerichts nicht ergangen sei.[443] Sie stelle „keine aktuelle Verbotsnorm", sondern nur eine Verfassungserwartung dar.[444]

Auch nach *Brenner* „fällt der verfassungsfeindliche Grundrechtsgebrauch solange nicht aus dem Schutzbereich der Einzelgrundrechte heraus und bleibt damit von der Verfassungsordnung gedeckt, bis das Bundesverfassungsgericht die Grundrechtsverwirkung verfügt hat."[445] Damit dulde die Verfassung den verfassungsfeindlichen Gebrauch bestimmter Grundrechte bis zum Zeitpunkt, wo die grundrechtsspezifische Missbrauchsschranke durch den Verwirkungsausspruch des Bundesverfassungsgerichts aktualisiert wird.[446] Dieselbe Meinung scheint auch *Butzer* zu vertreten.[447]

bb) Missbrauchsgrenze als „spezielle tatbestandliche Eingrenzung"

Nach *Lerche* sei zwar Missbrauch „ein vom Rechte schon allgemein und von vornherein nicht getragenes Verhalten",[448] einen solchen Missbrauch meine Art. 18 GG aber nicht.[449] Dieser Artikel stelle „eine Norm spezifisch politischer Zielrichtung" dar.[450] *Lerche* erläutert seine Meinung wie folgt: „Wer etwa die Meinungsfreiheit ‚zum Kampfe gegen die freiheitliche demokratische Grundordnung mißbraucht', bewegt sich nicht in einem allgemein und von vornherein rechtlosen Raume, das Grundrecht nur als Hülle und Tarnung benutzend, sondern bewegt sich von Haus aus (‚an sich') im Tatbestande des Art. 5 I GG, überschreitet freilich spezielle rechtliche Grenzen, eben diejenigen, die Art. 18 GG aufzeichnet, und verläßt erst dadurch den Schutzbereich des Art. 5 I GG."[451] So unterstützt *Lerche*, dass die Missbrauchsgrenze, die von Art. 18 GG gezogen wird,

---

443 Isensee, in: FS Graßhof, S. 289 (294 f.). Vgl. ders., in: Isensee/Kirchhof (Hrsg.), HStR IX, § 190 Rn. 237.
444 Isensee, in: FS Graßhof, S. 289 (295). Vgl. ders., in: Isensee/Kirchhof (Hrsg.), HStR IX, § 190 Rn. 237.
445 Brenner, in: von Mangoldt/Klein/Starck, GG, Art. 18 Rn. 22. Vgl. ders., DÖV 1995, 60 (63).
446 Brenner, in: von Mangoldt/Klein/Starck, GG, Art. 18 Rn. 22. Vgl. ders., DÖV 1995, 60 (63)
447 Butzer, in: Epping/Hillgruber (Hrsg.), GG, Art. 18 Rn. 17.
448 Lerche, in: FS Arndt zum 65. Geburtstag, S. 199 (205).
449 Lerche, in: FS Arndt zum 65. Geburtstag, S. 199 (206).
450 Lerche, in: FS Arndt zum 65. Geburtstag, S. 199 (206).
451 Lerche, in: FS Arndt zum 65. Geburtstag, S. 199 (206).

eine „spezielle tatbestandliche Eingrenzung" darstelle.[452] Es gehe „um die Fixierung einer tatbestandlichen Sperre politischen Charakters, die zu den anderen tatbestandlichen Eingrenzungen der einzelnen Grundrechte [...] hinzutritt."[453]

cc) Missbrauchsvorbehalt nur in den Fällen des Art. 20 Abs. 4 GG

Nach *Thiel* konkretisiere Art. 18 GG den Missbrauchsvorbehalt und ergänze ihn durch die Rechtsfolge der Verwirkung.[454] Dennoch betont *Thiel*, dass dic Lehre vom Missbrauchsvorbehalt der gängigen Schrankendogmatik der Grundrechtslehre widerspricht.[455] Aus diesem Grund sei diese Lehre „im Sinne [...] einer engen Verbindung von ‚Kampf' und ‚Missbrauch' gemäß Art. 18 GG einzuschränken" und demzufolge könne nur ein kämpferisches Verhalten missbräuchlich sein.[456] Daher komme ein Missbrauchsvorbehalt im Sinne des a priori-Ausschlusses des Grundrechtsschutzes für missbräuchliches Verhalten nur in den Fällen in Betracht, in denen die Norm des Art. 20 Abs. 4, die das Streitbarkeitsprinzip manifestiere, tatbestandlich eingreife und dem Bürger das Recht einräume, gegenüber Bedrohungen der freiheitlichen demokratischen Grundordnung zu widerstehen.[457]

4. Fazit und Zusammenfassung

Aus der vorhergehenden Analyse kommt man zu der Schlussfolgerung, dass die Literatur die Existenz eines allgemeinen Missbrauchsvorbehalts mit vielen und verschiedenen Argumenten begründet. Dieser Vorbehalt wird aber meistens in dem Sinne verstanden, dass die missbräuchliche Grundrechtsausübung a priori vom Grundrechtsschutz ausgenommen ist. Der Missbrauch wird nämlich als immanente Grenze der Grundrechte angesehen.[458] Aus diesem Grund konzentriert sich ein wesentlicher Teil der Kritik gegenüber einem allgemeinen Missbrauchsvorbehalt auf seinen schutzbereichsbegrenzenden Charakter. Die

452 Lerche, in: FS Arndt zum 65. Geburtstag, S. 199 (206 f.).
453 Lerche, in: FS Arndt zum 65. Geburtstag, S. 199 (207).
454 Thiel, in: Thiel (Hrsg.), Wehrhafte Demokratie, S. 129 (151).
455 Thiel, in: Thiel (Hrsg.), Wehrhafte Demokratie, S. 129 (151).
456 Thiel, in: Thiel (Hrsg.), Wehrhafte Demokratie, S. 129 (151 f.).
457 Thiel, in: Thiel (Hrsg.), Wehrhafte Demokratie, S. 129 (152).
458 Vgl. Struth, Hassrede und Freiheit der Meinungsäußerung, S. 298 m.w.N.: „Die Lehre vom Missbrauchsvorbehalt versteht den Grundrechtsmissbrauch als Grenze des Schutzbereichs aller Grundrechte, die nicht als äußere Begrenzung an das Grundrecht herantrete, sondern dem Grundrecht bereits inhärent sei".

herrschende Meinung schließt aber aus Art. 18 GG eine immanente Begrenzung zumindest der in ihm erwähnten Grundrechte.[459] Jedoch findet sie auch wesentliche Kritik, während zugleich auch vermittelnde Ansichten vertreten werden.

Hier folgt eine tabellarische Zusammenfassung der vertretenen Argumente:

Argumente für einen allgemeinen Missbrauchsvorbehalt
Grundrechte als Institute
Die soziale Funktion der Grundrechte
„Verantwortungsethik"
Das Argument der „Gegenseitigkeit"
Bindung des Verfassungsgebers durch „höherrangige Verfassungsnormen", „vorverfassungsrechtliche Grundideen" und „überpositive Rechtsgedanken"
Vorbehalt der „Rechte anderer", der „verfassungsmäßigen Ordnung" und des „Sittengesetzes" (Art. 2 Abs. 1 GG)
Missbrauchsverbot als „allgemeiner Rechtsgrundsatz" und „Korrektive des positiven Rechts"
„neminen-laedere"-Verbot als „mitgesetzter Verfassungsrechtssatz"

Argumente gegen einen allgemeinen Missbrauchsvorbehalt
Keine Anwendung des Treu- und Glaubensprinzips im Staatsrecht
Die liberale Funktion der Grundrechte
Die integrierende Wirkung der Grundrechte
Das Prinzip der Grundrechtseffektivität
Umgehung der positiv-rechtlichen Ausgestaltung der Grundrechte
Keine eigenständige Bedeutung der Missbrauchsfigur bei den Grundrechten des Grundgesetzes

459 Schwark, Der Begriff der „allgemeinen Gesetze", S. 117, 118.

Argumente gegen einen allgemeinen Missbrauchsvorbehalt
Untauglichkeit der Missbrauchsformel zur Grenzziehung

Art. 18 GG als immanente Grenze (?) – Argumente dafür
Die Verwendung des Begriffs „Missbrauch“ in Art. 18 GG
Der Mensch als Glied der Gemeinschaft
Die freiheitliche demokratische Grundordnung als Wertordnung
Die Rechtswidrigkeit der missbräuchlichen Handlung

Art. 18 GG als immanente Grenze (?) – Argumente dagegen
Der rechtsstaatliche und liberale Charakter des Grundgesetzes
Die Verwendung des Begriffs „Missbrauch“ in Art. 18 GG sei keine Auslegungsstütze
Überflüssigkeit der Missbrauchsregelungen des Grundgesetzes
Isolierung des Art. 18 GG von den Art. 9 Abs. 2 und Art. 21 Abs. 2 GG
Übernahme der Funktion einer Missbrauchsformel von der Formel der „allgemeinen Gesetze“
Differenz zwischen Verfassungsfeindlichkeit und Verfassungsrechtswidrigkeit
Grundrechtsgebrauch als Voraussetzung eines im Sinne des Art. 18 GG vorliegenden Grundrechtsmissbrauchs

Art. 18 GG als immanente Grenze (?) – Vermittelnde Ansichten
Verfassungskonformer Grundrechtsgebrauch als Verfassungserwartung – Aktualisierung der Missbrauchsschranke durch den Verwirkungsausspruch

Art. 18 GG als immanente Grenze (?) – Vermittelnde Ansichten
Missbrauchsgrenze als „spezielle tatbestandliche Eingrenzung“
Missbrauchsvorbehalt nur in den Fällen des Art. 20 Abs. 4 GG

III. Exkurs: Das Missbrauchsverbot des Art. 17 EMRK und des Art. 25 Abs. 3 GriechVerf.

Da die Frage des Missbrauchsverbots in der EMRK und der griechischen Verfassung (GriechVerf.) durch ähnliche Argumente gekennzeichnet wird, wird sie hier – gleichsam als Exkurs – analysiert.

1. Das Missbrauchsverbot des Art. 17 EMRK

a) Allgemeines zum Art. 17 EMRK

Die Europäische Menschenrechtskonvention, die „Magna Carta des europäischen Bürgers“,[460] verbietet in Art. 17 den Missbrauch der Rechte, die in dieser Konvention gewährleistet werden:[461] „Diese Konvention ist nicht so auszulegen, als begründe sie für einen Staat, eine Gruppe oder eine Person das Recht, eine Tätigkeit auszuüben oder eine Handlung vorzunehmen, die darauf abzielt, die in der Konvention festgelegten Rechte und Freiheiten abzuschaffen oder sie stärker einzuschränken, als es in der Konvention vorgesehen ist“. Formal gesehen gilt dieses Verbot für alle Gewährleistungen der Konvention, wird aber insbesondere auf die Ausübung von politischen Rechten angewandt[462] oder zumindest auf Rechte, die politische Bedeutung erweisen, insbesondere die Meinungsäußerungsfreiheit (Art. 10 EMRK[463]).

---

460 Huber, in: von Bogdandy/Villalón/Huber (Hrsg.), IPE II, § 26 Rn. 92.

461 Struth, Hassrede und Freiheit der Meinungsäußerung, S. 207 ff.; Gundel, in: Merten/Papier (Hrsg.), HbGR VI/1, § 147 Rn. 68; Isensee, in: FS Graßhof, S. 289 (317). A.A. Vegleris, in: Diskussionsbericht, in: Iliopoulos-Strangas (Hrsg.), Der Mißbrauch von Grundrechten in der Demokratie, S. 169 (170 f.), nach dem es beim Art. § 17 EMRK nur um Auslegungsnorm geht.

462 Gundel, in: Merten/Papier (Hrsg.), HbGR VI/1, § 147 Rn. 68.

463 Art. 10 EMRK: „(1) Jede Person hat das Recht auf freie Meinungsäußerung. Dieses Recht schließt die Meinungsfreiheit und die Freiheit ein, Informationen und Ideen ohne behördliche Eingriffe und ohne Rücksicht auf Staatsgrenzen zu empfangen und weiterzugeben. Dieser Artikel hindert die Staaten nicht, für Hörfunk-, Fernseh- oder

b) Die Rechtsnatur des Missbrauchsverbots nach der Rechtsprechung des EGMR

Der EGMR hat in manchen Fällen dem Missbrauchsverbot eine schutzbereichsbegrenzende Funktion zuerkannt, in jüngeren Fällen aber zieht das Gericht das Missbrauchsverbot heran, um Schranken der Grundrechte zu konkretisieren.[464] Im Einzelnen hat der Gerichtshof zwar unterstützt, dass die Leugnung oder die Infragestellung von „eindeutig feststehenden historischen Tatsachen" nach Art. 17 EMRK den Schutz des Art. 10 EMRK nicht genieße,[465] hat aber in jüngerer Rechtsprechung betont, dass Art. 17 EMRK „nur ausnahmsweise und in Extremfällen anwendbar" sei.[466] Nach dem Gerichtshof sei die Frage des Missbrauchs der Meinungsäußerungsfreiheit „nicht ohne weiteres zu beantworten" und überschneide sich mit der Frage, ob der Eingriff in dieses Recht „in einer demokratischen Gesellschaft notwendig war."[467] Die Prüfung der Frage, „ob

---

Kinounternehmen eine Genehmigung vorzuschreiben. (2) Die Ausübung dieser Freiheiten ist mit Pflichten und Verantwortung verbunden; sie kann daher Formvorschriften, Bedingungen, Einschränkungen oder Strafdrohungen unterworfen werden, die gesetzlich vorgesehen und in einer demokratischen Gesellschaft notwendig sind für die nationale Sicherheit, die territoriale Unversehrtheit oder die öffentliche Sicherheit, zur Aufrechterhaltung der Ordnung oder zur Verhütung von Straftaten, zum Schutz der Gesundheit oder der Moral, zum Schutz des guten Rufes oder der Rechte anderer, zur Verhinderung der Verbreitung vertraulicher Informationen oder zur Wahrung der Autorität und der Unparteilichkeit der Rechtsprechung".

464 Grabenwarter/Pabel, Europäische Menschenrechtskonvention, § 18 Rn. 3, 24; Grabenwarter, in: Maunz/Dürig, GG, Art. 5 Abs. 1, 2 Rn. 74.

465 EGMR, Entscheidung vom 23.09.1998 – 24662/94, 55/1997/839/1045 (Lehideux und Isorni/Frankreich), Z. 47, 53, http://hudoc.echr.coe.int/eng?i=001-58245 (abgerufen am 12.01.2020); Siehe auch EGMR, Entscheidung vom 24.06.2003 – 65831/01 (Garaudy/Frankreich), NJW 2004, 3691 (3692 f.). Vgl. EGMR, Urteil vom 23.09.1994 – 36/119/431/510 (Jersild/Dänemark), NStZ 1995, 237, (239, Z. 35): „Es besteht kein Zweifel daran, daß die Äußerungen […] mehr als beleidigend waren und den Schutz des Art. 10 EMRK nicht genießen". Die Aufzählung der einschlägigen Entscheidungen findet sich bei Grabenwarter/Pabel, Europäische Menschenrechtskonvention, § 18 Rn. 3, Fn. 3.

466 EGMR, Urteil vom 06.01.2011 – 34932/04 (Paksas/Litauen), NVwZ 2011, 1307 (1308, Z. 87).

467 EGMR, Urteil vom 15.10.2015 – 27510/08 (Perinçek/Schweiz), NJW 2016, 3353 (3354, Z. 115); Grabenwarter/Pabel, Europäische Menschenrechtskonvention, § 18 Rn. 24, Fn. 77.

Art. 17 EMRK anzuwenden ist", sei aus diesem Grund mit der Prüfung der Frage zu verbinden, „ob die Beschwerde nach Art. 10 EMRK begründet ist."[468]

c) *Die Rechtsnatur des Missbrauchsverbots nach der Literatur*

Ob das Missbrauchsverbot des Art. 17 EMRK als Schutzbereichsgrenze anzusehen oder auf der Schrankenebene zu berücksichtigen ist, bleibt in der Literatur streitig. Nach *Isensee* könne derjenige, der ein Recht aus der Konvention missbrauche, sich nicht auf den Schutz dieses Rechts berufen.[469] Die Zweck-Mittel-Abwägung sei unnötig.[470] „Das Missbrauchsverbot ist keine durch Gesetz dem Freiheitsrecht nachträglich auferlegte Beschränkung, sondern ihm von vornherein innewohnende, in der Konvention selbst begründete Grenze seiner Ausübbarkeit".[471] Es gehe um eine „apriorische Reduktion des Schutzbereichs".[472]

Dass es um „keinen zusätzlichen Einschränkungsvorbehalt" gehe, sondern um eine „Schutzbereichsbegrenzung", unterstützt auch *Gundel.*[473] Diese Meinung findet aber nicht die Zustimmung aller in der Literatur.[474] Es wird unter anderem betont, dass eine Verortung des Missbrauchsverbots auf der Ebene des Schutzbereichs Gefahr laufe, „einem inhaltlich differenzierten Schutz Vorschub zu leisten und die Grenzen zwischen Schutzbereichs- und Schrankenebene zu verwischen".[475] Nach einigen Autoren spiele das Missbrauchsverbot eine Rolle bei der Verhältnismäßigkeitsprüfung eines Grundrechtseingriffs.[476] Schließlich ist darauf hingewiesen, dass alle Formen der freien Rede in den Schutzbereich des Art. 10 Abs. 1 EMRK fallen sollen, ihre Einschränkung sei aber auf

---

468 EGMR, Urteil vom 15.10.2015 – 27510/08 (Perinçek/Schweiz), NJW 2016, 3353 (3354, Z. 115).

469 Isensee, in: FS Graßhof, S. 289 (317).

470 Isensee, in: FS Graßhof, S. 289 (317).

471 Isensee, in: FS Graßhof, S. 289 (317).

472 Isensee, in: FS Graßhof, S. 289 (317).

473 Gundel, in: Merten/Papier (Hrsg.), HbGR VI/1, § 147 Rn. 69.

474 Siehe die ausführliche Darstellung der Vertreter der Gegenmeinung in: Struth, Hassrede und Freiheit der Meinungsäußerung, S. 259, Fn. 291; Mensching, in: Karpenstein/Mayer (Hrsg.), EMRK, Art. 17 Rn. 9.

475 So Grabenwarter/Pabel, Europäische Menschenrechtskonvention, § 23 Rn. 5, S. 384, mit Verweis auf Wachsmann, RTDH 2001, 585 ff.; Hochmann, RTDH 2013, 179 ff.

476 So unter anderem Wachsmann, RTDH 2001, 585 (594); Jaqué, in: Iliopoulos-Strangas (Hrsg.), Der Mißbrauch von Grundrechten in der Demokratie, Diskussionsbeitrag, S. 169 (172 f.).

der Grundlage der unter Art. 10 Abs. 2 entwickelten Standards möglich.[477] Auf diese Weise werde eine missbräuchliche Anwendung des Art. 17 verhindert.[478]

2. Das Missbrauchsverbot des Art. 25 Abs. 3 GriechVerf.

Die griechische Verfassung von 1975[479] verbietet zum ersten Mal explizit den Rechtsmissbrauch.[480] Art. 25 Abs. 3 GriechVerf. besagt: „Rechtsmissbrauch ist nicht gestattet".[481]

a) Der Begriff des Rechtsmissbrauchs

Mit dem Begriff des „Rechtsmissbrauchs" ist der Missbrauch von Grundrechten gemeint.[482] Eine Definition des Rechtsmissbrauchs gibt die Verfassung aber nicht.[483] In der Literatur wird jedoch vertreten, dass die Ausübung eines durch die Verfassung geschützten Rechts zum Zweck des Sturzes der durch diese Verfassung begründeten Ordnung eine Ausübung darstelle, die die Sicherung eines rechtlichen Interesses des Ausübenden nicht bezwecke, und, zumal es um eine Willensbefugnis gehe, sie einen Befugnismissbrauch darstelle, denn diese Befugnis wurde offensichtlich zu einem anderen Zweck gewährt als dazu, die bestehende verfassungsmäßige Ordnung zu stürzen.[484] Nach anderer Auffassung liege ein Missbrauch vor, „wenn zwar keine ausdrückliche Bestimmung übertreten ist, die Rechtsausübung aber der verfassungsmäßigen Ordnung und speziell dem Zweck des bestimmten Rechts widerspricht – wenn also *zwar nicht der Wortlaut,*

---

477 So Harris/O'Boyle/Warbrick, Law of the European Convention on Human Rights, S. 602. In diese Richtung auch Struth, Hassrede und Freiheit der Meinungsäußerung, S. 281 f.

478 Harris/O'Boyle/Warbrick, Law of the European Convention on Human Rights, S. 602.

479 Allgemein zur Verfassungsrechtswissenschaft Griechenlands siehe Pilafas, in: von Bogdandy/Villalón/Huber (Hrsg.), IPE II, § 29. Allgemein zum Entstehungskontext der griechischen Verfassung von 1975 siehe Koutnatzis, in: von Bogdandy/Villalón/Huber (Hrsg.), IPE I, § 3 Rn. 1 ff.

480 Dagtoglou, in: Iliopoulos-Strangas (Hrsg.), Der Mißbrauch von Grundrechten in der Demokratie, S. 103 (103).

481 Dagtoglou, JÖR 1983, 355 (367).

482 Koutnatzis, in: von Bogdandy/Villalón/Huber (Hrsg.), IPE I, § 3 Rn. 17. Vgl. Staatsrat, Entscheidung 343/2016 (Rn. 8), Datenbank NOMOS.

483 Dagtoglou, in: Iliopoulos-Strangas (Hrsg.), Der Mißbrauch von Grundrechten in der Demokratie, S. 103 (104).

484 So Tsatsos, Das Problem der Auslegung im Verfassungsrecht, S. 33 f.

offensichtlich aber der Geist der Verfassung verletzt wird",[485] oder, mit anderen Worten: Wenn „das Recht zu einem offensichtlich anderen Zweck ausgeübt wird als demjenigen zu dem es festgelegt worden ist."[486]

b) Die Rechtsprechung des Areopags zum Art. 25 Abs. 3 GriechVerf.

In Griechenland gibt es kein Verfassungsgericht. Die griechischen Gerichte haben in der Regel keine Befugnis, zur Gestaltung der verfassungsmäßigen Legitimität beizutragen.[487] Das Urteil eines Gerichts, wenn es die Verfassungsmäßigkeit der Grundrechtsausübung prüft, indem es sie dem Verfassungsparameter des Art. 25 Abs. 3 GriechVerf. unterstellt, ist keine „eigenständige Quelle des Verfassungsrechts."[488] Die gerichtliche Auslegung des Art. 25 Abs. 3 GriechVerf. hat nur den Charakter eines Auslegungsvorschlags, der keine endgültige Lösung der Konflikte in Bezug auf die Auslegung dieses Artikels darstellt.[489]

Die Rechtsprechung zu Art. 25 Abs. 3 GriechVerf. betrifft vor allem drei Verfassungsrechte: das Recht der Pressefreiheit, das Vereinigungsrecht und das Streikrecht.[490]

aa) Missbräuchliche Ausübung des Rechts der Pressefreiheit

Gemäß Art. 14 Abs. 1 GriechVerf. darf „[J]eder [...] seine Gedanken unter Beachtung der Gesetze des Staates mündlich, schriftlich und auch durch die Presse ausdrücken und verbreiten,"[491] während Abs. 2 des Artikels besagt: „Die Presse ist frei. Die Zensur, wie auch jede andere präventive Maßnahme, ist verboten."[492]

Nach der Rechtsprechung des Areopags ergibt sich aus Art. 14 Abs. 1 in Verbindung mit dem Art. 25 Abs. 3 GriechVerf. und Art. 281 des Zivilgesetzbuchs,

---

485 So Dagtoglou, in: Iliopoulos-Strangas (Hrsg.), Der Mißbrauch von Grundrechten in der Demokratie, S. 103 (104 f.); Hervorhebung im Original.
486 Chryssogonos/Vlachopoulos, Individuelle und Soziale Rechte, S. 109.
487 Anthopoulos, Das Problem der funktionalen Verpflichtung der Grundrechte, S. 230.
488 Anthopoulos, Das Problem der funktionalen Verpflichtung der Grundrechte, S. 230 f.
489 Anthopoulos, Das Problem der funktionalen Verpflichtung der Grundrechte, S. 231.
490 Vgl. Anthopoulos, Das Problem der funktionalen Verpflichtung der Grundrechte, S. 235 ff., 241 ff., 243 ff.
491 Dagtoglou, JÖR 1983, 355 (363).
492 Dagtoglou, JÖR 1983, 355 (363).

der den Rechtsmissbrauch im Zivilrecht verbietet,[493] dass das Grundrecht der Pressefreiheit Beschränkungen unterliegt und es innerhalb der von den staatlichen Gesetzen gezogenen Grenzen ausgeübt wird, die nicht bezwecken, die Pressefreiheit zu behindern, sondern die Bürger und die Öffentlichkeit vor der über die Presse missbräuchlichen Ausübung des Rechts der freien Meinungsäußerung, der Verbreitung von Informationen oder Kritik zu schützen.[494] Die Grenzen zwischen der freien und der missbräuchlichen Ausübung des Rechts der Pressefreiheit werden in Bezug auf den Schutz der Ehre anderer und die Verletzung ihrer Persönlichkeit durch die entsprechenden Vorschriften des Strafrechts bestimmt.[495]

Art. 25 Abs. 3 GriechVerf. hat somit nach dieser Rechtsprechung nicht die Funktion einer immanenten Grenze des Rechts der Pressefreiheit, sondern rechtfertigt bzw. schildert die Schranke der „Gesetze des Staates" des Art. 14 Abs. 1 GriechVerf.[496] Die Vorschriften der einfachen Gesetzgebung, die das Recht der Pressefreiheit zugunsten eines individuellen oder gesellschaftlichen Gutes beschränken, werden als Konkretisierung dieser Schranke verstanden.[497]

bb) Missbräuchliche Ausübung des Vereinigungsrechts

Art. 12 Abs. 1 GriechVerf. lautet: „Die Griechen haben das Recht, Vereinigungen und nichtwirtschaftliche Vereine nach Maßgabe der Gesetze zu bilden, welche jedoch niemals die Ausübung dieses Rechts von einer vorherigen Erlaubnis abhängig machen dürfen."[498]

Nach der Rechtsprechung des Areopags sei Folge des Vereinigungsrechts unter anderem das „Prinzip der Vielzahl von Vereinen", nämlich das Prinzip „der freien Gründung und parallelen Funktionierens mehrerer Vereine, die

---

493 Art. 281 des Zivilgesetzbuchs: „Die Ausübung eines Rechts ist verboten, wenn sie offenbar die Grenzen überschreitet, die Treu und Glauben oder die guten Sitten oder der soziale oder wirtschaftliche Zweck des Rechts auferlegen".

494 Areopag, Entscheidung 632/2015, Datenbank NOMOS; Areopag, Entscheidung 1337/2008, Datenbank NOMOS; Areopag (Plenum), Entscheidung 794/1976, To Syntagma 1977, 173 (174).

495 Areopag, Entscheidung 632/2015, Datenbank NOMOS; Areopag, Entscheidung 1337/2008, Datenbank NOMOS; Areopag (Plenum), Entscheidung 794/1976, To Syntagma 1977, 173 (174 ff.).

496 Anthopoulos, Das Problem der funktionalen Verpflichtung der Grundrechte, S. 236.

497 Anthopoulos, Das Problem der funktionalen Verpflichtung der Grundrechte, S. 236.

498 Dagtoglou, JÖR 1983, 355 (362).

denselben oder ähnlichen Zweck verfolgen."[499] Das Gericht betont, dass dieses Prinzip die Ausübung des Rechts der Gründung eines Vereins unter der Kontrolle des Rechtsmissbrauchs des Art. 281 des Zivilgesetzbuchs in Verbindung mit dem Art. 25 Abs. 1 und 3 der Verfassung unterstelle.[500] Das heiße, das Recht zur Vereinsgründung sei „verfassungsrechtlich garantiert und frei, wenn es im Rahmen der Verfassung und der einschlägigen Gesetze" ausgeübt werde.[501] Es dürfe dennoch nicht missbraucht werden, „weil es offensichtlich über die Grenzen hinausgeht, die Treu und Glauben oder die guten Sitten oder der soziale und wirtschaftliche Zweck des Rechts auferlegen."[502] Um eine Überschreitung der gesetzlichen Grenzen dieses Rechts gehe es auch bei der Gründung mehrerer Vereine, die denselben Sitz und Zweck haben, wenn eine Verwirrung „in ihrem ordnungsgemäßen Funktionieren und Gesamttätigkeit zur Erreichung ihres Zwecks" verursacht werde, insbesondere aufgrund der Möglichkeit der Verursachung eines Irrtums über die Identität des Vereins wegen der Existenz eines identischen Namens und demzufolge sich die Gründung des zweiten Vereins den wahren Interessen seiner Mitglieder widersetze und illegal sei.[503]

Somit hat das Gericht in dieser Entscheidung die Kriterien des Art. 281 des Zivilgesetzbuchs benutzt, um zu beurteilen, ob die Gründung eines Vereins missbräuchlich ist oder nicht.[504] Das wird aber in der griechischen Literatur kritisiert: Durch die Berufung auf die Kriterien des Art. 281 des Zivilgesetzbuchs zur Prüfung der Rechtmäßigkeit der Gründung eines Vereins werde die Hierarchie der Rechtsquellen aufgehoben und die Rechtmäßigkeitskontrolle in eine Zweckmäßigkeitskontrolle umgewandelt.[505]

cc) Missbräuchliche Ausübung des Streikrechts

Schließlich ist auch die Rechtsprechung in Bezug auf das Streikrecht bemerkenswert.

Art 23 Abs. 2 S. 1 GriechVerf. lautet: „Der Streik ist ein Recht und wird zur Bewahrung und Förderung der wirtschaftlichen und allgemeinen

---

499 Areopag, Entscheidung 1624/2017, Datenbank NOMOS.
500 Areopag, Entscheidung 1624/2017, Datenbank NOMOS.
501 Areopag, Entscheidung 1624/2017, Datenbank NOMOS.
502 Areopag, Entscheidung 1624/2017, Datenbank NOMOS.
503 Areopag, Entscheidung 1624/2017, Datenbank NOMOS.
504 Siehe dazu auch Anthopoulos, Das Problem der funktionalen Verpflichtung der Grundrechte, S. 241.
505 So Anthopoulos, Das Problem der funktionalen Verpflichtung der Grundrechte, S. 241 f. m.w.N.

Arbeitsinteressen der Arbeitenden von den gesetzmäßig gebildeten Gewerkschaften geführt."[506]

Der Areopag im Plenum hat hervorgehoben, dass das verfassungsrechtlich garantierte Streikrecht dem allgemeinen Verbot der missbräuchlichen Rechtsausübung des Art. 25 Abs. 3 GriechVerf. unterliegt.[507] Die Senate des Areopags betonen zudem, dass dieses Recht auch privatrechtliche Dimensionen hat und demzufolge die Missbrauchskriterien des Art. 281 des Zivilgesetzbuchs anzuwenden seien.[508] In diesem Rahmen führen die Senate die Missbrauchskriterien des Zivilrechts in den Inhalt des Art. 25 Abs. 3 GriechVerf. ein.[509] Eine solche Betrachtung wird aber in der griechischen Literatur mit dem Argument kritisiert, sie unterschätze die Bedeutung der verfassungsrechtlichen Anerkennung des Streikrechts.[510]

c) *Die Kritik gegenüber Art. 25 Abs. 3 GriechVerf. und die Gegenauffassung*

Art. 25 Abs. 3 GriechVerf. wird in der Literatur vielfältig kritisiert.

aa) Die Theorie des Rechtsmissbrauchs als „contradictio in terminis"

Gegen diese Vorschrift wird zunächst eingewendet, dass die Verfasser dieser Vorschrift und diejenige, die sie dafür gewählt haben, die Tatsache verkennen, dass die Grundrechte nichts Gemeinsames mit den subjektiven Rechten des Privatrechts oder des öffentlichen Rechts haben, sondern ihr Wesen, ihr Inhalt und ihre soziale Funktion „die Unterstreichung der allgemeinen Bedingungen" seien, „unter denen die individuellen und sozialen Interessen in einer bestehenden demokratischen Gesellschaft gezeigt und geschützt werden, sodass die Persönlichkeit des Menschen Endkriterium und Bezugspunkt für alle jeweiligen gesetzlichen Regelungen darstellt."[511] „Die begriffliche Vollständigkeit der Verfassung als Wertesystem" bedeute, dass, wenn es um die Suche nach einer „ratio" gehe,

---

506 Dagtoglou, JÖR 1983, 355 (366).

507 Areopag (Plenum), Entscheidung 27/2004, Datenbank NOMOS.

508 Areopag, Entscheidung 858/2015, http://www.areiospagos.gr (abgerufen am 12.01.2020); Areopag, Entscheidung 543/2013, Datenbank NOMOS.

509 Siehe Areopag, Entscheidung 858/2015, http://www.areiospagos.gr (abgerufen am 12.01.2020); Areopag, Entscheidung 543/2013, Datenbank NOMOS.

510 So Anthopoulos, Das Problem der funktionalen Verpflichtung der Grundrechte, S. 245.

511 So Vlachos, Die Verfassungs Griechenlands, S. 74.

diese Suche mit den Kriterien, die dieses System biete, erfolgen müsse.[512] In diesem Rahmen sei die Verwendung der Begriffe „Treu und Glauben", „gute Sitte" u.s.w., die das zivilrechtliche „Institut des Rechtsmissbrauchs" ergebe, „ungeeignet" und „unzulässig."[513] Darüber hinaus wurde durch die Theorie des Rechtsmissbrauchs die Beurteilung des Zweckes der Rechtsausübung beabsichtigt.[514] Indem man eine individuelle oder kollektive Zweckmäßigkeit aufzeige, die sich in die Rechtsausübung einschleichen könne, werde aber das Wesen des Grundrechts nicht erschöpft.[515] Das Grundrecht sei eher mit der Verfassungsvorschrift, die es als „‚unantastbares' Vorbild" sowohl für die Individuen und die Gruppen als auch für die objektive Rechtsordnung begründe, identisch.[516] Es gebe keine Grundrechte und Grundfreiheiten ohne diese „Heiligkeit".[517] Die Theorie des Rechtsmissbrauchs stelle die „Negation dieser Heiligkeit", eine „contradictio in terminis", dar.[518]

bb) Lakonische Formulierung des Artikels

Zusätzlich wird betont, dass dieser Artikel nicht anwendbar ist, weil seine Formulierung zu lakonisch ist, um es dem Interpreten zu ermöglichen, die Missbrauchskriterien zu finden sowie zu bestimmen, welche die Interessen sind, die nicht verletzt werden dürfen, welche die Rechte sind, die dem Missbrauch unterliegen, und welche Behörde den Missbrauch feststellt.[519]

cc) Individuelle und soziale Rechte als „Selbstzwecke"

Schließlich wird darauf hingewiesen, dass die individuellen und sozialen Rechte im Prinzip nicht mit überindividuellen Zwecken verbunden sind, sondern als „Selbstzwecke" gewährleistet werden.[520] Nur wenn eine Verfassungsvorschrift, die ein Recht gewährleiste, es mit konkreten Zwecken verbinde oder zumindest andere Zwecke ausschließe, sei Art. 25 Abs. 3 GriechVerf. anwendbar.[521]

---

512 Vlachos, Die Verfassungs Griechenlands, S. 75.
513 Vlachos, Die Verfassungs Griechenlands, S. 75.
514 Vlachos, Die Verfassungs Griechenlands, S. 75.
515 Vlachos, Die Verfassungs Griechenlands, S. 75.
516 Vlachos, Die Verfassungs Griechenlands, S. 75.
517 Vlachos, Die Verfassungs Griechenlands, S. 75.
518 Vlachos, Die Verfassungs Griechenlands, S. 75.
519 So Anthopoulos, Das Problem der funktionalen Verpflichtung der Grundrechte, S. 209 ff., insbesondere 214 f.
520 So Chryssogonos/Vlachopoulos, Individuelle und Soziale Rechte, S. 85 ff., 109.
521 Chryssogonos/Vlachopoulos, Individuelle und Soziale Rechte, S. 109 f.

dd) Die Gegenauffassung

Die Gegenauffassung betont jedoch, dass das Missbrauchsverbot ein „allgemeines Rechtsprinzip“ darstelle.[522] Zusätzlich zeigt sich, dass zwar eine freiheitliche Verfassung üblicherweise nicht die Zwecke bestimme, zu denen ein individuelles Grundrecht nur ausgeübt werden darf, sie aber ausdrücklich oder stillschweigend Zwecke festlege, zu denen das Recht nicht ausgeübt werden dürfe, wie z.B. die Auflösung der Verfassung.[523]

d) Art. 25 Abs. 3 GriechVerf. als „lex imperfecta“?

Im Gegensatz zu Art. 18 GG erwähnt Art. 25 Abs. 3 GriechVerf. keine Sanktionen. So behauptet ein großer Teil der Literatur, dass es hier um eine „lex imperfecta“ geht.[524] Auf diese Weise wird gezeigt, dass die Vorschrift keine praktische rechtliche Bedeutung, sondern nur den Charakter eines Wunsches habe.[525]

Die Gegenauffassung unterstreicht aber, dass das Missbrauchsverbot die Verfassungswidrigkeit und die Unrechtmäßigkeit der missbräuchlichen Rechtsausübung impliziere, was eben genau besage, dass die Sanktion des Missbrauchs darin liege, dass sich der missbräuchlich Handelnde im konkreten Fall nicht mehr auf den verfassungsrechtlichen Schutz dieses Rechts berufen könne.[526] Bemerkenswert ist auch die Auffassung, dass sich derjenige, der seine Grundrechte missbraucht, „außerhalb seines verfassungsrechtlich garantierten Grundrechts“ bewegt, denn die Verfassung habe die Grenzen, außerhalb deren der Schutz nicht gewollt sei, gewiss bestimmt.[527] Diese seien die Rechte anderer, das Interesse der Gesellschaft und die Sicherung der Rechtsordnung.[528] „Wenn Haupt- und ausschließlicher Zweck der Berufung auf ein Grundrecht die

522 So Raikos, Verfassungsrecht, S. 150 f., mit Verweis auf französische Literatur; BVerfGE 12, 1 (4 ff.).

523 So Dagtoglou, in: Iliopoulos-Strangas (Hrsg.), Der Mißbrauch von Grundrechten in der Demokratie, S. 103 (105 f.).

524 Siehe u.a. Manesis, Verfassungsrechte, S. 89; Vegleris, Die Schranken der Menschenrechte, S. 27.

525 Anthopoulos, Das Problem der funktionalen Verpflichtung der Grundrechte, S. 203, 207.

526 Iliopoulos-Strangas, in: Iliopoulos-Strangas (Hrsg.), Der Mißbrauch von Grundrechten in der Demokratie, S. 77 (84 f.); Dagtoglou, in: Iliopoulos-Strangas (Hrsg.), Der Mißbrauch von Grundrechten in der Demokratie, S. 103 (108).

527 Tsatsos, Verfassungsrecht, S. 280.

528 Tsatsos, Verfassungsrecht, S. 280.

Verletzung dieser drei Güter sind, dann bewegt sich der sich auf ein Grundrecht Berufene außerhalb des Schutzbereichs. Das Verbot einer Handlung, die sich außerhalb des Schutzbereichs eines Grundrechtes bewegt, beschränkt das Grundrecht nicht."[529] In diesem Rahmen heißt es weiter, dass die Existenz oder das Fehlen einer allgemeinen Missbrauchsklausel in einer Verfassung keine Rolle spielt, weil der Missbrauch von Grundrechten „in jeden Fall außerhalb des verfassungsrechtlich garantierten Bereichs" liege.[530] Daher habe das Missbrauchsverbot des Art. 25 Abs. 3 GriechVerf. bloß „erzieherischen" Charakter.[531]

Schließlich wird auch eine vermittelnde Meinung vertreten, die zwar den Charakter des Art. 25 Abs. 3 GriechVerf. als „lex imperfecta" ablehnt, aber zugleich betont, dass sich dieser Artikel nicht in einen „Multiplikator von Schranken" derjenigen Verfassungsrechte umsetzen darf, die „Selbstzwecke" darstellen.[532] Auf jeden Fall sei der Begriff des Rechtsmissbrauchs restriktiv auszulegen, um Extremverhalten zu erfassen, die zwar ordnungsgemäß, aber vom Zweck des Rechts nicht gedeckt seien.[533]

529 Tsatsos, Verfassungsrecht, S. 280 f.

530 Iliopoulos-Strangas, in: Iliopoulos-Strangas (Hrsg.), Der Mißbrauch von Grundrechten in der Demokratie, S. 77 (85).

531 Iliopoulos-Strangas, in: Iliopoulos-Strangas (Hrsg.), Der Mißbrauch von Grundrechten in der Demokratie, S. 77 (85).

532 Chryssogonos/Vlachopoulos, Individuelle und Soziale Rechte, S. 110.

533 Chryssogonos/Vlachopoulos, Individuelle und Soziale Rechte, S. 110. So auch Vlachopoulos, in: Vlachopoulos, Grundrechte, [1], Rn. 38.

Kapitel 3: Der allgemeine Missbrauchsvorbehalt bei den Grundrechten des Grundgesetzes nach eigener Auffassung

Nach der Darstellung der einschlägigen Rechtsprechung und der in der Literatur vertretenen Argumenten zur Frage der Existenz eines allgemeinen Missbrauchsvorbehalts bei den Grundrechten des Grundgesetzes folgt nun im Kapitel 3 die Auffassung des Autors. Dieses Kapitel wird in fünf Abschnitte aufgeteilt: Der erste (I) erörtert die Anwendbarkeit der Immanenzlehre im Bereich der Grundrechte. Der zweite (II) beschäftigt sich mit der Frage der Funktion der Grundrechte, der dritte (III) mit der Frage der Gemeinschaftsbezogenheit der grundrechtlichen Freiheit und der vierte (IV) mit den Rechtsfolgen des Grundrechtsmissbrauchs. Schließlich erfolgt im fünften Abschnitt (V) eine Zusammenfassung der vorhergehenden Abschnitte.

I. Die Anwendbarkeit der Immanenzlehre im Bereich der Grundrechte

1. Die Thesen der Immanenzlehre

a) Allgemeines zur Immanenzlehre

Die Immanenzlehre im Bereich der Grundrechte entspricht der zivilrechtlichen Innentheorie.[534] Die grundlegende Annahme der Immanenzlehre besteht darin, dass kein Dualismus zwischen grundrechtlichem Schutzbereich und Schranke existiert, sondern das Grundrecht „von vornherein mit immanenten Grenzen" angesehen wird, „die es auf einen bestimmten Inhalt festlegen."[535] „Zweifel über die Grenze des Rechts sind keine Zweifel darüber, wie weit es einzuschränken ist, sondern Zweifel darüber, welchen Inhalt es hat."[536] Da keine wesentliche

534 Reif, Der Begriff der Verwirkung der Grundrechte, S. 81; Schaefer, Grundlegung einer ordoliberalen Verfassungstheorie, S. 131, 132 Fn. 5.

535 Schaefer, Grundlegung einer ordoliberalen Verfassungstheorie, S. 131. Siehe auch Alexy, Theorie der Grundrechte, S. 250.

536 Alexy, Theorie der Grundrechte, S. 250.

Differenzierung zwischen Schutzbereich und Schranke besteht, können nach dieser Lehre immanente Schutzbereichsgrenzen auch bei schrankenbewehrten Grundrechten existieren.[537]

b) Die Immanenzlehre von Häberle

Die Immanenzlehre blickt im deutschen Schrifttum auf eine lange Tradition zurück.[538] Einer der wichtigsten Vertreter der Immanenzlehre ist *Häberle,*[539] dessen Grundrechtskonzeption eine Fortentwicklung der Weimarer Staatslehre darstellt, die sich auf das Grundgesetz bezieht.[540] *Häberle* hält die Grundrechte für den „Ausdruck einer bereits verwirklichten freiheitlichen Ordnung" und gleichzeitig als „Voraussetzung dafür, daß sich über die individuelle Freiheitsbetätigung aller diese Ordnung immer von neuem konstituiert."[541] „Die Einheitlichkeit, zu der sich die in der Verfassung normierten Rechtsgüter zusammenschließen, und die zwischen ihnen bestehenden Ergänzungsverhältnisse rechtfertigen das Gebot ‚ganzheitlicher' Verfassungsauslegung."[542] Grenzen und Inhalt der Grundrechte müssen „in einer Zusammenschau" bestimmt werden, „die ihnen als konstitutivem Teil eines Gesamtzusammenhangs gerecht wird."[543] Auch der organisatorische Teil des Grundgesetzes enthalte „Aussagen" über den Inhalt und die Grenzen der Grundrechte.[544] Die Grundrechte seien nicht nur „um der individuellen Persönlichkeitsentfaltung willen" gewährleistet, sondern haben auch eine soziale Funktion.[545] „In ihrer sozialen Funktion bewähren sich die Grundrechte als konstitutive Elemente des verfassungsrechtlichen Wertsystems."[546] Da sich die Grundrechte „zu einem einheitlichen System" ergänzen, „konstitutive Bestandteile des Verfassungsganzen" bilden und „mit anderen Verfassungsrechtsgütern in einem Verhältnis gegenseitiger Bedingtheit" stehen, werden sie durch gleich- und höherwertige Rechtsgüter im Sinne der „allgemeinen Gesetze" begrenzt,[547] die „verfassungsrechtliche Anerkennung gefunden

537 Schaefer, Grundlegung einer ordoliberalen Verfassungstheorie, S. 131 f.
538 Schaefer, Grundlegung einer ordoliberalen Verfassungstheorie, S. 287.
539 Schaefer, Grundlegung einer ordoliberalen Verfassungstheorie, S. 131, Fn. 3.
540 Schaefer, Grundlegung einer ordoliberalen Verfassungstheorie, S. 288.
541 Häberle, Die Wesensgehaltgarantie, S. 4.
542 Häberle, Die Wesensgehaltgarantie, S. 5.
543 Häberle, Die Wesensgehaltgarantie, S. 5.
544 Häberle, Die Wesensgehaltgarantie, S. 5.
545 Häberle, Die Wesensgehaltgarantie, S. 8 ff., insbesondere 11 f.
546 Häberle, Die Wesensgehaltgarantie, S. 11.
547 Häberle, Die Wesensgehaltgarantie, S. 31 ff., insbesondere 36.

haben.“[548] Die Grenzen der „allgemeinen Gesetze“ stellen die „wesensmäßigen Grundrechtsgrenzen“ dar; sie seien „immanente Grundrechtsgrenzen.“[549] „Die wesensmäßigen Grundrechtsgrenzen weisen dem Grundrecht den Platz zu, den es von vornherein im Ganzen der Verfassung einnimmt.“[550] Die Konkretisierung der Grenzen sei kein die Grundrechte „von außen“ treffender Vorgang, sondern die Grundrechte seien „von vornherein innerhalb der ihnen immanenten Grenzen der materialen Allgemeinheit des verfassungsrechtlichen Wertsystems gewährleistet.“[551] Somit verletze nicht noch relativiere der Gesetzgeber, der die immanenten Grundrechtsgrenzen konkretisiere, die Grundrechte, „sondern bestätigt und sichert, ‚determiniert‘ sie vielmehr.“[552] Die immanenten Grenzen stellen die „‚Konsequenz‘ des Grundrechtsbegriffes“ dar.[553] Wenn der Gesetzgeber die immanenten Grundrechtsgrenzen konkretisiere, dann setze er kein Recht, das gegen die Grundrechte gerichtet werde.[554] Freiheit und Recht gehören zusammen.[555] „Die wesensmäßigen Grundrechtsgrenzen gehören in gleicher Weise dem Normativen an wie jeder Verfassungsrechtssatz.“[556] Wenn aber der Gesetzgeber die Grundrechte weiter einenge, „als dies zum Schutze gleich- oder höherwertiger Rechtsgüter geboten ist“, sei das unzulässig.[557]

c) *Der Immanenzgedanke in der Rechtsprechung des* OVG Münster

„Deutliche Parallelen“ zur Lehre von *Häberle* weist die Rechtsprechung des OVG Münster bezüglich der neonazistischen Demonstrationen auf,[558] die sogar zu einer Auseinandersetzung zwischen ihm und dem Bundesverfassungsgericht führte.[559] Das Gericht hat betont, dass der Begriff der öffentlichen Ordnung in § 15 VersammlG, der in Art. 13 Abs. 7 GG und Art. 35 Abs. 2 Satz 1 GG fundiert wird, alle ungeschriebenen Regeln für das Verhalten des Einzelnen in

548 Häberle, Die Wesensgehaltgarantie, S. 56.
549 Häberle, Die Wesensgehaltgarantie, S. 51.
550 Häberle, Die Wesensgehaltgarantie, S. 51.
551 Häberle, Die Wesensgehaltgarantie, S. 56.
552 Häberle, Die Wesensgehaltgarantie, S. 57.
553 Häberle, Die Wesensgehaltgarantie, S. 57.
554 Häberle, Die Wesensgehaltgarantie, S. 57.
555 Häberle, Die Wesensgehaltgarantie, S. 57.
556 Häberle, Die Wesensgehaltgarantie, S. 57.
557 Häberle, Die Wesensgehaltgarantie, S. 53.
558 Schaefer, Grundlegung einer ordoliberalen Verfassungstheorie, S. 290.
559 Zu der Auseinandersetzung zwischen dem OVG Münster und dem BVerfG siehe Struth, Hassrede und Freiheit der Meinungsäußerung, S. 164 ff.

der Öffentlichkeit umfasst, „deren Befolgung nach den jeweils herrschenden Anschauungen als unerlässliche Voraussetzung eines geordneten Zusammenlebens betrachtet wird."[560] Die jeweils herrschenden Anschauungen werden vor allem durch die Wertmaßstäbe des Grundgesetzes geprägt, wie das Friedensgebot (Art. 1 Abs. 2, 24 Abs. 2 und 26 Abs. 1 GG), die Menschenwürde (Art. 1 Abs. 1 GG) und ferner „die in Art. 20 GG niedergelegten verfassungsrechtlichen Strukturprinzipien der Demokratie, des Föderalismus und der Rechtsstaatlichkeit."[561] Auch die Letzten „gehören zu dem nach Art. 79 Abs. 3 GG unabänderlichen Kernbestand der freiheitlich demokratischen Grundordnung" und in ihnen werde „die nachdrückliche Absage an jegliche Form von Totalitarismus, Rassenideologie und Willkür, wie sie für das auf ‚Führer und Gefolgschaft' gründende, von Rechtlosigkeit und Missachtung der Menschenwürde geprägte nationalsozialistische Unrechtsregime kennzeichnend war", ausgedrückt.[562]

Und das Gericht führt weiter aus: „Mit dieser grundgesetzlichen Konzeption sind nazistische Grundgedanken von vornherein unvereinbar."[563] Eine auf „Rassismus, Kollektivismus und dem Prinzip von Führung und unbedingtem Gehorsam" aufbauende Ideologie könne unter dem Grundgesetz nicht legitimiert werden.[564] Durch Art. 79 Abs. 3 GG und das Widerstandsrecht des Art. 20 Abs. 4 GG werde einer gearteten Durchsetzung solchen Gedankenguts im demokratischen Rechtsstaat des Grundgesetzes, der der Menschenwürde und dem Friedensgebot verpflichtet sei, „verfassungsrechtlich auf Dauer der Boden entzogen."[565] Demzufolge müsse diesen verfassungsimmanenten Beschränkungen „demonstrativer Äußerungen nazistischer Meinungsinhalte" „bei der Auslegung der Demonstrationsfreiheit nach Art. 5 Abs. 1, 8 Abs. 1 GG und der dortigen Grundrechtsschranken – auch unterhalb der Schwelle verfassungsgerichtlicher Verbots- und Verwirkungsentscheidungen im Sinne von Art. 21 Abs. 2 GG, 18 Satz 2 GG – von Verfassungs wegen" berücksichtigt werden.[566] Dies suggeriere die Folgerung, dass den oben dargelegten Maßstäben zuwiderlaufende Versammlungen „schon kraft verfassungsimmanenter Schranken vom Schutzbereich der Demonstrationsfreiheit nach Art. 5 Abs. 1, 8 Abs. 1 GG

560 OVG Münster, NJW 2001, 2111 (2111) m.w.N.
561 OVG Münster, NJW 2001, 2111 (2111) m.w.N.
562 OVG Münster, NJW 2001, 2111 (2111).
563 OVG Münster, NJW 2001, 2111 (2111).
564 OVG Münster, NJW 2001, 2111 (2111).
565 OVG Münster, NJW 2001, 2111 (2111).
566 OVG Münster, NJW 2001, 2111 (2111).

ausgenommen sind. Jedenfalls muss der auf die Abwehr nationalsozialistischer Bestrebungen gerichteten grundgesetzlichen Werteordnung zumindest bei der Auslegung und bei der Definition des Anwendungsbereichs der öffentlichen Ordnung i.S. des § 15 VersammlG die verfassungsrechtlich gebotene Geltung verschafft werden."[567]

Interessant ist schließlich der nachträgliche (in späterer Entscheidung hinzugefügte) Gedanke des Gerichts, dass nicht verkannt wird, dass das Grundrecht der Meinungsfreiheit (Art. 5 GG) auch und gerade die „politisch missliebige Meinung" schützt.[568] Doch bei dem Gedankengut von Neonazis handele es sich nicht um eine bloß „politisch missliebige Meinung", sondern um Anschauungen, die vom Grundgesetz selbst klar abgesagt werden.[569] Rassismus, Antisemitismus und Ausländerfeindlichkeit stellen „nicht irgendwelche unliebsamen, politisch unerwünschten Anschauungen" dar, „sondern solche, die mit grundgesetzlichen Wertvorstellungen schlechterdings unvereinbar sind."[570] Der Ausschluss dieses Gedankenguts aus dem demokratischen Willensbildungsprozess sei ein Verfassungsbelang, der „aus der historisch bedingten Werteordnung des Grundgesetzes" abgeleitet werden könne und der sich dafür eigne, „die Freiheit der Meinungsäußerung, bezogen und beschränkt auf dieses Gedankengut, auch jenseits verfassungsrechtlicher Verbots- und Verwirkungsentscheidungen nach Art. 21 Abs. 2, 18 Satz 2 GG inhaltlich zu begrenzen."[571] Dieses historische Gedächtnis der Verfassung, das sich in der ausdrücklichen Erwähnung der zur Befreiung vom Nationalsozialismus und Militarismus erlassenen Rechtsvorschriften in Art. 139 GG verfassungsrechtlich niedergeschlagen habe, werde übergangen, „wenn man das öffentliche Eintreten für nationalsozialistisches Gedankengut als politisch unerwünscht und missliebig bagatellisiert und wie jede andere Meinungsäußerung als Ausübung eines für die Demokratie konstituierenden Freiheitsrechts einstuft."[572]

In der Rechtsprechung beruht die Existenz verfassungsimmanenter Grundrechtsgrenzen auf einer „ganzheitlichen Verfassungsauslegung" im Sinne *Häberles.*[573] Das Gericht versucht das grundrechtsbegrenzende Verfassungsgut

567 OVG Münster, NJW 2001, 2111 (2111).
568 OVG Münster, NJW 2001, 2114 (2114).
569 OVG Münster, NJW 2001, 2114 (2114).
570 OVG Münster, NJW 2001, 2114 (2114).
571 OVG Münster, NJW 2001, 2114 (2114).
572 OVG Münster, NJW 2001, 2114 (2114).
573 Schaefer, Grundlegung einer ordoliberalen Verfassungstheorie, S. 290.

„Abkehr vom Nationalsozialismus“ in vielen Vorschriften des Grundgesetzes zu begründen, was an die Forderung von *Häberle* erinnert, dass die Verfassungsgüter, die grundrechtsbegrenzend wirken, über eine Grundlage im Grundgesetz verfügen müssen.[574] Schließlich erachtet es, wie *Häberle*, die Freiheit als rechts- und wertgebundene und demzufolge als a priori begrenzte, was die Annahme von „wesensimmanenten Grundrechtsgrenzen“ zur Folge hatte.[575]

d) Exkurs: Das Immanenzdenken von Hegel

Als „Vater des modernen Immanenzdenkens“ wird zutreffend *Hegel* bezeichnet,[576] der Vertreter des deutschen Idealismus.[577] *Schild* interpretiert die schwierigen philosophischen Gedanken von *Hegel* wie folgt:[578] Nach *Hegel* bedinge das Begreifen eines freiheitlichen Staates die Existenz von sittlich lebenden Individuen.[579] Diese seien Menschen, die „Verhältnisse wollen, in denen sie wie alle anderen ihre Freiheit verwirklichen können, was sie nur können, wenn auch die anderen frei sind, alle anderen, d. h.: wenn die Freiheit selbst Inhalt von Gesetzen und somit gesetzlich ist“.[580] Die die gemeinsame Freiheit herstellenden oder sichernden Gesetze werden von diesen sittlichen Individuen nicht als Begrenzung ihrer Freiheit, sondern als die Verwirklichung ihrer eigenen Freiheit angesehen und aus diesem Grund identifizieren sie sich „mit diesen Regeln als ihren eigenen (selbst bestimmten) Gesetzen“ und befolgen diese Regeln

---

574 Schaefer, Grundlegung einer ordoliberalen Verfassungstheorie, S. 290 f.

575 Schaefer, Grundlegung einer ordoliberalen Verfassungstheorie, S. 291.

576 Schaefer, Grundlegung einer ordoliberalen Verfassungstheorie, S. 294.

577 Mahlmann, Rechtsphilosophie und Rechtstheorie, § 9 Rn. 2.

578 Die Interpretation von *Schild* in Bezug auf Hegel, Grundlinien der Philosophie des Rechts, §§ 27, 137, 142 ff., 150, 151, 152, wird auch von Schaefer, Grundlegung einer ordoliberalen Verfassungstheorie, S. 294, einschließlich Fn. 249 dargestellt.

579 Schild, in: Brugger (Hrsg.), Legitimation des Grundgesetzes, S. 65 (79) mit Verweis auf Hegel, Grundlinien der Philosophie des Rechts, §§ 142 ff. Hegel, Grundlinien der Philosophie des Rechts, § 142: „Die Sittlichkeit ist die Idee der Freiheit, als das lebendige Gute, das in dem Selbstbewußtsein sein Wissen, Wollen und durch dessen Handeln seine Wirklichkeit, so wie dieses an dem sittlichen Sein seine an und für sich seiende Grundlage und bewegenden Zweck hat, – der zur vorhandenen Welt und zur Natur des Selbstbewußtseins gewordene Begriff der Freiheit“.

580 Schild, in: Brugger (Hrsg.), Legitimation des Grundgesetzes, S. 65 (79 f.).

gewissenhaft.[581] Damit, wie *Schaefer* zutreffend betont, identifizieren sich nach *Hegel* Recht und Freiheit, es gibt keine Freiheit ohne Recht.[582]

2. Die Kritik gegenüber der Immanenzlehre

Die Immanenzlehre wird aber in der Literatur kritisiert, insbesondere hinsichtlich ihrer Konsequenzen auf die Grundrechte mit Gesetzesvorbehalt.[583]

a) Beeinträchtigung der Gleichberechtigung der Freiheitsbetätigungen

Es sei äußerst strittig, „welche Schutzgüter so wichtig sein sollen, dass sie eine verfassungsimmanente Schranke zu bilden vermögen".[584] Warum einige Verfassungsprinzipien wichtiger als andere seien, könne nicht auf der Grundlage des Verfassungstexts beantwortet werden, demzufolge müssten im Prinzip alle kollidierenden Grundrechte und sonstige Verfassungsprinzipien als geeignet angesehen werden, „am Gesetzesvorbehalt vorbei verfassungsimmanente Schutzbereichsgrenzen zu begründen".[585] Somit werde aber der Gesetzesvorbehalt „ad absurdum geführt".[586] Da das Grundgesetz die einzelnen Gesetzesvorbehalte unterschiedlich ausgestaltet habe, heiße ihre Nivellierung „durch die undifferenzierte Annahme" von solchen Grenzen „die Intention der Verfassung zu missachten".[587] Grundrechte seien nicht nur „Ausprägungen einer undifferenzierten allgemeinen Handlungsfreiheit", die auch unter dem Vorbehalt der verfassungsmäßigen Ordnung und des Sittengesetzes stehen, sondern hinter ihnen verberge sich ein Freiheitsbewusstsein, das unterschiedliche, aber auch gleichberechtigte Freiheitsbetätigungen anerkenne.[588] Dieses Freiheitsverständnis sei in einem modernen pluralistischen demokratischen Rechtsstaat zwingend, denn er beruhe auf dem Prinzip der Nichtidentifikation in dem Sinne, dass der Staat sich nicht mit einer konkreten Weltanschauung zur Instrumentalisierung der

581 Schild, in: Brugger (Hrsg.), Legitimation des Grundgesetzes, S. 65 (80), mit Verweis auf Hegel, Grundlinien der Philosophie des Rechts, § 137.
582 Schaefer, Grundlegung einer ordoliberalen Verfassungstheorie, S. 294.
583 Siehe ausführlich die Kritik von Schaefer, Grundlegung einer ordoliberalen Verfassungstheorie, S. 144 ff.
584 Schaefer, Grundlegung einer ordoliberalen Verfassungstheorie, S. 144.
585 Schaefer, Grundlegung einer ordoliberalen Verfassungstheorie, S. 145.
586 Schaefer, Grundlegung einer ordoliberalen Verfassungstheorie, S. 145.
587 Schaefer, Grundlegung einer ordoliberalen Verfassungstheorie, S. 145.
588 Schaefer, Grundlegung einer ordoliberalen Verfassungstheorie, S. 145.

Freiheit identifizieren dürfe.[589] Die Gleichberechtigung der Freiheitsausübung werde demzufolge durch die Statuierung verfassungsimmanenter Grundrechtsgrenzen für Grundrechte mit Gesetzesvorbehalt beeinträchtigt.[590]

b) Nichtbeachtung des rechtsstaatlichen Schutzes

Darüber hinaus wird betont, dass die Immanenzlehre „den vom Grundgesetz intendierten rechtsstaatlichen Schutz der Grundrechtsregeln auf Null zu reduzieren" droht.[591] Die Einbeziehung eines Verhaltens in den Schutzbereich eines Grundrechts impliziere noch nicht, dass dieses Verhalten erlaubt sei.[592] Rechtsstaatliche Gründe, insbesondere die Beachtung des Verhältnismäßigkeitsprinzips, schreiben vor, „dass die Frage der Erlaubtheit eines Verhaltens erst auf der Schrankenebene gestellt und entschieden wird", es sei denn, der Verfassungstext statuiere eindeutig Ausnahmen wie das Friedensgebot im Art. 8 I GG.[593]

c) Widerspruch zur Klarheit und Bestimmtheit des Rechts

Zusätzlich wird hervorgehoben, dass die Immanenzlehre der Klarheit und Bestimmtheit des Rechts widerspricht.[594] Der Rechtsunterworfene wisse nicht klar, ob er sich beliebig verhalten dürfe oder ob sein Grundrecht eingeschränkt sei, was genau der Idee der Grundrechte als Freiheitsrechte widerspreche.[595] Jede öffentlich-rechtliche Ermächtigungsgrundlage und insbesondere die grundrechtlichen Eingriffsnormen müssen „um der Freiheit willen" durch Klarheit und Bestimmtheit gekennzeichnet werden.[596] „Die Innentheorie führt uns von den festen Bahnen der Grundrechtsbeschränkungen, die die verfassungstextlichen Grundrechtsschranken für jedes einzelne Grundrecht formulieren, hin zu freiheitsfeindlichen Grundrechtseingriffen ad libitum."[597]

---

589 Schaefer, Grundlegung einer ordoliberalen Verfassungstheorie, S. 145 f.
590 Schaefer, Grundlegung einer ordoliberalen Verfassungstheorie, S. 147.
591 Bleckmann, Staatsrecht II, S. 404, Rn. 16. Zustimmend Schaefer, Grundlegung einer ordoliberalen Verfassungstheorie, S. 147.
592 Schaefer, Grundlegung einer ordoliberalen Verfassungstheorie, S. 132 f., Fn. 5; Dreier, in: Dreier (Hrsg.), GG I Vorbemerkungen vor Artikel 1 GG Rn. 120.
593 Schaefer, Grundlegung einer ordoliberalen Verfassungstheorie, S. 132 f., Fn. 5.
594 Schaefer, Grundlegung einer ordoliberalen Verfassungstheorie, S. 147.
595 Schaefer, Grundlegung einer ordoliberalen Verfassungstheorie, S. 147.
596 Schaefer, Grundlegung einer ordoliberalen Verfassungstheorie, S. 148.
597 Schaefer, Grundlegung einer ordoliberalen Verfassungstheorie, S. 148.

3. Nachteile des Abwägungsmodells, Legitimität immanenter Grenzen und praktische Vorteile der Annahme von immanenten Grenzen

Gegenwärtig ist die Abwägungslehre herrschend. Jedoch ist die vorsichtige Annahme von immanenten Grenzen nicht nur dogmatisch vorzugswürdig, sondern sie hat auch praktische Vorteile.

a) Nachteile des Abwägungsmodells

Die immanenten Grenzen ablehnend, befürwortet *Sachs* das Abwägungsmodel des Bundesverfassungsgerichts.[598]

Das Abwägungsmodell ist zwar methodisch geeignet, um zu sachgerechten Ergebnissen zu kommen, wird aber durch viele Unsicherheiten gekennzeichnet.[599] Da eine normativ konkrete Rangordnung zwischen den abzuwägenden Verfassungsgütern schwierig zu finden ist,[600] beruht die Abwägung mehr oder weniger auf subjektiven Wertungen der Abwägungsbeteiligten,[601] was eben zeigt, dass die Abwägung nicht immer den Charakter „eines rationalen, nachvollziehbaren und kontrollierbaren Subsumtionsprozesses" hat.[602] Zudem muss man unterstreichen, dass ein Abwägungsmodell nicht dem Einzelnen hilft, die Rechtsfolgen seiner Entscheidungen mit Sicherheit abzuschätzen, obwohl das Letzte Voraussetzung eines verantwortlichen Verhaltens darstellt.[603] Die Zunahme der Abwägungen führt zur Abnahme der Berechenbarkeit der Verfassung.[604]

---

598 Siehe Sachs, in: Stern (Hrsg.), Staatsrecht III/2, § 81, S. 525, 550 ff., 571 ff. Vgl. eine Zusammenfassung von *Sachs*' Meinung in: Muckel, in: FS Schiedermair, S. 347 (349); ders., Religiöse Freiheit und staatliche Letztentscheidung, S. 200.

599 Muckel, in: FS Schiedermair, S. 347 (350).

600 Vgl. Isensee, in: Isensee/Kirchhof (Hrsg.), HStR IX, § 191 Rn. 90; Muckel, in: FS Schiedermair, S. 347 (351); ders., Religiöse Freiheit und staatliche Letztentscheidung, S. 199.

601 Isensee, in: Isensee/Kirchhof (Hrsg.), HStR IX, § 191 Rn. 90; Muckel, in: FS Schiedermair, S. 347 (351); ders., Religiöse Freiheit und staatliche Letztentscheidung, S. 199.

602 Muckel, in: FS Schiedermair, S. 347 (351); ders. Muckel, Religiöse Freiheit und staatliche Letztentscheidung, S. 199, gegen Höfling, Offene Grundrechtsinterpretation, S. 180; dens., JZ 1995, 26 (32).

603 Muckel, in: FS Schiedermair, S. 347 (351). Vgl. ders., Religiöse Freiheit und staatliche Letztentscheidung, S. 199.

604 Merten, in: Merten/Papier (Hrsg.), HbGR III, § 56 Rn. 68.

b) Legitimität immanenter Grenzen

aa) Immanente Grenzen und Vorrang der Verfassung

Die Annahme von immanenten Grenzen verstößt nicht gegen den Vorrang der Verfassung.[605] Die grundrechtlichen Schutzbereiche werden durch verfassungsrechtliche Vorgaben begrenzt.[606] Schutzbereichsbegrenzungen können zwar im Verfassungstext ausformuliert sein, das schließt aber nicht aus, dass der Schutzbereich der Grundrechte auch durch ungeschriebene Aspekte begrenzt wird, die von der Verfassung als selbstverständlich aufgenommen worden sind.[607]

bb) Immanente Grenzen und Charakter der Grundrechte als Freiheitsrechte

Zusätzlich ist die Annahme von immanenten Grenzen mit dem Charakter der Grundrechte als Freiheitsrechte nicht a priori unvereinbar.[608] Die These von *Carl Schmitt*, dass die Freiheit grundsätzlich unbegrenzt ist, gilt lediglich „für die verschiedenen Ausübungsmöglichkeiten innerhalb des verfassungsmäßig begrenzten Freiheitsbereiches".[609] Aus dem Grundgesetz selbst ergibt sich jeweils die Wertung, dass bestimmte Schutzgüter so wichtig sind, dass sie auch durch die Grundrechtsausübung nicht beeinträchtigt werden können.[610] Es ist eben Aufgabe des Verfassungsinterpreten, diese Wertungen zu finden.[611]

cc) Immanente Grenzen und Eingriffe in die Grundrechte

Darüber hinaus stellt die Annahme von immanenten Grenzen für sich allein noch keinen Rechtfertigungsgrund für Eingriffe in die Grundrechte dar.[612] Derjenige, der eine Grundrechtsbegrenzung für immanent hält, darf das nicht bloß

---

605 Muckel, in: FS Schiedermair, S. 347 (349 f.). Vgl. ders., Religiöse Freiheit und staatliche Letztentscheidung, S. 202.

606 Muckel, in: FS Schiedermair, S. 347 (350); ders., Religiöse Freiheit und staatliche Letztentscheidung, 203.

607 Muckel, in: FS Schiedermair, S. 347 (350); ders., Religiöse Freiheit und staatliche Letztentscheidung, 203.

608 Gallwas, Der Mißbrauch von Grundrechten, S. 24.

609 Gallwas, Der Mißbrauch von Grundrechten, S. 24, Fn. 68.

610 Muckel, Religiöse Freiheit und staatliche Letztentscheidung, S. 197.

611 Muckel, Religiöse Freiheit und staatliche Letztentscheidung, S. 197.

612 Gallwas, Der Mißbrauch von Grundrechten, S. 103.

behaupten, sondern muss nachweisen, dass das Grundrecht rechtlich nicht ohne diese Grenze vorgesehen sein kann.[613]

dd) Immanente Grenzen und Gesetzesvorbehalte im Grundgesetz

Schließlich lässt sich aus der Existenz spezieller Gesetzesvorbehalte nicht die Schlussfolgerung ziehen, dass es keine immanenten und ungeschriebenen Grenzen gibt, denn die Gesetzesvorbehalte im Grundgesetz stellen eine punktuelle Antwort auf konkrete historische Gefahrensituationen dar.[614]

c) Praktische Vorteile der Annahme immanenter Grenzen

Die vorsichtige Annahme von immanenten Grenzen hat auch praktische Vorteile. Im Einzelnen:

aa) Tatbestandsverdeutlichung

Wenn die Herausarbeitung immanenter Grenzen sorgfältig ist und auf einer präzisen Analyse der einzelnen Grundrechte beruht, dann führt sie nicht zur Verkürzung des Tatbestandes, sondern zu seiner Verdeutlichung.[615] Erweiterte Freiheitstatbestände benötigen auch weitreichende Schrankenformeln, die häufig unberechenbar und unvorhersehbar sind.[616] Die präzise Erfassung von grundrechtlichen Schutzbereichen durch Offenbarung immanenter Grenzen kann zur Reduzierung und Präzisierung des Ausmaßes grundrechtlicher Beschränkungsmöglichkeiten führen.[617]

bb) Vermeidung von Grundrechtskollisionen

Darüber hinaus werden mit der Herausarbeitung immanenter Grenzen „unnötige“ Grundrechtskollisionen vermieden, die zu einer komplizierten Abwägung mittels der praktischen Konkordanz führen können.[618] Es wird treffend in der Literatur das Beispiel der Beziehung zwischen der Kunstfreiheit und der Eigentumsgarantie erwähnt.[619] Versteht man als Grenze der

613 Gallwas, Der Mißbrauch von Grundrechten, S. 103 f.
614 Gallwas, Der Mißbrauch von Grundrechten, S. 69 f., 89.
615 Merten, in: Merten/Papier (Hrsg.), HbGR III, § 60 Rn. 12.
616 Merten, in: Merten/Papier (Hrsg.), HbGR III, § 60 Rn. 12.
617 Merten, in: Merten/Papier (Hrsg.), HbGR III, § 60 Rn. 12.
618 Merten, in: Merten/Papier (Hrsg.), HbGR III, § 60 Rn. 12. Vgl. Starck, JuS 1981, 237 (245 f.).
619 Siehe Merten, in: Merten/Papier (Hrsg.), HbGR III, § 60 Rn. 12.

Kunstfreiheit den unerlaubten Zugriff auf das Eigentum Privater, wird eine Abwägung zwischen Kunstfreiheit und Eigentumsgarantie nicht benötigt, denn der Zugriff des Künstlers auf fremdes Eigentum genießt von vornherein keinen Grundrechtsschutz.[620]

d) Schlussbemerkungen

Die vorsichtige Annahme von immanenten Grenzen berücksichtigt sowohl die Einheit der Verfassung und die Widerspruchsfreiheit der Entscheidungen des Verfassungsgebers[621] als auch die Gemeinschaftsbezogenheit der grundrechtlichen Freiheit.[622]

Eine präzise Erfassung des Schutzbereichs der Grundrechte macht die Grundrechtsinterpretation vorhersehbar.[623] Das ist sicherlich bei einer Abwägungskasuistik nicht der Fall.[624]

Die immanenten Grundrechtsgrenzen ersetzen freilich nicht vollständig das Abwägungsmodell in der Grundrechtsdogmatik.[625] Sie erlauben aber Abwägungen nur dann, wenn die Verfassung selbst noch keine Entscheidung getroffen hat.[626]

II. Die Funktion der Grundrechte

Wenn man sich mit der Frage der Existenz eines allgemeinen Missbrauchsvorbehalts bei den Grundrechten beschäftigt, muss man zuerst untersuchen, welchen Zweck, welche Funktion die Grundrechte haben, insbesondere wenn man

---

620 Merten, in: Merten/Papier (Hrsg.), HbGR III, § 60 Rn. 12, mit Verweis auf BVerfG NJW 1984, 1293 (1294).

621 Vgl. Gallwas, Der Mißbrauch von Grundrechten, S. 35: „so daß man es, falls das Grundrecht das so geschützte Interesse verdrängte, mit einer verfassungswidrigen verfassungsrechtlichen Gewährleistung zu tun hätte".

622 Das berücksichtigt sowohl das institutionelle als auch das funktionelle Grundrechtsverständnis.

623 Merten, in: Merten/Papier (Hrsg.), HbGR III, § 56 Rn. 68.

624 Merten, in: Merten/Papier (Hrsg.), HbGR III, § 56 Rn. 68.

625 Muckel, in: FS Schiedermair, S. 347 (352). Vgl. ders., Religiöse Freiheit und staatliche Letztentscheidung, S. 204.

626 Muckel, in: FS Schiedermair, S. 347 (352).

berücksichtigt, dass der Rechtsmissbrauch traditionell als „zweckfremde, funktionswidrige Ausübung eines Rechts" bezeichnet wird.[627]

1. Die Grundrechtstheorien

Die verschiedenen Grundrechtstheorien, die „grundlegende, auslegungsleitende Ansätze für das Verständnis der Grundrechtsbestimmungen"[628] darstellen, geben verschiedene Antworten.[629]

a) Die liberalen Grundrechtstheorien

Im Rahmen der liberalen Grundrechtstheorien ist die klassisch-liberale Grundrechtstheorie bemerkenswert. Diese Theorie wird aber von Teilen der Literatur vielfältig erweitert. Diesbezüglich werden hier die verfassungsliberale Grundrechtstheorie sowie die Theorie der Grundrechte als Elemente einer Gegenseitigkeitsordnung und die ordoliberale Grundrechtstheorie analysiert.[630]

aa) Die klassisch-liberale Grundrechtstheorie

Nach der klassisch-liberalen (bürgerlich-rechtsstaatlichen) Grundrechtstheorie stellen die Grundrechte „Freiheitsrechte des einzelnen gegenüber dem Staat" dar.[631] Allgemeiner Zweck der Grundrechte wird nämlich „in der individuellen Handlungs- und Entscheidungsfreiheit im Sinne von Abwesenheit staatlicher Eingriffe" gesehen.[632] Nach diesem Verständnis sind die Grundrechte Ausdruck eines „Verteilungsprinzips": „[D]ie Freiheitssphäre des einzelnen wird als etwas vor dem Staat Gegebenes vorausgesetzt, und zwar ist die Freiheit des Einzelnen *prinzipiell unbegrenzt*, während die Befugnis des Staates zu Eingriffen in diese

---

627 Siehe u.a. Schmitt Glaeser, Mißbrauch und Verwirkung von Grundrechten im politischen Meinungskampf, S. 133. Weitere Nachweise in: Merten, in: Merten/Papier (Hrsg.), HbGR III, § 60 Rn. 50, Fn. 287.

628 Sachs, Verfassungsrecht II, S. 38 Rn. 20.

629 Die folgende Analyse fußt auf der Systematisierung der Grundrechtstheorien von Böckenförde, NJW 1974, 1529 ff.; ders., Staat, Verfassung, Demokratie, S. 119 ff.; ders., in: Augsberg/Unger (Hrsg.), Basistexte: Grundrechtstheorie, S. 15 (18 ff.) ergänzt aber um neue Grundrechtstheorien, die auch Schaefer, Grundlegung einer ordoliberalen Verfassungstheorie, S. 322, 327 ff., erwähnt.

630 Vgl. Schaefer, Grundlegung einer ordoliberalen Verfassungstheorie, S. 406, der von „liberalistischen Erweiterungen der klassisch-liberalen Grundrechtstheorie" spricht.

631 Böckenförde, NJW 1974, 1529 (1530); ders., Staat, Verfassung, Demokratie, S. 119.

632 Alexy, Theorie der Grundrechte, S. 510 f.

Sphäre *prinzipiell begrenzt* ist."[633] So wird die durch die Grundrechte gewährleistete Freiheit als „Freiheit schlechthin" angesehen, nicht ausgerichtet an bestimmte Zwecke.[634]

bb) Die verfassungsliberale Grundrechtstheorie

Vater der verfassungsliberalen Grundrechtstheorie ist *Brugger.*[635] Er sieht im Grundgesetz eine kommunitaristische Ordnung, nämlich eine Ordnung, in der der Mensch gemeinschaftsgebunden ist.[636] Die Freiheit habe den Sinn einer „gemeinschaftsbezogenen Persönlichkeitsentfaltung."[637] Das verfassungsliberale Leitbild des Grundgesetzes sei eine „eigenständige", nämlich „eigenverantwortliche", aber zugleich eine „sinnhafte und verantwortliche Lebensführung."[638] Mit der Sinnhaftigkeit sei sowohl die „konstituierende als auch limitierende Dimension von überkommener Tradition und Kultur" gemeint, während mit der Verantwortlichkeit „die Achtungsverpflichtung eines jeden Menschen für die Rechte anderer, das Einstehenmüssen für Rechtsverstöße, sowie gegenseitige, etwa sozialstaatliche Unterstützungspflichten".[639] Der Begriff der „Lebensführung" besage aber, dass „dem Moment der Eigenständigkeit der Person ein starkes (aber nicht absolutes oder generelles maximiertes) Gewicht zugesprochen wird".[640]

cc) Die Theorie der Grundrechte als Elemente einer Gegenseitigkeitsordnung

Die Theorie der Grundrechte als Elemente einer Gegenseitigkeitsordnung ist von *Haverkate* entwickelt worden.[641] Nach ihm sichern die Freiheitsrechte „die Unverfügbarkeit des Rechts durch andere Instanzen als des Rechtsträgers selbst. Sie sichern dem Rechtsträger einen Bereich, in dem er – und nicht der

---

633 Schmitt, Verfassungslehre, S. 126 f.; Hervorhebungen im Original.

634 Böckenförde, NJW 1974, 1529 (1530); ders., Staat, Verfassung, Demokratie, S. 120.

635 Vgl. die Analyse der Grundrechtstheorie von *Brugger* in: Schaefer, Grundlegung einer ordoliberalen Verfassungstheorie, S. 334 ff.

636 Brugger, ZRPh 2003, 3 (4). Siehe dazu Schaefer, Grundlegung einer ordoliberalen Verfassungstheorie, S. 334.

637 Brugger, ZRPh 2003, 3 (4). Siehe dazu Schaefer, Grundlegung einer ordoliberalen Verfassungstheorie, S. 334.

638 Brugger, JZ 1987, 633 (637).

639 Brugger, JZ 1987, 633 (637).

640 Brugger, JZ 1987, 633 (637).

641 Vgl. die Analyse der Grundrechtstheorie von *Haverkate* in: Schaefer, Grundlegung einer ordoliberalen Verfassungstheorie, S. 336 ff.

Staat – verfügen kann; und er wird verfügen über sein Recht, wenn ihm ein passender Gegenwert angeboten wird, also im Rahmen eines Austausches in einer Gegenseitigkeitsbeziehung. Die Freiheitsrechte sichern somit ein Potential an freier Gegenseitigkeit zwischen den Bürgern."[642] Die grundrechtlichen Abwehrrechte haben nach *Haverkate* eine Doppelfunktion: „Sie wehren staatlichen Übergriffen in die Rechtssphäre des einzelnen und konstituieren damit zugleich eine von den einzelnen gestaltete öffentliche Ordnung, die aus einer Vielzahl von Ordnungsgebilden besteht. [...] Die Abwehrrechte gewährleisten die rechtliche Möglichkeit der Bürger, in Gegenseitigkeitsbeziehungen zu treten."[643] Wenn es aber Störungen im Gegenseitigkeitsverhältnis zwischen den Bürgern nicht durch staatliches Eingreifen, sondern durch das Handeln von Privaten gäbe, haben die Grundrechte eine Schutzfunktion.[644] „Die Parallelität von Abwehr- und Schutzansprüchen bewirkt, daß der Garantiegehalt der Grundrechte nicht durch die Zufälligkeiten von Rechtsformen und Handlungsmodalitäten des staatlichen Handelns beschränkt ist. Die Grundrechte schützen grundsätzlich vor Übergriffen anderer, sei es vor Übergriffen der Personen, die als Amtswalter der Staatsgewalt auftreten, sei es vor Übergriffen Privater".[645] Beide Funktionen, Abwehr- und Schutzfunktion, seien „gleich ursprünglich".[646]

dd) Die ordoliberale Grundrechtstheorie

Wesensgehalt der ordoliberalen Wirtschaftstheorie ist ein Wettbewerb, der „durch Recht und rechtlich legitimierte staatliche Intervention" abgestützt ist.[647] Nach *Schaefer* kann die ordoliberale Wettbewerbstheorie „als sozialwissenschaftliche Referenz" der Grundrechtsinterpretation dienen.[648] Nach der ordoliberalen Grundrechtstheorie sind die Grundrechte „prozedurale Optimierungsgebote" in dem Sinne, dass sie einen Prozess initiieren, „durch den [...] eine freiheitsgerechte Allokation von Entfaltungschancen ermöglicht wird".[649] Die Grundrechte initiieren vor allem einen „Konsenswettbewerb" unter den Grundrechtsträgern[650] im Sinne der „Erzielung einer möglichst breiten gesellschaftlichen

---

642 Haverkate, Verfassungslehre, S. 194.
643 Haverkate, Verfassungslehre, S. 202.
644 Haverkate, Verfassungslehre, S. 216.
645 Haverkate, Verfassungslehre, S. 217.
646 Haverkate, Verfassungslehre, S. 216.
647 Schaefer, Der Staat 48 (2009), 215 (220).
648 Schaefer, Der Staat 48 (2009), 215 (220 ff., 237).
649 Schaefer, Der Staat 48 (2009), 215 (237).
650 Schaefer, Der Staat 48 (2009), 215 (225, 237).

Übereinkunft über die am plausibelsten erscheinende Grundrechtsinterpretation bzw. […] über den besten Lebensentwurf."[651] Da dieser Prozess die Verteilung von Entfaltungschancen nicht direkt berühre, solle er sich im Prinzip ohne die Einmischung des Staates vollziehen.[652] „Wo Entfaltungsbedingungen in Konflikt zueinander treten, stützen die Grundrechte einen Wettbewerb der Grundrechtsträger untereinander um die beste Freiheitsoptimierung, den der Staat letztverbindlich zu entscheiden hat."[653]

b) Die demokratisch-funktionale Grundrechtstheorie

Die demokratisch-funktionale Grundrechtstheorie betont die öffentliche und politische Funktion der Grundrechte.[654] Die Grundrechtsgewährleistungen werden „als im Interesse des demokratischen Prozesses übertragene und auszuübende Kompetenzen des Einzelnen" angesehen.[655] Der demokratische politische Prozess ist das Subjekt der grundrechtlichen Gewährleistung und die politische Funktion bestimmt den Inhalt und die Tragweite der Freiheit.[656]

c) Die sozialstaatliche Grundrechtstheorie

Die sozialstaatliche Grundrechtstheorie sieht die Funktion der Grundrechte in der Erhaltung oder Schaffung von sozialen Strukturen, „die die größtmögliche Chance der Persönlichkeitsentfaltung garantieren".[657] Die Grundrechte haben nicht nur ausgrenzenden Charakter, sondern gewähren auch „soziale Leistungsansprüche an den Staat."[658] Gewährleistungsinhalt ist nicht nur die abstrakte Freiheit, sondern auch die reale.[659]

d) Die institutionelle Grundrechtstheorie

Das institutionelle Grundrechtsdenken, dessen „geistige[r] Vater" *Hauriou* ist, bezweckt eine Synthese zwischen positivem Recht und den das Recht

---

651 Schaefer, Der Staat 48 (2009), 215 (225).
652 Schaefer, Der Staat 48 (2009), 215 (225, 237).
653 Schaefer, Der Staat 48 (2009), 215 (237).
654 Böckenförde, NJW 1974, 1529 (1534); ders., Staat, Verfassung, Demokratie, S. 133.
655 Sachs, Verfassungsrecht II, S. 40, Rn. 25.
656 Böckenförde, NJW 1974, 1529 (1535); ders., Staat, Verfassung, Demokratie, S. 134.
657 Grabitz, Rechtstheorie 8 (1977), 1 (10). Zu dieser Theorie siehe auch Alexy, Theorie der Grundrechte, S. 511.
658 Böckenförde, NJW 1974, 1529 (1536); ders., Staat, Verfassung, Demokratie, S. 137.
659 Böckenförde, NJW 1974, 1529 (1536); ders., Staat, Verfassung, Demokratie, S. 137.

beeinflussenden sozialen Umständen.[660] Die institutionelle Grundrechtstheorie betrachtet die Grundrechte nicht primär als Abwehrrechte des Einzelnen, sondern als „objektive Ordnungsprinzipien" für die Lebensbereiche, die sie schützen.[661] Die Grundrechte seien Institute, und nur dann seien sie das, wenn sie von zahllosen Grundrechtsberechtigten in der Tat in Anspruch genommen werden und „wenn sie ein hohes Maß an einer das Ganze der Verfassung und Sozialordnung stabilisierenden Wirkung besitzen".[662]

e) Die Werttheorie der Grundrechte

Schließlich sieht die Werttheorie der Grundrechte in den Grundrechtsbestimmungen ein „Wertsystem"[663] und die grundrechtliche Freiheit wird als „Freiheit zur Realisierung der in den Grundrechten ausgedrückten Werte und im Rahmen der durch die Grundrechte insgesamt aufgerichteten Wertordnung" angesehen.[664] Spielart der Werttheorie ist das Grundrechtsverständnis der Verantwortungsethik,[665] das von *Wiegand* entwickelt wurde.[666]

f) Die prozedurale Grundrechtstheorie

Vater einer prozeduralen Grundrechtstheorie des Grundgesetzes ist *Goerlich*.[667] Nach ihm sind die Grundrechte sowohl materielle Rechte als auch Verfahrensrechte.[668] Materielles und Verfahrensrecht können nicht scharf getrennt werden.[669] „Materielle Befugnisse und Verfahrensgestaltungen sind vielmehr als Extreme eines kontinuierlichen Spektrums rechtlicher Normierung zugrundegelegt."[670] Die Grundrechte auch als Verfahrensgarantien „können nicht ohne weiteres von juristischen Personen privaten oder gar öffentlichen Rechts usurpiert

---

660 Schaefer, Grundlegung einer ordoliberalen Verfassungstheorie, S. 327.
661 Böckenförde, NJW 1974, 1529 (1532); ders., Staat, Verfassung, Demokratie, S. 124.
662 So Häberle, Die Wesensgehaltgarantie, S. 122–124. Siehe dazu Alexy, Theorie der Grundrechte, S. 512 f.
663 Sachs, Verfassungsrecht II, S. 39, Rn. 24.
664 Böckenförde, NJW 1974, 1529 (1533); ders., Staat, Verfassung, Demokratie, S. 130.
665 So zutreffend Schaefer, Grundlegung einer ordoliberalen Verfassungstheorie, S. 315.
666 Wiegand, NJ 1993, 396 (398 ff.).
667 Vgl. die Analyse der Grundrechtstheorie von *Goerlich* in: Schaefer, Grundlegung einer ordoliberalen Verfassungstheorie, S. 332 ff.
668 Goerlich, Grundrechte als Verfahrensgarantien, S. 21.
669 Goerlich, Grundrechte als Verfahrensgarantien, S. 21.
670 Goerlich, Grundrechte als Verfahrensgarantien, S. 21.

werden“, sie verlieren nicht ihren personalen Bezug.[671] Sowohl „Fairness als Verfassungsprinzip der materiellen Grundrechte“ als auch „Teilhabe an der Willensbildung“ könne nur durch Verfahren allgemeingültig werden und bleiben.[672] „Die Grundrechte gewährleisten für den Verfahrensschutz in der Regel nicht bestimmte Organisationsstrukturen, sondern nur Verfahrensvoraussetzungen, -elemente und -prinzipien sowie ihre Umsetzung in Verfahrensrechte. Insofern bleiben die Grundrechte in einem gewissen Maße organisationsneutral.“[673]

2. Eine Grundrechtstheorie des Grundgesetzes?

Grundrechtstheorien stellen „Ausdruck bestimmter Staatsauffassungen und Grundvorstellungen über das Beziehungsverhältnis der einzelnen zur staatlichen Gemeinschaft“ dar.[674] Es stellt sich daher die Frage, ob es eine Grundrechtstheorie des Grundgesetzes gibt, und welche Elemente diese hat.

a) Die Auffassung von Böckenförde

Dass eine solche besteht, ergibt sich nach *Böckenförde* daraus, dass das Grundgesetz einen „ausgebauten Grundrechtsteil“ und Bestimmungen über die Struktur des Staates enthält, und demzufolge eine konkrete Ordnungsvorstellung hat.[675] Auf dieser Grundlage behandelt er die Frage nach der Grundrechtstheorie des Grundgesetzes „in Andeutungen“ und markiert zunächst den liberalen Charakter der Grundrechte in dem Sinne, dass die Freiheit nicht als Wert, Institut oder Mittel zu überindividuellen Zwecken, sondern als Freiheit gewährleistet werde.[676] Diese These begründet *Böckenförde* auf der „normative[n] Grundintention des Grundrechtsteils“, der „der Rückgriff auf die klassischen Freiheitsrechte und das Freiheitsprinzip des liberalen Rechtsstaates als Antwort auf die

---

671 Goerlich, Grundrechte als Verfahrensgarantien, S. 54.

672 Goerlich, Grundrechte als Verfahrensgarantien, S. 86 m.w.N.

673 Goerlich, Grundrechte als Verfahrensgarantien, S. 211. Vgl. BVerfGE 53, 30 (55 ff.). Nach dem Gericht verlange das Grundrecht auf Leben und Gesundheit (Art. 2 Abs. 2 S. 1 GG) eine entsprechende Verfahrensgestaltung im atomrechtlichen Genehmigungsverfahren. Zu dieser Entscheidung siehe Hufen, Staatsrecht II, § 5 Rn. 12.

674 Böckenförde, NJW 1974, 1529 (1537); ders., Staat, Verfassung, Demokratie, S. 141; ders., in: Augsberg/Unger (Hrsg.), Basistexte: Grundrechtstheorie, S. 15 (34).

675 Böckenförde, NJW 1974, 1529 (1537); ders., Staat, Verfassung, Demokratie, S. 142; ders., in: Augsberg/Unger (Hrsg.), Basistexte: Grundrechtstheorie, S. 15 (35).

676 Böckenförde, NJW 1974, 1529 (1537 f.); ders., Staat, Verfassung, Demokratie, S. 142 f.; ders., in: Augsberg/Unger (Hrsg.), Basistexte: Grundrechtstheorie, S. 15 (35 f.).

elementaren Freiheitsverletzungen des NS-Zeit“ sei, was nicht nur aus den Beratungen bewiesen werde, sondern auch „in der Anlage und konkreten Ausgestaltung des Grundrechtskatalogs“ ausgedrückt werde.[677] Er betont aber zugleich, dass das Grundgesetz den Sozialstaatsauftrag als verbindliches Verfassungsprinzip festlegt, das die liberale Grundrechtstheorie nicht außer Kraft setzt, sondern modifiziert.[678] Schließlich hebt er hervor, dass das im Grundgesetz festgelegte Demokratieprinzip „als tragendes Verfassungsprinzip eine immanente Schranke grundrechtlicher Freiheitsbetätigung und Freiheitsausdehnung“ darstellt.[679]

b) Die Auffassung von Schaefer

Die Auffassung von *Böckenförde* wird aber mit dem Argument kritisiert, dass der Wortlaut der Grundrechtsnormen und ihrer Entstehungsgeschichte für viele grundrechtliche Interpretationsmuster offen sei.[680] So betont *Schaefer*, dass nicht gefragt werden muss, welches die richtige Grundrechtstheorie des Grundgesetzes, sondern welches diejenige Grundrechtstheorie ist, „die mit den wenigen Anhaltspunkten im Verfassungstext (insbesondere in Art. 1 I, III, 3 III GG) am besten übereinstimmt.“[681] Zu dieser Frage verwertet *Schaefer* die Gedanken von *Brugger* über die „beste Grundrechtstheorie“.

Brugger hebt zwar hervor, dass zwischen „grundgesetzlich legitimer“ und „grundgesetzlich illegitimer“ Grundrechtstheorie unterschieden werden kann und unterstreicht, dass nur diejenige Grundrechtstheorie „von Vorrang der Verfassung aus“ legitim ist, „die im Grundgesetz selbst verankerte Regeln, Prinzipien, Funktionen und Werte zur Systematisierung und Hierarchisierung ihrer Theorieelemente verwendet,“[682] betont aber danach auch, dass der Verfassungsvorrang „zur Aufgabe des Entwurfs der im Rahmen des Grundgesetzes *besten*

677 Böckenförde, NJW 1974, 1529 (1537); ders., Staat, Verfassung, Demokratie, S. 143; ders., in: Augsberg/Unger (Hrsg.), Basistexte: Grundrechtstheorie, S. 15 (35).

678 Böckenförde, NJW 1974, 1529 (1538); ders., Staat, Verfassung, Demokratie, S. 143–145; ders., in: Augsberg/Unger (Hrsg.), Basistexte: Grundrechtstheorie, S. 15 (36 f.).

679 Böckenförde, NJW 1974, 1529 (1538); ders., Staat, Verfassung, Demokratie, S. 145; ders., in: Augsberg/Unger (Hrsg.), Basistexte: Grundrechtstheorie, S. 15 (37).

680 Alexy, Theorie der Grundrechte, S. 514 f.; Schaefer, Grundlegung einer ordoliberalen Verfassungstheorie, S. 323.

681 Schaefer, Grundlegung einer ordoliberalen Verfassungstheorie, S. 323.

682 Brugger, JZ 1987, 633 (633).

Grundrechtstheorie" führt.[683] Die „beste Grundrechtstheorie" sei diejenige, „die nicht nur überhaupt grundgesetzliche Anknüpfungspunkte aufweist, sondern die (1) *möglichst viele* der grundgesetzlichen Regeln, Prinzipien, Funktionen und Werte (2) *möglichst treffend* charakterisiert, integriert und systematisiert und dadurch gleichzeitig die (3) *größtmögliche Kontrastwirkung* gegenüber konkurrierenden Grundrechts- und Verfassungstheorien entfaltet. (4) Im Rahmen dieser Kriterien ist [...] diejenige Grundrechtstheorie vorzuziehen, die das Grundrechtsprofil des Grundgesetzes möglichst *kurz* und *prägnant* zum Ausdruck bringt."[684] Auf jeden Fall „betritt das Feld der vom Grundgesetz ausgeschlossenen Grundrechtstheorie", wer eine gänzliche Ersetzung der liberalen Grundrechtstheorie durch einen anderen Interpretationsansatz vertrete.[685]

In Kombination mit diesen Gedanken unterstreicht *Schaefer*, dass alle Grundrechtstheorien im Rahmen des Grundgesetzes „gleichermaßen legitim" sind, „so lange sie den Grundrechten den Charakter subjektiver Abwehrrechte des Bürgers gegen den Staat beimessen."[686] Das sei dem Art. 1 Abs. 3 GG zu entnehmen.[687] Die „pluralen Grundrechtstheorien", die mehrere Verfassungsprinzipien in ihre Interpretation einbeziehen, seien aber im Unterschied zu den „singulären Grundrechtstheorien", die zur Erklärung nur einzelner Aspekte der Verfassungsordnung beitragen, vorzuziehen.[688] „Eine Grundrechtstheorie des Grundgesetzes muss für unterschiedliche Interpretationsansätze offen sein. Diese interpretative Offenheit ist Folge und Ausdruck der Offenheit der pluralistischen Staats- und Gesellschaftsordnung für heterogene Weltbilder", formuliert er.[689]

So ist *Schaefer* der Meinung, dass Ausgangspunkt einer Grundrechtstheorie des Grundgesetzes der klassisch-liberale Ansatz ist sowie die Spielarten von liberalen Grundrechtstheorien, die auf dem Grundgesetz aufbauen.[690] Da die Freiheit im Rahmen des liberalen Grundrechtsmodells nicht bewertet werde, sei das Letzte „ein offenes und außerordentlich anschlussfähiges Modell" und für eine

683 Brugger, JZ 1987, 633 (634), mit Verweis auf die Konzeption der „besten Theorie" bei *Dworkin*, vgl. dens., Bürgerrechte ernstgenommen, S. 122 ff., 142 f., 154 ff., 178, 182 ff., 199 f., 267 ff., 279, 284, 450, 501, 543; Hervorhebung im Original.

684 Brugger, JZ 1987, 633 (634), im Anschluß an Dworkin, in: ders., A Matter of Principle, S. 181, 186 f. und m.w.N.; Hervorhebung im Original.

685 Brugger, JZ 1987, 633 (634, einschließlich Fn. 12).

686 Schaefer, Grundlegung einer ordoliberalen Verfassungstheorie, S. 324.

687 Schaefer, Grundlegung einer ordoliberalen Verfassungstheorie, S. 324.

688 Schaefer, Grundlegung einer ordoliberalen Verfassungstheorie, S. 326.

689 Schaefer, Grundlegung einer ordoliberalen Verfassungstheorie, S. 326.

690 Schaefer, Grundlegung einer ordoliberalen Verfassungstheorie, S. 339.

pluralistische Gesellschaft geeignet.[691] Ein singulärer liberaler Ansatz reiche zwar nicht, um die Ordnung des Grundgesetzes umfassend zu erklären, allerdings sei die klassisch-liberale Grundrechtstheorie „diejenige Grundrechtstheorie, die am ‚besten' den permissiven Normenkreis der Verfassung, den Bereich der Nichtidentifikation und Wertungsfreiheit, zu erklären vermag."[692] Die Schutzbereiche der Grundrechte gehören zum permissiven Normenkreis, denn es gebe keine normativen Vorgaben der Grundrechtsbetätigung im Text des Grundgesetzes.[693] In Bezug aber auf den autoritären Normenkreis, da dieser einem konkreten Ordnungsdenken folge, das Grundgesetz keine wertneutrale Ordnung wolle[694] und die Grundrechte „als Elemente einer objektiven Wertordnung verstanden werden müssen",[695] könne die klassisch-liberale Grundrechtstheorie „die Wertdimension der Grundrechte nicht in ihr Freiheitskonzept einordnen."[696] Demzufolge sei die für den autoritativen Normenkreis „beste" Grundrechtstheorie eine um institutionelle, funktionelle und prozedurale Erwägungen angereicherte liberale Grundrechtstheorie.[697] So sind für *Schaefer* die „besten" Grundrechtstheorien zwei: in Bezug auf den permissiven Normenkreis die klassisch-liberale Grundrechtslehre und in Bezug auf den autoritären Normenkreis die um institutionelle, funktionale und prozedurale Ansätze zu erweiternde klassisch-liberale Grundrechtslehre.[698]

Trotz der Verschiedenheiten zwischen diesen Meinungen gibt es Einigkeit darüber, dass die Grundrechte des Grundgesetzes liberalen Charakter haben. Die Grundrechte sind sicherlich subjektive Abwehrrechte des einzelnen „gegen den Staat und seine Untergliederungen".[699] Diese These beeinflusst zwar gewiss den Inhalt eines allgemeinen Missbrauchsvorbehalts bei den Grundrechten bzw. die Missbrauchskriterien. Jedoch gründet sich der liberale Charakter der Grundrechte des Grundgesetzes tatsächlich auf das Grundgesetz. Im Einzelnen:

---

691 Schaefer, Grundlegung einer ordoliberalen Verfassungstheorie, S. 339.
692 Schaefer, Grundlegung einer ordoliberalen Verfassungstheorie, S. 340.
693 Schaefer, Grundlegung einer ordoliberalen Verfassungstheorie, S. 340.
694 Schaefer, Grundlegung einer ordoliberalen Verfassungstheorie, S. 342, mit Verweis auf BVerfGE 2, 1 (12); 5, 85 (134 ff., 197 ff.); 6, 32 (40 f.).
695 Schaefer, Grundlegung einer ordoliberalen Verfassungstheorie, S. 342, mit Verweis auf BVerfGE 7, 198 (205).
696 Schaefer, Grundlegung einer ordoliberalen Verfassungstheorie, S. 342.
697 Schaefer, Grundlegung einer ordoliberalen Verfassungstheorie, S. 342.
698 Schaefer, Grundlegung einer ordoliberalen Verfassungstheorie, S. 342.
699 Huber, Allgemeines Verwaltungsrecht, S. 71; siehe auch ders., Konkurrenzschutz im Verwaltungsrecht, S. 174 ff.

c) Der liberale Charakter der Grundrechte

aa) Der Grundrechtsabschnitt als erster Abschnitt im Grundgesetz

Das Grundgesetz wird treffend als „die Verfassung des Menschen" bezeichnet.[700] Das Grundgesetz als Staatsverfassung beginnt nicht mit Aussagen über die Form des Staates oder die Staatsbürger, sondern mit dem Menschen.[701] Der Grundgesetzgeber wollte durch die Existenz und die Voranstellung des Grundrechtsabschnittes nicht nur eine „Antwort auf die elementaren Freiheitsverletzungen der NS-Zeit",[702] sondern auch eine generell antitotalitäre Antwort geben.[703] Dieser Abschnitt ist „ein unaufgebbares, zur Verfassungsstruktur des Grundgesetzes gehörendes Essentiale der geltenden Verfassung der Bundesrepublik Deutschland"[704].

bb) Die Garantie der Menschenwürde

Der Grundrechtsabschnitt beginnt mit einer Negation: „Die Würde des Menschen ist unantastbar" (Art. 1 Abs. 1 S. 1 GG). Das deutet an, dass der Mensch als Wert unantastbar ist.[705] Es geht um das „Credo", auf der die Rechtsordnung des Grundgesetzes beruht, das „grundlegende Axiom der Rechtsordnung."[706] Die Würde jedes Menschen – Deutsche, Ausländer, Gesunde, Kranke, Nasciturus und Tote – ist unverfügbar, d. h. „sie kann nicht verloren gehen."[707]

Art. 1 Abs. 1 S. 2 GG schreibt weiter vor: „Sie [die Menschenwürde] zu achten und zu schützen ist Verpflichtung aller staatlichen Gewalt". Unabhängig davon, ob diese ausdrücklich gebotene Verpflichtung eine entsprechende Berechtigung jedes einzelnen Menschen korrespondiert,[708] befindet sich der Mensch auf jeden Fall im Zentrum des deutschen Rechts.[709] Das Recht ist „auf den Menschen bezogen."[710] Diese Bezogenheit hat zwei Seiten: (a) das Recht

---

700 So Baruzzi, Europäisches „Menschenbild", S. 100.
701 Baruzzi, Europäisches „Menschenbild", S. 105.
702 Böckenförde, NJW 1974, 1529 (1537); ders., Staat, Verfassung, Demokratie, S. 143; ders., in: Augsberg/Unger (Hrsg.), Basistexte: Grundrechtstheorie, S. 15 (35).
703 Merten, in: Merten/Papier (Hrsg.), HbGR II, § 27 Rn. 5.
704 BVerfGE 37, 271 (280). Siehe auch Kloepfer, Verfassungsrecht II, § 46 Rn. 1.
705 Baruzzi, Europäisches „Menschenbild", S. 105.
706 Huber, Jura 1998, 505 (507).
707 Huber, Jura 1998, 505 (507).
708 So u.a. Höfling, in: Sachs (Hrsg.), GG, Art 1 Rn. 6.
709 Geiger, in: FS Faller, S. 3 (5).
710 Geiger, in: FS Faller, S. 3 (5).

ist eine „Handlungsanweisung an den Menschen", die verbindlich ist und (b) der Mensch stellt „das Richtmaß" für die ganze Ordnung, öffentlich und privat, dar.[711]

Es stellt sich aber die Frage, welchen Inhalt die Menschenwürdegarantie genau hat. Die Würde des Menschen ist schwierig zu bestimmen, weil viele verschiedene Vorstellungen von Menschenwürde in einer pluralistischen Gesellschaft bestehen.[712] Sowohl in der Rechtsprechung als auch in der Literatur findet man aber Definitionsversuche. Der BayVerfGH bestimmt den Inhalt der Menschenwürde positiv: „Der Mensch als Person ist Träger höchster geistig-sittlicher Werte und verkörpert einen sittlichen Eigenwert, der unverlierbar und auch jedem Anspruch der Gemeinschaft, insbesondere allen rechtlichen und politischen Zugriffen des Staates und der Gesellschaft gegenüber eigenständig und unantastbar ist. Würde [...] ist dieser innere und zugleich soziale Wert- und Achtungsanspruch, der dem Menschen um dessentwillen zukommt."[713] In der Literatur gibt es verschiedene positive Definitionsversuche wie die Werttheorien, die Leistungstheorien und die Kommunikationstheorie.[714] Gemeinsam ist allen positiven Bestimmungen, dass der Würdeschutz nicht von den in concreto bestehenden Fähigkeiten des Einzelnen abhängig sein darf, sondern allen Menschen zusteht.[715]

Da eine positive Bestimmung faktisch keine vollständige Definition darstellen kann, wird nach h.M. der Begriff der Menschenwürde durch die von *Dürig* entwickelte „Objektformel" bestimmt.[716] Die Menschenwürde wird also verletzt, „wenn der konkrete Mensch zum Objekt, zu einem bloßen Mittel, zur vertretbaren Größe herabgewürdigt wird"[717] – das deutet parallel an,

711 Geiger, in: FS Faller, S. 3 (5).

712 Kloepfer, Verfassungsrecht II, § 55 Rn. 4.

713 BayVerfGH N.F. 1, 29 (32). Siehe dazu auch Huber, Jura 1998, 505 (507).

714 Zu diesen Theorien siehe Kloepfer, Verfassungsrecht II, § 55 Rn. 8; Schmidt, Grundrechte, Rn. 232; Herdegen, in: Maunz/Dürig, GG, Art. 1 Abs. 1 Rn. 34; Teifke, Das Prinzip Menschenwürde, S. 46 ff.

715 Kloepfer, Verfassungsrecht II, § 55 Rn. 9 im Anschluss an BVerfGE 87, 209 (228); 96, 375 (399); 115, 118 (152); Dreier, in: Dreier (Hrsg.), GG I, Art. 1 Abs. 1 Rn. 66; Herdegen, in: Maunz/Dürig, GG, Art. 1 Abs. 1 Rn. 32, 48.

716 Kloepfer, Verfassungsrecht II, § 55 Rn. 7, 10.

717 Dürig, in: Maunz/Dürig (Hrsg.), Grundgesetz Sonderdruck, Art. 1 Abs. I Rn. 28, 34. Vgl. ders., AöR 81 (1956), 117 (127). Siehe auch Kloepfer, Verfassungsrecht II, § 55 Rn. 10.

dass der Mensch auch nicht zum Objekt des Kollektivs degradiert werden darf.[718]

Die Verwandtschaft der „Objektformel" mit der zweiten Formel des kategorischen Imperativs von *Kant* ist offensichtlich:[719] „Handle so, dass du die Menschheit, sowohl in deiner Person, als in der Person eines jeden andern, jederzeit zugleich als Zweck, niemals bloß als Mittel brauchest."[720]

Die „Objektformel" wird zwar vom BVerfG angenommen,[721] aber auch teilweise durch den Maßstab der „Erniedrigung" konkretisiert:[722] Nach dem Gericht bedeutet der Schutz der Menschenwürde durch den Staat (Art. 1 Abs. 2 GG) „Schutz gegen Angriffe auf die Menschenwürde durch andere, wie Erniedrigung, Brandmarkung, Verfolgung, Ächtung usw."[723] Die folgende Rechtsprechung ist besonders bemerkenswert: „Was den in Art. 1 GG genannten Grundsatz der Unantastbarkeit der Menschenwürde anlangt, der nach Art. 79 Abs. 3 GG durch eine Verfassungsänderung nicht berührt werden darf, so hängt alles von der Festlegung ab, unter welchen Umständen die Menschenwürde verletzt sein kann. Offenbar läßt sich das nicht generell sagen, sondern immer nur in Ansehung des konkreten Falles. Allgemeine Formeln wie die, der Mensch dürfe nicht zum bloßen Objekt der Staatsgewalt herabgewürdigt werden, können lediglich die Richtung andeuten, in der Fälle der Verletzung der Menschenwürde gefunden werden können. Der Mensch ist nicht selten bloßes Objekt nicht nur der Verhältnisse und der gesellschaftlichen Entwicklung, sondern auch des Rechts, insofern er ohne Rücksicht auf seine Interessen sich fügen muß. Eine Verletzung der Menschenwürde kann darin allein nicht gefunden werden. Hinzukommen muß, daß er einer Behandlung ausgesetzt wird, die seine Subjektqualität prinzipiell in Frage stellt, oder daß in der Behandlung im konkreten Fall eine willkürliche Mißachtung der Würde des Menschen liegt. Die Behandlung des Menschen durch die öffentliche Hand, die das Gesetz vollzieht, muß also, wenn sie die Menschenwürde berühren soll, Ausdruck der Verachtung des Wertes, der

---

718 Dürig, JR 1952, 259 (259): „Dieser Wertträger Mensch, von dem das GG ausgeht, ist nicht der zum Objekt des Kollektivs degradierte Mensch des verflossenen Systems".

719 Vgl. Teifke, Das Prinzip Menschenwürde, S. 9, 42 f.

720 Kant, Grundlegung zur Metaphysik der Sitten, S. 44, Rn. 49.

721 Siehe u.a. BVerfGE 9, 89 (95); 27, 1 (6); 28, 386 (391), 45, 187 (228).

722 Siehe ausführlich Kloepfer, Verfassungsrecht II, § 55 Rn. 10 f.; Herdegen, in: Maunz/Dürig, GG, Art. 1 Abs. 1 Rn. 36 f.; Teifke, Das Prinzip Menschenwürde, S. 9 ff., 13 ff.

723 BVerfGE 1, 97 (104).

dem Menschen kraft seines Personseins zukommt, also in diesem Sinne eine ‚verächtliche Behandlung' sein."[724]

Auf jeden Fall führen alle Definitionsversuche zum „grundsätzlichen Respekt des Staates vor dem individuellen und selbstbestimmten und -bestimmbaren Lebensentwurf."[725] Dieser Respekt würde aber „substanzarm" bleiben, wenn er konkrete Lebensbereiche nicht betreffen und das heißt, wenn das Grundgesetz Grundrechtsgewährleistungen nicht enthalten würde.[726]

cc) Grundrechte als „vorstaatliche" Rechte

Mit anderen Worten: Die Menschenwürde stellt die Grundlage dar, auf der die meisten Grundrechte beruhen.[727] Art. 1 Abs. 2 und 3 GG betonen: „Das Deutsche Volk bekennt sich darum zu unverletzlichen und unveräußerlichen Menschenrechten als Grundlage jeder menschlichen Gemeinschaft, des Friedens und der Gerechtigkeit in der Welt (Abs. 2). Die nachfolgenden Grundrechte binden Gesetzgebung, vollziehende Gewalt und Rechtsprechung als unmittelbar geltendes Recht (Abs. 3)". Die Grundrechte werden somit „zur Grundlage und zum Maßstab für die Ausübung aller Staatsgewalt",[728] sie werden als „vorstaatliche" und „überpositive" Rechte angesehen, die alle staatliche Gewalt begrenzen.[729] Wie *Geiger* zutreffend formuliert: „Nicht der Staat bestimmt, ob und wie der Mensch von seinen Grundrechten Gebrauch machen darf, sondern die Grundrechte des Menschen bestimmen, was der Staat tun, insbesondere was er nicht tun darf."[730] Dass die Grundrechte des Menschen nicht zur Disposition des Gesetzgebers stehen, belegt auch Art. 19 Abs. 2 GG, der vorschreibt, dass ein Grundrecht in seinem Wesensgehalt nicht angetastet werden darf.[731]

---

724 BVerfGE 30, 1 (25 f.). Siehe auch BVerfGE 109, 279 (311 ff.); 115, 118 (153). Ausführlich zu dieser Rechtsprechung siehe Kloepfer, Verfassungsrecht II, § 55 Rn. 10 f.; Teifke, Das Prinzip Menschenwürde, S. 13 ff.

725 Huber, Jura 1998, 505 (507). Vgl. Gröschner, in: Bavastro (Hrsg.), Individualität und Ethik, S. 15 (18), auf den auch *Huber* verweist und der von „Entwurfsvermögen" spricht.

726 Huber, Jura 1998, 505 (507).

727 Kloepfer, Verfassungsrecht II, § 55 Rn. 2.

728 Kingreen/Poscher, Grundrechte, Rn. 44.

729 Geiger, in: FS Faller, S. 3 (5 f.).

730 Geiger, in: FS Faller, S. 3 (6). Vgl. Huber, Staat und Wissenschaft, S. 60, nach dem das „rechtsstaatliche Verteilungsprinzip" „für alle Bereiche grundrechtlich geschützter Selbstbestimmung gilt".

731 Geiger, in: FS Faller, S. 3 (6).

Vorstaatlichkeit der Grundrechte bedeutet mit anderen Worten die „Rechtfertigungsbedürftigkeit ihrer Beschränkung“ und dass ihre Ausübung gegenüber dem Staat nicht gerechtfertigt werden muss.[732] Aus der Vorstaatlichkeit der Grundrechte ergibt sich „die Freiheit zur Beliebigkeit“,[733] die sowohl die Freiheit der Wahl von Handlungsalternativen[734] als auch die negative Freiheit impliziert, nämlich zur Nichtausübung der Grundrechte.[735] Die „Freiheit zur Beliebigkeit“ bedeutet aber nicht, dass der Grundrechtsträger selbst definieren kann, was in den Schutzbereich des jeweiligen Grundrechts fällt.[736] „Welchen Schutz der jeweilige Lebensbereich bzw. die jeweilige Freiheitsausübung erhalten soll, hat der Grundgesetzgeber durch die verschiedenen – unterschiedlich stark geschützten – Freiheitsbereiche selbst wertend festgelegt.“[737] Nur innerhalb dieses Schutzbereichs gibt es die „Freiheit der Beliebigkeit“.[738]

dd) Demokratiegebundene Grundrechte?

(1) Das liberale Verständnis der Kommunikationsgrundrechte

Auch das Bundesverfassungsgericht betont den (Haupt-)Charakter der Grundrechte als Abwehrrechte und begründet ihn auf „der geistesgeschichtlichen Entwicklung der Grundrechtsidee“ und „den geschichtlichen Vorgängen, die zur Aufnahme von Grundrechten in die Verfassungen der einzelnen Staaten geführt haben.“[739] Es betont, dass auch die Grundrechte des Grundgesetzes denselben Sinn haben, weil das Grundgesetz „mit der Voranstellung des Grundrechtsabschnitts den Vorrang des Menschen und seiner Würde gegenüber der Macht des Staates betonen wollte.“[740]

---

732 Kingreen/Poscher, Grundrechte, Rn. 44. Vgl. Huber, Staat und Wissenschaft, S. 60 f., für die Wissenschaftsfreiheit: „Wissenschaftliche Forschung und Lehre sind grundsätzlich frei, ihre gesetzliche, administrative oder judikative Beschränkung die – rechtfertigungsbedürftige – Ausnahme“.

733 Flitsch, Die Funktionalisierung der Kommunikationsgrundrechte, S. 35 m.w.N.; Klein, Die Grundrechte im demokratischen Staat, S. 10; Ossenbühl, in: Merten/Papier (Hrsg.), HbGR I, § 15 Rn. 51.

734 Flitsch, Die Funktionalisierung der Kommunikationsgrundrechte, S. 35 f. m.w.N.

735 Flitsch, Die Funktionalisierung der Kommunikationsgrundrechte, S. 36 m.w.N.

736 Flitsch, Die Funktionalisierung der Kommunikationsgrundrechte, S. 35, Fn. 79.

737 Flitsch, Die Funktionalisierung der Kommunikationsgrundrechte, S. 35, Fn. 79.

738 Flitsch, Die Funktionalisierung der Kommunikationsgrundrechte, S. 35, Fn. 79, der weiter zum Problem des „Selbstverständnisses des Grundrechtsträgers“ auf Höfling, Offene Grundrechtsinterpretation, S. 21 ff. und passim, verweist.

739 Siehe BVerfGE 7, 198 (204 f.).

740 BVerfGE 7, 198 (205).

Versteht das Grundgesetz die Grundrechte primär als subjektive Abwehrrechte, dann dürfen die Kommunikationsgrundrechte, die faktische[741] Bedeutung für die Demokratie haben wie die Meinungsfreiheit und die Versammlungsfreiheit, aufgrund dieser Bedeutung inhaltlich nicht begrenzt werden.[742] Im Rahmen der liberalen Betrachtung der Grundrechte wird bewußt davon abgesehen.[743] Die Motive und die Zwecke des Grundrechtsträgers dürfen nicht durch den Staat rechtlich bewertet werden.[744] So ist z. B. die Privilegierung der Ausübung des Grundrechts der Meinungsfreiheit, die zur Bildung der öffentlichen Meinung beiträgt, gegenüber derjenigen Ausübung zu privaten Zielen unzulässig.[745] Auch der Schutzbereich der Versammlungsfreiheit darf als „Sicherung der individuellen Persönlichkeitsverwirklichung“[746] nicht auf öffentliche bzw. politische Versammlungen eingeengt werden.[747]

(2) Die demokratisch-funktionale Betrachtung der Kommunikationsgrundrechte durch das Bundesverfassungsgericht

Ungeachtet dessen sieht das Gericht die Freiheit der Bildung der öffentlichen Meinung wegen ihrer Bedeutung für die Demokratie als durch Art. 5 GG mitgarantiert an[748] und funktionalisiert die Kommunikationsgrundrechte, in dem es die freie öffentliche Meinungsbildung zum „objektiven Zweck“ emporhebt, „der durch die individuelle Freiheitsgewährleistung erreicht werden soll.“[749] So

741 Vgl. Unger, Das Verfassungsprinzip der Demokratie, S. 240.

742 Böckenförde, NJW 1974, 1529 (1531); ders., Staat, Verfassung, Demokratie, S. 121; ders., in: Augsberg/Unger (Hrsg.), Basistexte: Grundrechtstheorie, S. 15 (19).

743 Böckenförde, NJW 1974, 1529 (1531); ders., Staat, Verfassung, Demokratie, S. 121; ders., in: Augsberg/Unger (Hrsg.), Basistexte: Grundrechtstheorie, S. 15 (19).

744 Böckenförde, NJW 1974, 1529 (1530 f.); ders., Staat, Verfassung, Demokratie, S. 120; ders., in: Augsberg/Unger (Hrsg.), Basistexte: Grundrechtstheorie, S. 15 (19).

745 Böckenförde, NJW 1974, 1529 (1531); ders., Staat, Verfassung, Demokratie, S. 120 f.; ders., in: Augsberg/Unger (Hrsg.), Basistexte: Grundrechtstheorie, S. 15 (19).

746 Flitsch, Die Funktionalisierung der Kommunikationsgrundrechte, S. 119. So auch Schulze-Fielitz, in: Dreier (Hrsg.), GG I, Art. 8 Rn. 15.

747 Flitsch, Die Funktionalisierung der Kommunikationsgrundrechte, S. 120; Kingreen/Poscher, Grundrechte, Rn. 811; Geck, DVBl., 1980, 797 (802 f.); Müller, Wirkungsbereich und Schranken der Versammlungsfreiheit, S. 47 ff.; Schulze-Fielitz, in: Dreier (Hrsg.), GG I, Art. 8 Rn. 15 ff.

748 BVerfGE 8, 104 (112). Zu diesem Urteil siehe Flitsch, Die Funktionalisierung der Kommunikationsgrundrechte, S. 68.

749 Flitsch, Die Funktionalisierung der Kommunikationsgrundrechte, S. 154 f. Zur Funktionalisierung der Kommunikationsgrundrechte durch das Bundesverfassungsgericht

unterscheidet das Gericht zwischen „öffentlicher“ und „privater“ Freiheit,[750] zwischen „funktionsdienlichem“ und „nicht funktionsdienlichem“ Grundrechtsgebrauch, wobei als Funktion der Beitrag zur öffentlichen Meinungsbildung angesehen wird.[751]

In Bezug auf das Grundrecht der Meinungsäußerungsfreiheit wird die funktionsdienliche Grundrechtsausübung sowohl gegenüber der nicht funktionsdienlichen Grundrechtsausübung als auch in ihrer Beziehung mit anderen grundrechtlich geschützten Rechtsgütern (insbesondere der persönlichen Ehre) privilegiert:[752] „Der Schutz des privaten Rechtsguts kann und muß um so mehr zurücktreten, je mehr es sich nicht um eine unmittelbar gegen dieses Rechtsgut gerichtete Äußerung im privaten, namentlich im wirtschaftlichen Verkehr und in Verfolgung eigennütziger Ziele, sondern um einen Beitrag zum geistigen Meinungskampf in einer die Öffentlichkeit wesentlich berührenden Frage durch einen dazu Legitimierten handelt; hier spricht die Vermutung für die Zulässigkeit der freien Rede.“[753] Nach dem Gericht bedürfen Abweichungen von der Vermutung „einer Begründung, die der konstitutiven Bedeutung der Meinungsfreiheit für die Demokratie, in der die Vermutungsregel wurzelt, Rechnung trägt“.[754]

In der Literatur wird aber zutreffend betont, dass das Grundgesetz die Meinungsfreiheit nicht nur zur Verfolgung öffentlicher Ziele, sondern auch zur Verfolgung von Privatzielen gewährleistet.[755] Die Meinungsfreiheit stellt zwar das Fundament der Demokratie dar, das Grundgesetz erlaubt aber keine unterschiedliche rechtliche Bewertung im Hinblick auf den jeweiligen Inhalt und Zweck der Grundrechtsausübung.[756]

---

siehe ausführlich Flitsch, Die Funktionalisierung der Kommunikationsgrundrechte, S. 66 ff.

750 Klein, Der Staat 10 (1971), 145 (145 ff.); Flitsch, Die Funktionalisierung der Kommunikationsgrundrechte, S. 103.

751 Flitsch, Die Funktionalisierung der Kommunikationsgrundrechte, S. 103.

752 Siehe ausführlich Flitsch, Die Funktionalisierung der Kommunikationsgrundrechte, S. 104 f.; Schneider, Pressefreiheit und Staatssicherheit, S. 143 ff.

753 BVerfGE 7, 198 (212).

754 BVerfGE 93, 266 (295).

755 Siehe u.a. Stark, Ehrenschutz in Deutschland, S. 114; Mackeprang, Ehrenschutz im Verfassungsstaat, S. 145 f.; Schmitt Glaeser, JZ 1983, 95 (98); ders. AöR 113 (1988), 52 (55); Stern, in: FS Hübner zum 70. Geburtstag, S. 815 (818).

756 Mackeprang, Ehrenschutz im Verfassungsstaat, S. 146; Schmitt Glaeser, AöR 113 (1988), 52 (55); von der Decken, Meinungsäusserungsfreiheit und Ehrenschutz, S. 178 ff.; Klein, Der Staat 10 (1971), 145 (166).

Die Meinungsäußerungsfreiheit ist jedoch nicht der einzige Gegenstand einer durch das Bundesverfassungsgericht ausgeführten demokratisch-funktionalen Interpretation. Auch das Grundrecht der Versammlungsfreiheit wird funktional mit der öffentlichen Meinungsbildung verbunden. Schon im Brokdorf-Beschluss wird Art. 8 Abs. 1 GG als eine Komplementärnorm zu Art. 5 Abs. 1 GG angesehen.[757] So betont das Gericht, dass Art. 8 GG Versammlungen und Aufzüge „als Ausdruck gemeinschaftlicher, auf Kommunikation angelegter Entfaltung" schütze.[758] Folglich versteht es die Versammlungsfreiheit auch als „Freiheit zur kollektiven Meinungskundgabe."[759] Der Bezug des Art. 8 GG zu Art. 5 Abs. 1 GG bestimmt jedoch für das Gericht das Ausmaß des Schutzbereichs des Art. 8 GG.[760] Das wird insbesondere im Sitzblockaden-III-Beschluss erkennbar, in dem die Verbindung des Grundrechts der Versammlungsfreiheit mit der öffentlichen Meinungsbildung zur teleologischen Reduktion seines Schutzbereichs führte: Die nicht funktionsdienliche Betätigung wird nicht geschützt.[761] Das Gericht hebt Folgendes hervor: „Art. 8 GG schützt die Freiheit der Versammlung als Ausdruck gemeinschaftlicher, auf Kommunikation angelegter Entfaltung [...]. Der besondere Schutz der Versammlungsfreiheit beruht auf ihrer Bedeutung für den Prozess öffentlicher Meinungsbildung in der freiheitlichen demokratischen Ordnung des Grundgesetzes. Der Schutz reicht daher über den der allgemeinen Entfaltungsfreiheit des Art. 2 Abs. 1 GG hinaus. Die Grundrechtsausübung unterliegt insbesondere nur den in Art. 8 Abs. 2 GG vorgesehenen Schranken. Dieses auf kollektive Meinungsäußerung gerichtete Grundrecht kommt Mehrheiten wie Minderheiten zugute und verschafft auch denen Möglichkeiten zur Äußerung in einer größeren Öffentlichkeit, denen der direkte Zugang zu den Medien versperrt ist [...]. Für die Eröffnung des Schutzbereichs reicht es wegen seines Bezugs auf den Prozess öffentlicher Meinungsbildung nicht aus, dass die Teilnehmer bei ihrer gemeinschaftlichen kommunikativen Entfaltung durch einen beliebigen Zweck verbunden sind. Vorausgesetzt ist vielmehr zusätzlich, dass die Zusammenkunft auf die Teilhabe an der öffentlichen Meinungsbildung gerichtet ist. Versammlungen im Sinne des Art. 8 GG sind

757 Flitsch, Die Funktionalisierung der Kommunikationsgrundrechte, S. 120 m.w.N.

758 BVerfGE 69, 315 (343). Siehe auch Flitsch, Die Funktionalisierung der Kommunikationsgrundrechte, S. 120.

759 BVerfGE 69, 315 (345). Siehe auch Flitsch, Die Funktionalisierung der Kommunikationsgrundrechte, S. 120.

760 Flitsch, Die Funktionalisierung der Kommunikationsgrundrechte, S. 120.

761 Vgl. Flitsch, Die Funktionalisierung der Kommunikationsgrundrechte, S. 123.

demnach örtliche Zusammenkünfte mehrerer Personen zur gemeinschaftlichen, auf die Teilhabe an der öffentlichen Meinungsbildung gerichteten Erörterung oder Kundgebung."[762]

Gegen die teleologische Reduktion des Schutzbereichs der Versammlungsfreiheit wird zutreffend hervorgebracht, dass zwar geschichtlich die politischen Versammlungen Schutz gegen den Staat bedürften, durch die Reduktion des Schutzbereichs wird aber nichts gewonnen, sondern es geht vielmehr der Schutz für private Versammlungen verloren.[763]

Gegenstand einer demokratisch-funktionalen Interpretation ist aber auch die Rundfunkfreiheit. Das Bundesverfassungsgericht betont, dass es bei ihr nicht um ein Grundrecht gehe, „das seinem Träger zum Zweck der Persönlichkeitsentfaltung oder Interessenverfolgung eingeräumt ist. Die Rundfunkfreiheit ist vielmehr eine dienende Freiheit. Sie dient der freien individuellen und öffentlichen Meinungsbildung. [...] Der Rundfunk bedarf vielmehr einer gesetzlichen Ordnung, die sicherstellt, daß er den verfassungsrechtlich vorausgesetzten Dienst leistet."[764]

Gegen diese Rechtsprechung, die die Gesetzesakzessorietät der subjektiven Berechtigung der Rundfunkveranstaltungsfreiheit impliziert,[765] wird unter anderem zutreffend vorgebracht, dass das Grundgesetz die Freiheit als „Selbstzweck" ansieht, was sich vor allem aus dem Prinzip der Menschenwürde ergibt und den Unterschied zwischen subjektiven Rechten und Kompetenzen beschreibt.[766]

Im Allgemeinen und unabhängig davon, dass die Freiheit im Grundgesetz „um ihrer selbst willen" gewährleistet wird,[767] ist die Unterscheidung zwischen „privat" und „öffentlich" nicht gewiss.[768] Das hat auch das Bundesverfassungsgericht

---

762 BVerfGE 104, 92 (104). Zu diesem Beschluss siehe Murswiek, Der Staat 45 (2006), 473 (480 f.); Rusteberg, Der grundrechtliche Gewährleistungsgehalt, S. 136 f.

763 Flitsch, Die Funktionalisierung der Kommunikationsgrundrechte, S. 122 f. m.w.N. Vgl. Kingreen/Poscher, Grundrechte, Rn. 810.

764 BVerfGE 87, 181 (197 f.). Siehe auch BVerfGE 83, 238 (315); BVerfGE 57, 295 (319 ff.). Zu diesen Entscheidungen siehe ausführlich Flitsch, Die Funktionalisierung der Kommunikationsgrundrechte, S. 137 ff.

765 Flitsch, Die Funktionalisierung der Kommunikationsgrundrechte, S. 139 f.; Bethge, Rundfunkfreiheit und privater Rundfunk, S. 28.

766 Hartmann, JZ 2016, 18 (22).

767 Böckenförde, NJW 1974, 1529 (1537 f.); ders., Staat, Verfassung, Demokratie, S. 143; ders., in: Augsberg/Unger (Hrsg.), Basistexte: Grundrechtstheorie, S. 15 (36).

768 So für die Versammlungsfreiheit Flitsch, Die Funktionalisierung der Kommunikationsgrundrechte, S. 122.

in Bezug auf die Versammlungsfreiheit anerkannt, indem es eine Veranstaltung für Versammlung hält, wenn es Zweifel darüber gibt, ob diese auf die Teilhabe an der öffentlichen Meinungsbildung gerichtet ist (Zweifelsregel).[769] Tatsächlich tragen die Kommunikationsgrundrechte zur öffentlichen Meinungsbildung bei und demzufolge haben sie wesentliche Bedeutung für die Demokratie. Diese Bedeutung stellt aber kein hinreichendes Kriterium zur Qualifizierung der Kommunikationsgrundrechte als politische bzw. demokratische Grundrechte dar.[770] Die politischen Grundrechte sind eng auszulegen, denn sie werden dadurch gekennzeichnet, „dass sie den Grundrechtsberechtigenden in die Lage versetzen, durch ihre Haltung gezielt Änderungen der Rechtslage herbeizuführen."[771] Das gilt aber nicht für die Kommunikationsgrundrechte.[772]

Anstatt zur demokratisch-funktionalen Betrachtung zu führen, könnte die demokratische Bedeutung der Kommunikationsgrundrechte durch die Anerkennung von staatlichen Schutzpflichten rechtlich berücksichtigt werden. Solche Schutzpflichten verstärken den subjektiv-rechtlichen Charakter der Grundrechte, weil die Letzten nicht mehr nur Schutz „vor" dem Staat, sondern auch Schutz „durch" den Staat erreichen.[773]

(3) Exkurs: Die demokratisch-funktionale Betrachtung der Redefreiheit in den USA

Die demokratisch-funktionale Betrachtung der Kommunikationsgrundrechte ist freilich nicht eine Besonderheit der Rechtsprechung des Bundesverfassungsgerichts. Ähnliche Thesen findet man auch in den USA in Bezug auf die Redefreiheit, die vom Ersten Zusatzartikel[774] gewährleistet

769 BVerfGK NJW 2001, 2459 (2461). Zur „Zweifelsregel" siehe Hoffmann-Riem, in: Merten/Papier (Hrsg.), HbGR IV, § 106 Rn. 49; Höfling, in: Sachs (Hrsg.), GG, Art 8 Rn. 17.

770 Höfling, in: Sachs (Hrsg.), GG, Art 8 Rn. 9.

771 Höfling, in: Sachs (Hrsg.), GG Art 8 Rn. 10. Vgl. Art. 9 ThürVerf: „Jeder hat das Recht auf Mitgestaltung des politischen Lebens im Freistaat. Dieses Recht wird im Rahmen dieser Verfassung in Ausübung politischer Freiheitsrechte, insbesondere durch eine Mitwirkung in Parteien und Bürgerbewegungen wahrgenommen".

772 So für das Grundrecht der Versammlungsfreiheit Höfling, in: Sachs (Hrsg.), GG, Art 8 Rn. 10.

773 Flitsch, Die Funktionalisierung der Kommunikationsgrundrechte, S. 65.

774 Der Erste Zusatzartikel im Original: "Congress shall make no law respecting an establishment of religion, or prohibiting the free exercise thereof; or abridging the freedom of speech, or of the press; or the right of the people peaceably to assemble, and to petition the government for a redress of grievances".

wird.[775] Aus diesem Grund wird die Frage der demokratisch-funktionalen Betrachtung dieser Freiheit hier als Exkurs analysiert.

Der Erste Zusatzartikel besagt: „Der Kongreß darf kein Gesetz erlassen, das die Einführung einer Staatsreligion zum Gegenstand hat, die freie Religionsausübung verbietet, die Rede- oder Pressefreiheit oder das Recht des Volkes einschränkt, sich friedlich zu versammeln und die Regierung durch Petition um Abstellung von Mißständen zu ersuchen".

Die herrschende Meinung in den USA hebt die Bedeutung hervor, die die Redefreiheit für die Demokratie hat und unterstreicht, dass diese Freiheit angesichts ihrer Bedeutung vom Ersten Zusatzartikel geschützt wird.[776] Nach *Meiklejohn* werde die Redefreiheit von diesem Artikel zum Zweck der Unterstützung der demokratischen Selbstregierung (self-governement) geschützt.[777] Nach *Post* ist Hauptzweck des Ersten Zusatzartikels der Schutz des „öffentlichen Diskurses" (public debate).[778] Nach *Fiss* muss die Doktrin der Redefreiheit sich nicht auf den Schutz der Autonomie konzentrieren, sondern darauf, ob die Autonomie den öffentlichen Diskurs bereichert.[779]

Diese Betrachtung wurde aber von vielen so verstanden, dass nur die politische Rede durch den Ersten Zusatzartikel geschützt wird.[780] Unter anderem ist die Meinung von *Bork* bemerkenswert, der unterstreicht, dass nur die Rede, die „deutlich" (explicit) politisch ist, durch die Verfassung geschützt werden soll.[781] „Es gibt keine Grundlage für eine gerichtliche Intervention zum Schutz sonstiger Ausdrucksformen."[782]

Den ausschließlichen Schutz der politischen Rede durch den Ersten Zusatzartikel vertritt zwar der Supreme Court der Vereinigten Staaten nicht,[783] das

775 Brugger, Demokratie, Freiheit, Gleichheit, S. 263.

776 Zur herrschenden Meinung siehe ausführlich Chen, Hastings Law Journal 66 (2015), 381 (403–408); Tsesis, U. Ill. L. Rev. 2015, 1015 (1034–1038); Zolotas, Privatleben und Öffentlichkeit, S. 49–51.

777 Meiklejohn, Free Speech, S. 24 ff., 45 f.

778 Post, MICH. L. REV. 95 (1997), 1517 (1520 f.).

779 Fiss, IOWA L. REV. 71 (1986), 1405 (1410). Siehe auch Tsesis, U. Ill. L. Rev. 2015, 1015 (1037).

780 Siehe dazu ausführlich Chen, Hastings Law Journal 66 (2015), 381 (403 ff.); Chemerinsky, Constitutional Law, S. 971; Norbert, Das Demonstrationsrecht, S. 93.

781 Bork, Ind. L.J. 47 (1971), 1 (20).

782 Bork, Ind. L.J. 47 (1971), 1 (20).

783 Zur Rechtsprechung des Supreme Courts der USA zu der politischen Rede siehe ausführlich Chemerinsky, Constitutional Law, S. 971, 1123 f.; Robbins, Federal Courts Law Review 7 (2013), 127 (136 ff.).

Gericht hebt aber hervor, dass ein Hauptzweck dieses Artikels „der Schutz der freien Diskussion der Regierungsangelegenheiten" war[784] und stellt die jeweiligen Einschränkungen der politischen Rede wegen ihrer Bedeutung für die Demokratie unter strengste Kontrolle.[785] Bemerkenswert ist der Fall *Brown v. Hartlage*, wobei das Gericht betonte, dass der Erste Zusatzartikel sicher verlangt, dass die Einschränkung des Ideenangebots von einem Kandidaten zu den Wählern nicht nur von einem legitimen Interesse des Staates „bewiesenermaßen" unterstützt wird, sondern auch von einem dringenden Interesse und dass sie das erforderliche Maß nicht überschreitet.[786] Diese Kontrolle führt aber nicht immer dazu, dass alle Einschränkungen der politischen Rede für verfassungswidrig gehalten werden.[787]

Die demokratisch-funktionale Betrachtung der Redefreiheit wird aber von denjenigen kritisiert, die die Förderung der individuellen Autonomie als Funktion der Redefreiheit sehen und demzufolge auch die private Rede für geschützt halten, weil sie mit der politischen Rede gleichwertig sei.[788] Eine Betrachtung der Redefreiheit müsse sich nicht auf die „instrumentalen Werte des Ausdrucks" konzertieren, sondern auf die Bedeutung, die der Ausdruck in sich selbst habe.[789] Vertreter der liberalen Betrachtung der Redefreiheit sind unter anderem *Redish*, der die „individuelle Selbstrealisierung" (individual self-realization) als den „einzig echten Wert" anerkennt,[790] während auch die Auffassung des Richters *Marshall* bemerkenswert ist, der unterstreicht: „Der erste Zusatzartikel dient nicht nur den Bedürfnissen des Staatswesens, sondern auch diesen des menschlichen Geistes – eines Geistes, der Selbstdarstellung verlangt."[791]

784 Mills v. Alabama, 384 U.S. 214, 218 f. (1966).

785 Robbins, Federal Courts Law Review 7 (2013), 127 (136).

786 456 U.S. 45, 53 f. (1982). Siehe auch Citizens United v. Federal Election Commission, 558 U.S. 310, 340 (2010).

787 Siehe Chemerinsky, Constitutional Law, S. 1124, der auf 504 U.S. 191, 211 (1992) verweist.

788 Zur liberalen Betrachtung der Redefreiheit siehe ausführlich Chemerinsky, Constitutional Law, S. 969 f., 973; Zolotas, Privatleben und Öffentlichkeit, S. 51 f.

789 Siehe dazu Chemerinsky, Constitutional Law, S. 973.

790 Redish, U. Pa. L. Rev. 130 (1982), 591 (593).

791 Procunier v. Martinez, 416 U.S. 396, 427 (1974).

III. Die Gemeinschaftsbezogenheit der grundrechtlichen Freiheit

1. Allgemeines zur Beziehung zwischen Freiheit und Gemeinschaft

Dass das Grundgesetz vom liberalen Grundrechtsverständnis beseelt ist, bedeutet nicht, dass die „Freiheit der Beliebigkeit" auch als Freiheit der Verantwortungslosigkeit verstanden werden kann.[792] Es ist Kennzeichen des modernen Verfassungsrechts, dass es neben dem Grundrecht als Abwehrrecht auch die Notwendigkeit der normativen Gewichtung und Bewertung der Freiheitsausübung anerkennt.[793] „Wer über die Freiheit spricht, muß das Angewiesensein eines jeden Menschen auf Gemeinschaft mitdenken, damit er nicht der moralisierenden Gewalt der zweiwertigen Setzung erliegt", formuliert zutreffend *Di Fabio.*[794] Diese Tatsache berücksichtigt die Rechtsprechung des Bundesverfassungsgerichts zum Menschenbild im Grundgesetz.[795]

In der Menschenbild-Formel des Bundesverfassungsgerichts findet man freilich „sozialethische Spurenelemente":[796] „Das Menschenbild des Grundgesetzes ist nicht das eines isolierten souveränen Individuums; das Grundgesetz hat vielmehr die Spannung Individuum – Gemeinschaft im Sinne der Gemeinschaftsbezogenheit und Gemeinschaftsgebundenheit der Person entschieden, ohne dabei deren Eigenwert anzutasten. Das ergibt sich insbesondere aus einer Gesamtsicht der Art. 1, 2, 12, 14, 15, 19 und 20 GG. Dies heißt aber: Der Einzelne muß sich diejenigen Schranken seiner Handlungsfreiheit gefallen lassen, die der Gesetzgeber zur Pflege und Förderung des sozialen Zusammenlebens in den Grenzen des bei dem gegebenen Sachverhalt allgemein Zumutbaren zieht, vorausgesetzt, daß dabei die Eigenständigkeit der Person gewahrt bleibt."[797]

Dieses vom BVerfG formulierte Menschenbild stellt seither eine grundsätzlich selbstverständliche Basis sowohl der Auslegung als auch der Anwendung nicht nur des Verfassungsrechts, sondern auch des einfachen Rechts dar.[798] Es

792 Vgl. Flitsch, Die Funktionalisierung der Kommunikationsgrundrechte, S. 38 m.w.N.
793 Di Fabio, in: Merten/Papier (Hrsg.), HbGR II, § 46 Rn. 43.
794 Di Fabio, in: Merten/Papier (Hrsg.), HbGR II, § 46 Rn. 43.
795 Di Fabio, in: Merten/Papier (Hrsg.), HbGR II, § 46 Rn. 43.
796 Häberle, Das Menschenbild im Verfassungsstaat, S. 47.
797 BVerfGE 4, 7 (15 f.).
798 Kopp, in: FS Obermayer zum 70. Geburtstag, S. 53 (54 f.).

geht um eine ständige Rechtsprechung,[799] die von anderen Gerichten angenommen wird[800] und eine „freiheitsbegrenzende Funktion" erzeugt.[801] Eine interessante Variante findet man in der Entscheidung zur Wehrdienstverweigerung:[802] „Das Grundgesetz ist eine wertgebundene Ordnung, die den Schutz von Freiheit und Menschenwürde als den obersten Zweck allen Rechts erkennt; sein Menschenbild ist nicht das des selbstherrlichen Individuums, sondern das der in der Gemeinschaft stehenden und ihr vielfältig verpflichteten Persönlichkeit."[803]

Anhand der Menschenbild-Formel des Bundesverfassungsgerichts leuchtet ein, dass kein Grundrecht des Menschen unbeschränkt sein kann, dass auch das vorbehaltlose Grundrecht „eine ihm immanente Schranke" hat und demzufolge, dass niemand durch die Grundrechtsausübung das Zusammenleben in der Gesellschaft sprengen und die Rechte der anderen verletzen darf.[804]

2. Die allgemeinen Missbrauchsgrenzen des Grundgesetzes

a) Allgemeines zum Missbrauch von Freiheitsrechten

Die Gemeinschaft setzt ihre Belange im Grundrechtssystem grundsätzlich über grundrechtsbeschränkende Gesetze.[805] Jedoch haben die Freiheitsrechte des Grundgesetzes auch immanente Grenzen, die die Gemeinschaftsbezogenheit der grundrechtlichen Freiheit ausdrücken. Solche Grenzen haben nicht den Charakter einer positiven Pflicht des Beitrags zur Gemeinschaft über die Freiheitsrechtsausübung, sondern bloß den Sinn des Ausschlusses derjenigen Verhalten aus dem Schutzbereich der Freiheitsrechte,[806] die konkrete (darzustellende) Schutzgüter anderer Grundrechtsträger, der Allgemeinheit oder

799 Siehe u.a. BVerfGE 45, 187 (227); 50, 166 (175). Siehe ausführlich Häberle, Das Menschenbild im Verfassungsstaat, S. 49.

800 Siehe z.B. BayVerfGH 21, 59 (64). Siehe auch Kopp, in: FS Obermayer zum 70. Geburtstag, S. 53 (54).

801 Häberle, Das Menschenbild im Verfassungsstaat, S. 50.

802 Siehe Varianten der Menschenbild-Formel in: Häberle, Das Menschenbild im Verfassungsstaat, S. 49.

803 BVerfGE 12, 45, (51). Siehe dazu Häberle, Das Menschenbild im Verfassungsstaat, S. 49; Rn. 26.

804 Geiger, in: FS Faller, S. 3 (6).

805 Volkmann, in: Merten/Papier (Hrsg.), HbGR II, § 32 Rn. 40.

806 Eine Idee, die auch *Volkmann* unterstützt. Siehe Volkmann, in: Merten/Papier (Hrsg.), HbGR II, § 32 Rn. 43.

des Staates beeinträchtigen.[807] Diese Grenzen widersprechen dem liberal-abwehrrechtlichen Charakter der Grundrechte nicht, denn die Freiheitsrechte werden nicht zu „öffentlichen Aufgaben" umgesetzt.[808] Sie implizieren aber die Möglichkeit scheinbarer Freiheitsrechtsausübung und damit die Existenz eines allgemeinen Missbrauchsvorbehalts bei den Freiheitsrechten. Der Missbrauch liegt eben in der Beeinträchtigung konkreter Schutzgüter anderer Grundrechtsträger, der Allgemeinheit oder des Staates.[809]

Mit den Fragen, welche Schutzgüter immanente Grenzen der Freiheitsrechte bilden und aus welchem Grund dieses gilt, beschäftigt sich die folgende Analyse. Die Aufzählung der Schutzgüter stützt sich im Prinzip auf die Aufzählung der „vorrangigen Interessen" anderer Grundrechtsträger,[810] der Allgemeinheit,[811] sowie der „schutzwürdigen Interessen" der staatlichen Gewalten,[812] die *Gallwas* in seiner Missbrauchslehre aufführt. Die folgende Argumentation weicht aber in vielen Fragen ab und versucht, die Schwächen der Lehre von *Gallwas* zu überwinden, wobei sie neuere Rechtsprechung und Literatur berücksichtigt.

---

807 Vgl. Gallwas, Der Mißbrauch von Grundrechten, S. 32 ff., sowie seine Definition zum Grundrechtsmissbrauch (S. 35): „Realisierung des freiheitlichen Gehaltes einer Grundrechtsformulierung zu Lasten eines am Grundrechtsverhältnis Beteiligten (anderer Grundrechtsträger, Allgemeinheit oder Staat), sofern das jeweils verletzte Interesse durch eine höherrangige Verfassungsnorm, durch eine vorverfassungsrechtliche Grundidee oder durch einen überpositiven Rechtsgedanken objektiv erkennbar geschützt ist".

808 Vgl. Dagtoglou, in: Iliopoulos-Strangas (Hrsg.), Der Mißbrauch von Grundrechten in der Demokratie, S. 103 (106).

809 Vgl. Gallwas, Der Mißbrauch von Grundrechten, S. 35, der den Grundrechtsmissbrauch als „Realisierung des freiheitlichen Gehaltes einer Grundrechtsformulierung zu Lasten eines am Grundrechtsverhältnis Beteiligten (anderer Grundrechtsträger, Allgemeinheit oder Staat), sofern das jeweils verletzte Interesse durch eine höherrangige Verfassungsnorm, durch eine vorverfassungsrechtliche Grundidee oder durch einen überpositiven Rechtsgedanken objektiv erkennbar geschützt ist" definiert und danach betont, dass dieses Kriterium ausreicht, „um festzustellen, ob ein bestimmtes Tun oder Unterlassen Handeln ohne Grundrecht, unzulässige Grundrechtsausübung im Sinne der allgemeinen Mißbrauchslehre ist".

810 Gallwas, Der Mißbrauch von Grundrechten, S. 40 ff.

811 Gallwas, Der Mißbrauch von Grundrechten, S. 73 ff.

812 Gallwas, Der Mißbrauch von Grundrechten, S. 90 ff.

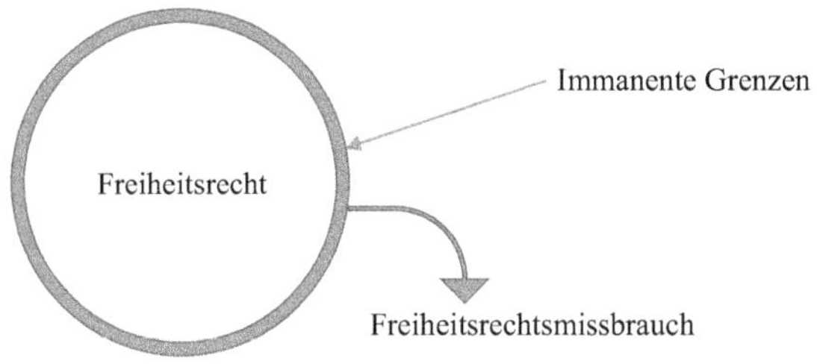

b) *Schutzgüter anderer Grundrechtsträger als Grenzen der Freiheitsrechte*

aa) Die Menschenwürde

Da die Menschenwürde den höchsten Rechtswert in der verfassungsmäßigen Ordnung darstellt,[813] sind Verhaltensweisen, die die Menschenwürde Dritter verletzen, a priori vom Schutz der Grundrechte ausgeschlossen.[814] Die Rechtsprechung des Bundesverfassungsgerichts zum Missbrauch des Grundrechts der Glaubensfreiheit ist hierbei zu begrüßen: „Aus dem Aufbau der grundrechtlichen Wertordnung, insbesondere der Würde der Person, ergibt sich, daß Mißbrauch namentlich dann vorliegt, wenn die Würde der Person anderer verletzt wird."[815]

In der Literatur wird aber betont, dass derjenige, der Menschenwürdeinteressen beeinträchtigt, ein ihm um der Menschenwürde verliehenes Recht konkretisiert und demzufolge zur Lösung solcher Kollisionsfälle der Rückgriff auf eine Interessenabwägung notwendig ist.[816] Bei dieser Abwägung seien Rangstufungen innerhalb der Verfassungsrechtsgüter zu beachten, könne auf zivilrechtliche Abwägungsgrundsätze zurückgegriffen werden und schließlich müsse beachtet werden, dass es kein evidentes Missverhältnis zwischen dem bezweckten Erfolg und dem zu erwartenden Schaden gebe.[817] Nur wenn sich das beeinträchtigende

---

813 Muckel, in: FS Schiedermair, S. 347 (356 f.), in Übereinstimmung mit Schiedermair, in: FS Stern zum 65. Geburtstag, S. 63 (63).

814 Muckel, in: FS Schiedermair, S. 347 (356); Zustimmend Tillmanns, in: Thiel (Hrsg.), Wehrhafte Demokratie, S. 25 (28).

815 BVerfGE 12, 1 (4 f.).

816 Gallwas, Der Mißbrauch von Grundrechten, S. 41 f., mit Verweis auf Häberle, Die Wesensgehaltgarantie, S. 31 ff.

817 Gallwas, Der Mißbrauch von Grundrechten, S. 42, mit Verweis auf Hubmann, AcP 155, 85 pass., vor allem 97 f. mit 101 f.; 103 f.; 114 f.; 125 f.

Interesse als überragend hinreichend erweise, dann sei ihm der Vorzug zu geben.[818]

Es ist unbezweifelt, dass ein Verstoß gegen die Menschenwürde bisweilen ohne eine Abwägung nicht festgestellt werden kann.[819] Diese Abwägung ist aber keine Abwägung auf der Schrankenebene, sondern eine Abwägung auf der Ebene des Schutzbereichs.[820] Nur die „Schutzbereichslösung" berücksichtigt den Charakter der Menschenwürde als Rechtsgut von überragendem Rang.[821] Denn es wird damit klargemacht, dass ein grundrechtlicher Schutz für Eingriffe in die Menschenwürde a priori ausgeschlossen ist.[822]

bb) Die Grundrechte anderer

Mit der Frage, ob die Grundrechte anderer eine immanente Grenze der Freiheitsrechte darstellen, hat sich die Literatur ausführlich beschäftigt.

Es wird zutreffend betont, dass es ein Grundrecht gibt, das wegen seines hohen Rangs und seiner zentralen Bedeutung als schutzbereichsimmanente Grenze der anderen Grundrechte anzusehen ist: das Grundrecht auf Leben.[823] Das menschliche Leben stellt die „physische Voraussetzung" von allen anderen Grundrechten dar[824] und demzufolge kann die Verletzung der Schutzgüter aus Art. 2 Abs. 2 S. 1 GG nicht Gegenstand grundrechtlicher Freiheit sein.[825] Nur die Fälle von Notwehr bzw. Nothilfe sind die einzigen Ausnahmen.[826]

In der Literatur wird weiter richtig betont, dass auch die Inanspruchnahme fremden Eigentums oder sonstiger Gegenstände, die zur ausschließlichen Dispositionsbefugnis eines Dritten gehören, wie zum Beispiel Pressegeheimnis (Art. 5 Abs. 1 S. 2 GG), personenbezogene Daten (Art. 2 Abs. 1 i.V. m. Art. 1 Abs. 1 GG), Betriebsgeheimnis oder Geschäftsgeheimnis (Art. 2 Abs. 1, 14 GG),

---

818 Unter Anwendung des Grundprinzips des Rechts, dass „das wertschwächere Interesse dem wertstärkeren zu weichen hat". Siehe Gallwas, Der Mißbrauch von Grundrechten, S. 42, mit Verweis auf Wolff, in: FS Sauer zu seinem 70. Geburtstag, S. 103 (112 f.).

819 Muckel, in: FS Schiedermair, S. 347 (357).

820 Muckel, in: FS Schiedermair, S. 347 (357).

821 Muckel, in: FS Schiedermair, S. 347 (357).

822 Muckel, in: FS Schiedermair, S. 347 (357).

823 So Muckel, in: FS Schiedermair, S. 347 (357 f.).

824 Michael/Morlok, Grundrechte, Rn. 157. Siehe auch BVerfGE 39, 1 (42); Muckel, in: FS Schiedermair, S. 347 (358).

825 Muckel, in: FS Schiedermair, S. 347 (358).

826 Muckel, in: FS Schiedermair, S. 347 (358, Fn. 57).

ein Handeln außerhalb des grundrechtlichen Schutzes darstellt.[827] „Denn die Rechtsordnung kann widerspruchsfrei dasselbe Rechtsgut nicht verschiedenen Rechtsträgern gleichzeitig zuordnen“[828] und die Inanspruchnahme verstößt gegen die verfassungsrechtliche Zuteilungsentscheidung.[829] Bei solchen Fällen geriert der Handelnde nicht als Dritter, sondern als Inhaber des Rechts.[830]

In diesem Rahmen ist auch die Rechtsprechung des Bundesverfassungsgerichts zum „Sprayer von Zürich“ zu befürworten. Wie schon betont, erstrecke sich nach dem Gericht die Reichweite der Kunstfreiheit „von vorneherein nicht auf die eigenmächtige Inanspruchnahme oder Beeinträchtigung fremden Eigentums zum Zwecke der künstlerischen Entfaltung. Überdies enthält das Eigentumsrecht gleichfalls eine Verbürgung von Freiheit; nach den vom Grundgesetz getroffenen Wertungen steht es nicht prinzipiell hinter der Freiheit der Kunst zurück. Gesetze, die eine Eigentumsbeschädigung mit Strafe androhen, verstoßen nicht gegen den Sinn dieser Freiheit.“[831] *Murswiek* formuliert zutreffend in

827 So Lorenz, in: FS Lerche zum 65. Geburtstag, S. 267 (270, 273), der zwischen Freiheitsrechten und anderen Beherrschungsrechten nicht differenziert; Muckel, in: FS Schiedermair, S. 347 (360), der sich auf grundrechtlich geschützte Rechtspositionen als verfassungsimmanente Grenzen grundrechtlicher Schutzbereiche konzentriert; Murswiek, Der Staat 45 (2006), 473 (496 ff., 499), nach dem nur solche Rechtsgüter grundrechtliche Gewährleistungsgrenzen bilden, „deren Existenz in der Rechtsordnung vom Grundgesetz vorausgesetzt wird“, auf jeden Fall „die Rechtsgüter, die das Grundgesetz selbst in den Freiheitsrechten schützt“ (S. 499).

828 Lorenz, in: FS Lerche zum 65. Geburtstag, S. 267 (270). Zustimmend Muckel, in: FS Schiedermair, S. 347 (360); Murswiek, Der Staat 45 (2006), 473 (496, 497 f.). Vgl. Lerche, in: Lukes/Scholz (Hrsg.), Rechtsfragen der Gentechnologie, S. 88 (90 ff.).

829 Muckel, in: FS Schiedermair, S. 347 (360).

830 Lorenz, in: FS Lerche zum 65. Geburtstag, S. 267 (273). Zustimmend Muckel, in: FS Schiedermair, S. 347 (360).

831 BVerfG NJW 1984, 1293 (1294). Vgl. BVerfGE 7, 230 (234 f.): „Der hier zu beurteilende Fall wird dadurch gekennzeichnet, daß der Beschwerdeführer seine politische Meinung in einer Weise bekunden will, die eine Einwirkung auf fremdes Eigentum, nämlich das Mietgrundstück, in sich schließt. Das Landgericht hat ausgesprochen, daß der Eigentümer zur Duldung der Wahlpropaganda am Hause weder aus dem Mietvertrag noch aus andern rechtlichen Gründen verpflichtet sei. Vom Bundesverfassungsgericht ist nur zu prüfen, ob die sich aus Mietvertrag und Gesetz ergebenden privatrechtlichen Beziehungen zwischen dem Beschwerdeführer und dem Hauseigentümer durch grundrechtliche Normen so beeinflußt werden, daß bei der Abwägung der sich gegenüberstehenden Interessen ein Übergewicht zugunsten des Beschwerdeführers entsteht, mit dem Ergebnis, daß die dem Eigentümer an sich zu Gebote stehenden privatrechtlichen Untersagungsgründe vor dem Recht des

Bezug auf diese Rechtsprechung, dass die Kunstfreiheit „die Freiheit der künstlerischen Betätigung“ schützt, in dem Sinne, dass jegliches Kunstrichtertum der staatlichen Gewalt verboten ist, nicht aber „die Freiheit, sich die materiellen Güter, die zu ihrer Ausübung benötigt werden, ohne Zustimmung des jeweiligen Eigentümers zu beschaffen.“[832] Die Freiheitsrechte gewährleisten keinen Güterbeschaffungsanspruch.[833] Die Kunstfreiheit schützt von vornherein keine Inanspruchnahme fremder Sachgüter.[834]

Trotzdem differenzierte das Bundesverfassungsgericht in einer jüngeren Entscheidung seine Meinung. Zu dieser Entscheidung betraf die Verfassungsbeschwerde die Frage, „inwieweit sich Musikschaffende bei der Übernahme von Ausschnitten aus fremden Tonträgern im Wege des sogenannten Sampling gegenüber leistungsschutzrechtlichen Ansprüchen der Tonträgerhersteller auf die Kunstfreiheit berufen können.“[835] Das Gericht nimmt ausdrücklich nicht an, „dass sich die Reichweite der Kunstfreiheit von vornherein nicht auf die eigenmächtige Inanspruchnahme oder Beeinträchtigung fremden geistigen Eigentums zum Zwecke der künstlerischen Entfaltung erstrecke.“[836] Es markierte diesbezüglich: „Ein solch prinzipieller Vorrang der Eigentumsgarantie vor der Gewährleistung der Kunstfreiheit lässt sich – wie auch umgekehrt ein prinzipieller Vorrang der Kunstfreiheit vor dem Eigentum – nicht aus der Verfassung

---

Beschwerdeführers, ‚politisch zu demonstrieren‘, zurücktreten müssen. Diese Prüfung ergibt: Der Beschwerdeführer hat aus eigener Willensentschließung, ohne einen Anstoß von außen, seine politische Meinung in einer Weise geäußert, die eine Störung des Eigentums eines andern darstellte. Er hat nicht versucht, die Erlaubnis des Hauseigentümers zur Anbringung der Wahlplakate zu erhalten, obwohl es schon angesichts der Größe der Plakate und der Notwendigkeit, sie mit Stiften an der Außenmauer des Hauses zu befestigen, nahegelegen hätte, daran zu denken, daß hier wohl eine über das übliche hinausgehende Benutzung der Außenfront des Hauses vorliege. Daß der Eigentümer sich dagegen zur Wehr gesetzt hat, ist nicht zu beanstanden. Das bloße Gebrauchmachen von seinem Abwehrrecht ist weder rechts- noch sittenwidrig (RGZ 138, 373 [375 f.]; 160, 361 [369]); denn auch das Eigentum ist immerhin grundrechtlich geschützt, und es müssen gewichtige Interessen entgegenstehen, wenn die natürlichen Eigentümerbefugnisse zurücktreten sollen“. Zustimmend mit der Rechtsprechung des Bundesverfassungsgerichts Lorenz, in: FS Lerche zum 65. Geburtstag, S. 267 (271).

832 Murswiek, Der Staat 45 (2006), 473 (497).

833 Murswiek, Der Staat 45 (2006), 473 (497).

834 Murswiek, Der Staat 45 (2006), 473 (497).

835 Siehe BVerfG, Urteil vom 31.5.2016 – 1 BvR 1585/13, NJW 2016, 2247 (2247).

836 BVerfG, Urteil vom 31.5.2016 – 1 BvR 1585/13, NJW 2016, 2247 (2251).

herleiten. Jedes künstlerische Wirken bewegt sich jedoch zunächst im Schutzbereich des Art. 5 Abs. 3 Satz 1 GG, gleich wie und wo es stattfindet."[837] Diese Entscheidung basiert offensichtlich auf einem anderen Verständnis der grundrechtlichen Freiheit, widerlegt allerdings keinesfalls die Wichtigkeit der Rechtsprechung zum „Sprayer von Zürich".

Schließlich genießen Grundrechtsbetätigungen, die das gleiche Grundrecht eines anderen Grundrechtsträgers beeinträchtigen, von vornherein keinen Grundrechtsschutz.[838] Das ergibt sich sowohl aus der Geltung des Gleichheitssatzes[839] als auch der Gegenseitigkeit, in der „Freiheit dauerhaft verbürgt" ist.[840] Wie *Gallwas* treffend betont, kann kein Grundrechtsträger vom Staat fordern, zulasten eines anderen Grundrechtsträgers bevorzugt zu werden.[841] Niemand ist berechtigt, unter Berufung auf ein subjektives Recht das entsprechende Recht eines anderen beiseitezudrängen.[842] Der Gleichheitssatz ist somit nach *Gallwas* eine „allgemeine grundrechtsbegrenzende Kollisionsnorm".[843] Er bewirkt, dass „die Grundrechte wechselseitig eine allgemeine Grenze bilden".[844]

Das Argument der „Gegenseitigkeit" ist von *Fechner* unterstrichen worden: „Die ‚Unverletzlichkeit' des Rechts und seine gleichzeitige Begrenzung sind einmal begründet im Wesenscharakter eines jeden Rechts, das zugleich ‚heilig' ist und eine (immanente) Grenze in sich trägt, weil alles Recht auf ‚Gegenseitigkeit' beruht. Es ist leicht einzusehen, daß jeder seine Freiheit nur soweit gebrauchen darf, als er durch den Gebrauch nicht die Freiheit der Genossen (zu deren gleichem Gebrauch) beeinträchtigt. Allein in dieser Gegenseitigkeit ist Freiheit dauerhaft verbürgt."[845] Zustimmung äußert auch *Dürig*, nach dem es unbezweifelt sei, „daß die Rechte anderer eine Schranke darstellen, die allen Grundrechten innewohnt".[846] Er verweist auf die Meinung von *Fechner* über

---

837 BVerfG, Urteil vom 31.5.2016 – 1 BvR 1585/13, NJW 2016, 2247 (2251).

838 Vgl. Gallwas, Der Mißbrauch von Grundrechten, S. 42 ff.; Fechner, Die soziologische Grenze der Grundrechte, S. 3; Dürig, in: Maunz/Dürig (Hrsg.), Grundgesetz Sonderdruck, Art. 2 Abs. I Rn. 73, S. 60.

839 Gallwas, Der Mißbrauch von Grundrechten, S. 42 ff.

840 Fechner, Die soziologische Grenze der Grundrechte, S. 3.

841 Gallwas, Der Mißbrauch von Grundrechten, S. 43.

842 Gallwas, Der Mißbrauch von Grundrechten, S. 44.

843 Gallwas, Der Mißbrauch von Grundrechten, S. 44.

844 Gallwas, Der Mißbrauch von Grundrechten, S. 44, mit Verweis auf Häberle, Die Wesensgehaltgarantie, S. 36 f.

845 Fechner, Die soziologische Grenze der Grundrechte, S. 3.

846 Dürig, in: Maunz/Dürig (Hrsg.), Grundgesetz Sonderdruck, Art. 2 Abs. I Rn. 73, S. 60.

die Gegenseitigkeit[847] und fügt Folgendes hinzu: „Da es eine Freiheit, die nicht buchstäblich ‚gegenstandslos' ist (weil nichts ‚entgegensteht'), überhaupt nur anderen gegenüber geben kann, gibt es in der gleichen logischen Sekunde, in der rechtlich die Freiheit anerkannt wird, auch die rechtliche Bindung, – einerseits die Bindung der anderen durch meinen Willen und andererseits meine Bindung durch den Willen der anderen. Man kann also in den Rechten anderer eine allen Grundrechten geradezu *rechtslogisch immanente Schranke* erblicken."[848]

In diesem Rahmen ist niemals Gegenstand der Bekenntnisfreiheit des Art. 4 Abs. 1 GG die Beeinträchtigung des gleichen Grundrechts der anderen.[849]

cc) Strafrechtlich geschützte Rechtsgüter

Die Beschäftigung mit der Frage der Beziehung zwischen den Grundrechten und dem Strafrecht, insbesondere wenn das Letzte dem Schutz von individuellen Rechtsgütern dient, ist in der Literatur nicht unbekannt.[850]

Häberle versteht das verfassungsmäßige Strafrecht als eine allgemeine Grenze aller Grundrechte.[851] Wenn man die Grundrechte und das geltende Strafrecht überprüfe, dann werde bemerkt, „daß alle Grundrechte durch bestimmte Strafnormen begrenzt sind, die man nur damit zu rechtfertigen vermag, daß man sie zum Schutz gleich- und höherwertiger Rechtsgüter für erforderlich hält."[852]

Nach *Gallwas* „ist der Freiheit des einzelnen immer dort eine Grenze zu ziehen, wo seine Handlung strafrechtlich geschützte Individualrechtsgüter verletzt".[853] Jede Strafnorm bewerte Interessen.[854] Die gesetzliche Formulierung eines Straftatbestandes umfasse eine Kollisionsnorm für widerstreitende Individualinteressen und deswegen müsse die Grundrechtsausübung, die deliktisch sei, grundrechtsschutzlos bleiben, unter der Voraussetzung, dass die Wertung hinter der Strafnorm mit den Wertpositionen hinter dem Grundrechtskatalog und den allgemeinen Grundsätzen der Interessenabwägung übereinstimme.[855]

---

847 Siehe Dürig, in: Maunz/Dürig (Hrsg.), Grundgesetz Sonderdruck, Art. 2 Abs. I Rn. 73.

848 Dürig, in: Maunz/Dürig (Hrsg.), Grundgesetz Sonderdruck, Art. 2 Abs. I Rn. 73, S. 60; Hervorhebung im Original.

849 Vgl. Dürig, in: Maunz/Dürig (Hrsg.), Grundgesetz Sonderdruck, Art. 2 Abs. I Rn. 73, S. 60.

850 Vgl. Gallwas, Der Mißbrauch von Grundrechten, S. 49 ff.

851 Häberle, Die Wesensgehaltgarantie, S. 37.

852 Häberle, Die Wesensgehaltgarantie, S. 37.

853 Gallwas, Der Mißbrauch von Grundrechten, S. 50.

854 Gallwas, Der Mißbrauch von Grundrechten, S. 50.

855 Gallwas, Der Mißbrauch von Grundrechten, S. 50 f.

Dennoch entfalten nicht nur die strafrechtlichen Verbote, sondern auch strafrechtliche Gebotsnormen eine freiheitsbegrenzende Funktion.[856] Bei den Letzten sei es aber zu unterscheiden, ob das Gebot deklaratorisch oder konstitutiv sei.[857] Nur ein deklaratorisches Gebot sei geeignet, eine ungeschriebene Grundrechtsschranke darzustellen, denn nur hier gibt es Handlungspflichten, die als „selbstverständliche" Bedingungen des Zusammenlebens der Menschen „den Grundrechten vorgegeben sein können".[858]

Es muss betont werden, dass der Gesetzgeber durch die Pönalisierung von Lebensbereichen keine beliebig neuen immanenten Grenzen schaffen darf.[859] Jedoch entfalten die strafrechtlich geschützten Individualrechtsgüter eine allen Freiheitsrechten immanente Begrenzung, insoweit die jeweilige strafbare Handlung zugleich „materiellrechtlich Kriminalunrecht" darstellt, von den Rechtsgenossen auch als „crimen" angesehen wird.[860]

c) Schutzgüter der Allgemeinheit als Grenzen der Freiheitsrechte

aa) Der Bestand der Allgemeinheit

Das Grundgesetz will die physische Existenz des Volkes gesichert sehen.[861] Das ergibt sich aus der Tatsache, dass das Volk sowohl in der Präambel, die „integrale[n] Bestandteil" des Grundgesetzes darstellt,[862] als auch in vielen Artikeln des Grundgesetzes erwähnt wird.[863] Im Einzelnen:

> Das deutsche Volk wird schon in der Präambel angesprochen.[864] Gemäß Satz 1 „hat sich das Deutsche Volk kraft seiner verfassungsgebenden Gewalt dieses Grundgesetz gegeben", während das Grundgesetz gemäß Satz 3 „für das gesamte Deutsche Volk" gilt. Zusätzlich wird das deutsche Volk in Art. 1 Abs. 2 GG erwähnt, wonach sich das deutsche Volk „zu unverletzlichen und unveräußerlichen Menschenrechten als Grundlage jeder menschlichen Gemeinschaft, des Friedens und der Gerechtigkeit in der Welt" bekennt.[865] Art. 20 Abs. 2 S. 1 GG unterstreicht zudem, dass alle Staatsgewalt „vom

---

856 Gallwas, Der Mißbrauch von Grundrechten, S. 51.
857 Gallwas, Der Mißbrauch von Grundrechten, S. 51.
858 Gallwas, Der Mißbrauch von Grundrechten, S. 51 f.
859 Dürig, in: Maunz/Dürig (Hrsg.), Grundgesetz Sonderdruck, Art. 2 Abs. I Rn. 76, S. 63.
860 Im Sinne *Dürigs*. Siehe Dürig, in: Maunz/Dürig (Hrsg.), Grundgesetz Sonderdruck, Art. 2 Abs. I Rn. 76, S. 63.
861 So treffend Gallwas, Der Mißbrauch von Grundrechten, S. 73.
862 Huber, in: Sachs (Hrsg.), GG, Präambel, Rn. 9.
863 Gallwas, Der Mißbrauch von Grundrechten, S. 73.
864 Gallwas, Der Mißbrauch von Grundrechten, S. 73; Huber, DÖV 1989, 531.
865 Gallwas, Der Mißbrauch von Grundrechten, S. 73; Huber, DÖV 1989, 531.

Volke“ ausgeht, während Art. 20 Abs. 2 S. 2 GG betont, dass die Staatsgewalt „vom Volke in Wahlen und Abstimmungen [...] ausgeübt“ wird.[866] Art. 21 Abs. 1 S. 1 GG legt fest, dass die Parteien „bei der politischen Willensbildung des Volkes“ mitwirken, während Art. 28 Abs. 1 S. 2 GG vorschreibt, dass das Volk in den Ländern, Kreisen und Gemeinden eine Vertretung hat, „die aus allgemeinen, unmittelbaren, freien, gleichen und geheimen Wahlen hervorgegangen ist.“[867] Nach Art. 38 Abs. 1 S. 2 GG sind die Abgeordneten des Deutschen Bundestages „Vertreter des ganzen Volkes.“[868] Darüber hinaus verlangt der Amtseid sowohl des Bundespräsidenten (Art. 56 GG) als auch des Bundeskanzlers und der Bundesminister (Art. 64 Abs. 2 GG) von ihnen, dass sie ihre Kraft „dem Wohle des deutschen Volkes“ widmen werden.[869] Schließlich bestimmt Art. 146 GG, dass „[d]ieses Grundgesetz, das nach Vollendung der Einheit und Freiheit Deutschlands für das gesamte deutsche Volk gilt“, „seine Gültigkeit an dem Tage“ verliert, „an dem eine Verfassung in Kraft tritt, die von dem deutschen Volke in freier Entscheidung beschlossen worden ist.“[870] Alle diese Vorschriften, aber auch die Tatsache, dass die Allgemeinheit, die Gemeinschaft und die Gesellschaft in den einzelnen Grundrechten für schutzwürdig gehalten werden,[871] führen zur Schlussfolgerung, dass wenigstens die Existenz des Volksganzen, der Allgemeinheit vorausgesetzt wird.[872]

Die Auffassung, dass die Freiheitsrechte nicht zur Beeinträchtigung des physischen Bestands der Allgemeinheit berechtigen, ist nichts Neues.[873] Sie erinnert an die in der frühen Rechtsprechung vertretene Auffassung des Bundesverwaltungsgerichts,[874] dass „es zum Inbegriff aller Grundrechte“ gehöre, „daß sie nicht in Anspruch genommen werden dürfen, wenn dadurch die für den Bestand der Gemeinschaft notwendigen Rechtsgüter gefährdet werden“.[875] Das Gericht hat seine Auffassung sogar mit dem Argument begründet, dass jedes Grundrecht den Bestand der staatlichen Gemeinschaft voraussetzt, „durch die es gewährleistet wird.“[876] Das Gericht implizierte somit, dass es sich um einen Widerspruch

866 Huber, DÖV 1989, 531.
867 Huber, DÖV 1989, 531.
868 Huber, DÖV 1989, 531.
869 Huber, DÖV 1989, 531 (532).
870 Huber, DÖV 1989, 531 (532).
871 Gallwas, Der Mißbrauch von Grundrechten, S. 73.
872 So treffend Gallwas, Der Mißbrauch von Grundrechten, S. 73.
873 Vgl. Gallwas, Der Mißbrauch von Grundrechten, S. 74.
874 Zu dieser Rechtsprechung siehe u.a. Hänsle, Streik und Daseinsvorsorge, S. 611 f.; Rusteberg, Der grundrechtliche Gewährleistungsgehalt, S. 25 f.; Pecher, Verfassungsimmanente Schranken, S. 135 ff.
875 BVerwGE 1, 48 (52).
876 BVerwGE 1, 48 (52). Den „knappen“ Charakter (auch) dieser Begründung betont *Hänsle*, Streik und Daseinsvorsorge, S. 611.

handelt, wenn die Grundrechte, die durch die staatliche Ordnung gewährleistet werden, diese gefährden.[877] So sprach es von Schranken, die „dem Grundrecht immanent" sind,[878] im Sinne einer den Grundrechten a priori „immanente[n] Begrenzung".[879]

Das Bundesverwaltungsgericht hat aber die Gemeinschaftsklausel stillschweigend aufgegeben.[880] Das Gericht betonte in seinem Urteil von 05.12.1958 Folgendes: „Grundrechtsbestimmungen gelten nicht schrankenlos. Sie unterliegen, wie allgemein anerkannt ist, bestimmten Einschränkungen, den ihnen schon von Verfassungs wegen innewohnenden Schranken, die sich aus den Rechten anderer, der verfassungsmäßigen Ordnung oder dem Sittengesetz ergeben können."[881] Der Immanenzgedanke wurde im Urteil von 07.10.1975 aufgegeben, wobei das Gericht hervorhob, dass „das Asylrecht [...] keine immanenten Schranken in sich trägt und zu den, für sich gesehen, uneinschränkbaren Grundrechten gehört",[882] es könne aber „‚mit Rücksicht auf die Einheit der Verfassung und die von ihr geschützte gesamte Wertordnung' Beschränkungen erfahren".[883]

Der Gemeinschaftsklausel des Bundesverwaltungsgerichts stimmt auch *Gallwas* zu, der aber weiter versucht, die bestandsnotwendigen Rechtsgüter zu präzisieren.[884] Er unterstreicht zutreffend, dass die Gesundheit des Volkes,[885] „die Gewährleistung einer ausreichenden Versorgung" des Volkes mit Lebensmitteln und hierdurch auch „ein Minimum an geordnetem Verkehrswesen"[886] zu den Rechtsgütern zählen, ohne die die Existenz der Allgemeinheit in Gefahr geraten würde.[887] Das Sichere ist, dass zumindest die Volksgesundheit „die Voraussetzung der Grundrechte" bildet.[888]

---

877 Rusteberg, Der grundrechtliche Gewährleistungsgehalt, S. 25.
878 BVerwGE 2, 295 (300). Siehe auch Pecher, Verfassungsimmanente Schranken, S. 136.
879 Rusteberg, Der grundrechtliche Gewährleistungsgehalt, S. 25 f.
880 Der Mangel an einer ausdrücklichen Aufgabe der Gemeinschaftsklausel wird in der Literatur beklagt. Siehe Pecher, Verfassungsimmanente Schranken, S. 136.
881 BVerwGE 7, 358 (361). Siehe dazu Pecher, Verfassungsimmanente Schranken, S. 136.
882 BVerwGE 49, 202 (208). Siehe dazu Pecher, Verfassungsimmanente Schranken, S. 137.
883 BVerwGE 49, 202 (208 f.) mit Verweis auf BVerfGE 28, 243 (261); BVerfGE 30, 173.
884 Siehe Gallwas, Der Mißbrauch von Grundrechten, S. 74.
885 Mit Verweis auf BVerfGE 7, 377 (414).
886 Mit Verweis auf BVerwGE 1, 96; 3, 24.
887 Gallwas, Der Mißbrauch von Grundrechten, S. 74.
888 So treffend Häberle, Die Wesensgehaltgarantie, S. 14.

bb) Die öffentliche Sicherheit und Ordnung

Die Begriffe „öffentliche Sicherheit“ und „öffentliche Ordnung“ kommen aus dem Allgemeinen Landrecht für die Preußischen Staaten: „Die nöthigen Anstalten zur Erhaltung der öffentlichen Ruhe, Sicherheit, und Ordnung, und zur Abwendung der dem Publico, oder einzelnen Mitgliedern desselben, bevorstehenden Gefahr zu treffen, ist das Amt der Polizey“ (§ 10 ALR II 17).[889]

Im Grundgesetz sind sie als Begriffspaar im Art. 13 Abs. 7: „Eingriffe und Beschränkungen dürfen im übrigen nur zur Abwehr einer gemeinen Gefahr oder einer Lebensgefahr für einzelne Personen, auf Grund eines Gesetzes auch zur Verhütung dringender Gefahren für die öffentliche Sicherheit und Ordnung, insbesondere zur Behebung der Raumnot, zur Bekämpfung von Seuchengefahr oder zum Schutze gefährdeter Jugendlicher vorgenommen werden“, sowie im Art. 35 Abs. 2 GG zu finden, der lautet: „Zur Aufrechterhaltung oder Wiederherstellung der öffentlichen Sicherheit oder Ordnung kann ein Land in Fällen von besonderer Bedeutung Kräfte und Einrichtungen des Bundesgrenzschutzes zur Unterstützung seiner Polizei anfordern, wenn die Polizei ohne diese Unterstützung eine Aufgabe nicht oder nur unter erheblichen Schwierigkeiten erfüllen könnte. Zur Hilfe bei einer Naturkatastrophe oder bei einem besonders schweren Unglücksfall kann ein Land Polizeikräfte anderer Länder, Kräfte und Einrichtungen anderer Verwaltungen sowie des Bundesgrenzschutzes und der Streitkräfte anfordern“. In der Tat geht es um zwei Schutzgüter, und zwar auch „der allgemeinen gefahrenabwehrrechtlichen Kodifikationen“.[890] Es stellt sich aber die Frage, was genau „öffentliche Sicherheit“ und „öffentliche Ordnung“ bedeutet.

Was die öffentliche Sicherheit betrifft, umfasst sie nach einer Auffassung die Forderung zur Beachtung der ganzen Rechtsordnung, nicht nur der strafrechtlichen Normen, sondern auch der Normen des öffentlichen und bürgerlichen Rechts.[891] Nach dem Bundesverfassungsgericht umfasse „der Begriff der ‚öffentlichen Sicherheit‘ den Schutz zentraler Rechtsgüter wie Leben, Gesundheit, Freiheit, Ehre, Eigentum und Vermögen des Einzelnen sowie die Unversehrtheit der Rechtsordnung und der staatlichen Einrichtungen, wobei in der Regel eine

---

889 Siehe Willoweit, in: Ebel (Hrsg.), Gemeinwohl – Freiheit – Vernunft – Rechtsstaat, S. 1 (12).

890 Thiel, Die „Entgrenzung“ der Gefahrenabwehr, S. 52.

891 So Drews/Wacke, Allgemeines Polizeirecht, S. 63, 65. Zustimmend Gallwas, Der Mißbrauch von Grundrechten, S. 75. Siehe auch Thiel, Die „Entgrenzung“ der Gefahrenabwehr, S. 52 f. m.w.N.

Gefährdung der öffentlichen Sicherheit angenommen wird, wenn eine strafbare Verletzung dieser Schutzgüter droht".[892] Nach richtiger Auffassung umfasst der Begriff der „öffentlichen Sicherheit" „jene Strafrechtsnormen, die materiellrechtlich Kriminalunrecht sind, also sich im Bewußtsein der Rechtsgenossen als ‚crimen' darstellen."[893] Viele rechtswidrige Handlungen aus dem polizeilichen Abwehrbereich fallen unter diesen Begriff.[894]

Im Gegensatz dazu umfasst traditionell[895] der Begriff der „öffentlichen Ordnung" „die Gesamtheit der ungeschriebenen Regeln für das Verhalten des Einzelnen in der Öffentlichkeit, deren Beachtung nach den jeweils herrschenden Anschauungen als unerlässliche Voraussetzung eines geordneten staatsbürgerlichen Zusammenlebens betrachtet wird".[896] Ähnlich definiert die öffentliche Ordnung auch das Bundesverfassungsgericht, nämlich als „die Gesamtheit der ungeschriebenen Regeln […], deren Befolgung nach den jeweils herrschenden sozialen und ethischen Anschauungen als unerläßliche Voraussetzung eines geordneten menschlichen Zusammenlebens innerhalb eines bestimmten Gebiets angesehen wird."[897] Das unbestimmte Kriterium der herrschenden Anschauungen wird treffend vom OVG Münster konkretisiert, indem das Gericht betont: „Zur Beurteilung der Frage, ob im Einzelfall ein Verhalten nach den herrschenden Anschauungen der Bevölkerung gegen die ungeschriebenen Regeln des gedeihlichen Miteinanderlebens verstößt, können insbesondere Wertungen des Grundgesetzes, die diesen Bereich betreffenden Normen zu entnehmen sind, herangezogen werden."[898] In diese Richtung bewegt sich die neuere Rechtsprechung, die dazu neigt, den Begriff der „öffentlichen Ordnung" mit Rückgriff auf allgemeine Werte bzw. Prinzipien mit Verfassungsrang[899] zu definieren.

---

892 BVerfGE 69, 315 (352).

893 Dürig, in: Maunz/Dürig (Hrsg.), Grundgesetz Sonderdruck, Art. 2 Abs. I Rn. 76, S. 63 Rn. 80, S. 70 f.

894 Dürig, in: Maunz/Dürig (Hrsg.), Grundgesetz Sonderdruck, Art. 2 Abs. I, S. 71, Fn. 1.

895 Thiel, Die „Entgrenzung" der Gefahrenabwehr, S. 55.

896 Drews, Preußisches Polizeirecht, S. 12; PrOVGE 91, 139 (140). Siehe auch Götz/Geis, Allgemeines Polizei- und Ordnungsrecht, S. 33 f., Rn. 1 ff.

897 BVerfGE 69, 315 (352). Siehe dazu Götz/Geis, Allgemeines Polizei- und Ordnungsrecht, 16. Auflage, München 2017, S. 33, Rn. 2; Thiel, Die „Entgrenzung" der Gefahrenabwehr, S. 55.

898 OVG Münster, NJW 1994, 2909 (2910). Zur einschlägigen Rechtsprechung des OVG Münster siehe Thiel, Die „Entgrenzung" der Gefahrenabwehr, S. 58.

899 So z.B. BVerwGE 115, 189 (198 ff.). Siehe diesbezüglich Thiel, Die „Entgrenzung" der Gefahrenabwehr, S. 58.

Mit diesem Inhalt sind sowohl die „öffentliche Sicherheit" als auch die „öffentliche Ordnung" Schutzgüter der Allgemeinheit,[900] die zugleich die notwendigen Bedingungen für die Existenz und die Ausübung der grundrechtlichen Freiheit darstellen und demzufolge Vorrang genießen.[901] Aus diesem Grund geht es auch hier um immanente Grenzen der Freiheitsrechte.[902] Damit stellt die Erwähnung der öffentlichen Sicherheit und Ordnung im Art. 13 Abs. 7 GG zumindest „eine verdeutlichende Formulierung durch den Grundgesetzgeber" dar.[903]

cc) Das Sittengesetz

In der Literatur wird zutreffend betont, dass auch das Sittengesetz eine immanente Grenze aller Freiheitsrechte und nicht nur des allgemeinen Freiheitsrechts darstellt.[904] Nach *Gallwas* gebe es die Polarität zwischen Freiheit und Sittengesetz, die in Art. 2 Abs. 1 angezeigt werde, nicht nur beim allgemeinen Freiheitsrecht, sondern bei allen Freiheitsrechten.[905] Nach ihm sei eine sittliche Norm rechtserheblich, wenn zwei Bedingungen erfüllt werden: a) die sittliche Norm sei als existent nachgewiesen und b) die Norm gehe dem gesetzten Recht vor.[906] Bezüglich der ersten Bedingung beruft *Gallwas* sich unter anderem auf die Rechtsprechung des Bundesverwaltungsgerichts,[907] nämlich „daß sich die Gebote von Sitte und Anstand nach der von Herkommen und Erziehung geformten und selbständig fortgebildeten Anschauung verständiger, billig und gerecht denkender Menschen in einem Rechts- und Kulturkreis bestimmen".[908] *Gallwas* unterstreicht unter anderem, dass man sich zunächst über die Kriterien zur Erfassung der billig und gerecht Denkenden klar werden müsse, und wenn es sich danach ergibt, dass ihre Anschauungen zu einer konkreten Frage nicht übereinstimmen, ist zu prüfen, ob eine von ihnen so überwiegt, „dass die staatliche Gewalt sie, ohne gegen das Gebot der Neutralität zu verstoßen, noch zur

900 Vgl. Gallwas, Der Mißbrauch von Grundrechten, S. 75.

901 Vgl. Häberle, Die Wesensgehaltgarantie, S. 14, einschließlich Fn. 66; Hamel, Die Bedeutung der Grundrechte, S. 45, 52.

902 Ebenso Gallwas, Der Mißbrauch von Grundrechten, S. 75 f.; Dürig, in: Maunz/Dürig (Hrsg.), Grundgesetz Sonderdruck, Art. 2 Abs. I, S. 62 f., Rn. 75, S. 70 f., Rn. 80.

903 Gallwas, Der Mißbrauch von Grundrechten, S. 78.

904 So Dürig, in: Maunz/Dürig (Hrsg.), Grundgesetz Sonderdruck, Art. 2 Abs. I Rn. 74. Vgl. Gallwas, Der Mißbrauch von Grundrechten, S. 79 ff.

905 Gallwas, Der Mißbrauch von Grundrechten, S. 79.

906 Gallwas, Der Mißbrauch von Grundrechten, S. 80.

907 Siehe Gallwas, Der Mißbrauch von Grundrechten, S. 80 f.

908 BVerwGE 10, 164 (167).

Grundlage ihrer Entscheidung machen kann".[909] Eine herrschende Anschauung als Bestandteil des Sittengesetzes sei grundsätzlich nicht anzunehmen, wenn Anschauungen auch der Minderheit der billig und gerecht Denkenden entgegenstehen.[910] Indizien der Existenz ethischer Normen stellen nach *Gallwas* die positivrechtlichen Normen, die das Sittengesetz ausdrücken,[911] die Normen, die der Ergänzung und zum Schutz allgemein anerkannter Rechtsinstitute dienen,[912] und die Ansichten der maßgebenden Religionsgesellschaften dar.[913]

Ebenso wichtig für die Rechtserheblichkeit einer sittlichen Norm sei aber auch ihre Verbindlichkeit im Verhältnis zur bestehenden Rechtsordnung.[914] Die Sittennorm muss nach *Gallwas* mit einer Forderung an die Rechtsordnung ausgestattet sein,[915] die darin bestehen kann, „daß zuwiderlaufende Handlungen jede rechtliche Wirksamkeit abzusprechen ist[916] oder daß entgegenstehende Rechtsnormen der Verbindlichkeit entbehren[917] oder schließlich, daß die Rechtsordnung mit ihren diversen Sanktionen die Beachtung der Sittennorm zu sichern hat".[918] Bei der Frage, wann es eine solche Forderung an die Rechtsordnung gibt, ist nach *Gallwas* wieder ein Rückgriff auf die Anschauungen der billig und gerecht Denkenden notwendig.[919]

---

909 Gallwas, Der Mißbrauch von Grundrechten, S. 82, mit Verweis auf BVerwGE 10, 164 (167).

910 Gallwas, Der Mißbrauch von Grundrechten, S. 82, in Übereinstimmung mit Ott, BayVBl. 1966, 186 (188); Bauer, JZ 1965, 41 (43).

911 Gallwas, Der Mißbrauch von Grundrechten, S. 82, mit Verweis auf *Dürig*. Siehe Dürig, in: Maunz/Dürig (Hrsg.), Grundgesetz Sonderdruck, Art. 2 Abs. I Rn. 16, S. 17.

912 Gallwas, Der Mißbrauch von Grundrechten, S. 82 m.w.N.

913 Gallwas, Der Mißbrauch von Grundrechten, S. 82, in Übereinstimmung mit BVerfGE 6, 389 (434 f.); Stümmer, BayVBl. 1965, 185 (190).

914 Gallwas, Der Mißbrauch von Grundrechten, S. 83.

915 Gallwas, Der Mißbrauch von Grundrechten, S. 83.

916 Gallwas, Der Mißbrauch von Grundrechten, S. 83, mit Verweis auf § 138 BGB als Modell hierfür.

917 Gallwas, Der Mißbrauch von Grundrechten, S. 83, mit Verweis auf BVerfGE 6, 389 (434).

918 Gallwas, Der Mißbrauch von Grundrechten, S. 83, mit Verweis auf BGHSt. 4, 24 (32); BVerfGE 6, 389 (434).

919 Gallwas, Der Mißbrauch von Grundrechten, S. 83, mit Verweis auf BGHSt. 4, 24 (32) und die kritischen Gedanken hierzu von Hanack, JZ 1964, 393 (396); Schmidt, JZ 1954, 369 (374).

Wird also eine sittliche Norm als rechtserheblich nachgewiesen, dann, betont *Gallwas*, geht sie der Freiheitsgewährleistung vor und die Berufung auf den Wortlaut eines Grundrechts stellt ein „Handeln ohne Recht“ dar.[920]

Auch *Dürig* anerkennt eine „ethisch immanente Schranke aller Rechte, deren Mißachtung den Inhalt des jeweiligen Rechts verkürzt.“[921] Art. 2 Abs. 1 GG sei Beweis für die Existenz immanenter Grenzen.[922] Die folgenden Gedanken sind bemerkenswert: „Die rechtlich relevante Kraft der Ethik gründet im letzten in der durch Art 1 I geschützten Selbstbestimmung der Persönlichkeit, die sich einer rechtlichen Heteronomie gerade entzieht. Das Recht […] verdeutlicht deklaratorisch lediglich die ‚inneren‘ ethischen Grenzen jeglicher Freiheit.“[923] So sei nach *Dürig* „der Grundrechtsgebrauch, der gegen das Schikaneverbot, die guten Sitten oder Treu und Glauben verstößt“, ein „Handeln ohne Recht.“[924] Das Ergebnis der Existenz dieser „ethischen Nichtstörungsschranke“ sei, dass die Bildung einer Sekte mit Nacktkultur aus Glaubensüberzeugung zur Freiheit der Religionsausübung nicht gehöre, dass die Polygamie unzulässig sei, dass das unbeschränkte Petitionsrecht keine Beleidigung erlaube u.s.w.[925]

Auch *Erichsen* unterstützt die Auffassung, dass das Sittengesetz eine für alle Grundrechte und ohne explizite Benennung „grundrechtsimmanente Begrenzung“ darstellt.[926] Dass das Sittengesetz eine allgemeinere (nicht nur in Bezug auf das allgemeine Freiheitsrecht) Geltung hat, nimmt auch das Bundesverfassungsgericht in bestimmten Entscheidungen an[927] und stellt fest: „‚unsittliche‘ Gesetze gehören nie zur verfassungsmäßigen Ordnung.“[928] Auch im Lüth-Urteil betont das Gericht, dass Art. 2 Abs. 1 GG und die Erwähnung des Sittengesetzes in ihm „dem grundrechtlichen Wertsystem“ angehörten.[929]

Wenn der Grundgesetzgeber im Art. 2 Abs. 1 das Sittengesetz daher erwähnt, bestätigt er die rechtliche Bedeutung, die er ihm für Freiheitsrechtsausübungen zuerkennt im Sinne einer Freiheitsrechtsbegrenzung. Jedoch ist es umstritten, was der Grundgesetzgeber als Sittengesetz versteht. In der Literatur findet man

---

920 Gallwas, Der Mißbrauch von Grundrechten, S. 84.
921 Dürig, in: Maunz/Dürig (Hrsg.), Grundgesetz Sonderdruck, Art. 2 Abs. I Rn. 74.
922 Dürig, in: Maunz/Dürig (Hrsg.), Grundgesetz Sonderdruck, Art. 2 Abs. I Rn. 74.
923 Dürig, in: Maunz/Dürig (Hrsg.), Grundgesetz Sonderdruck, Art. 2 Abs. I Rn. 74.
924 Dürig, in: Maunz/Dürig (Hrsg.), Grundgesetz Sonderdruck, Art. 2 Abs. I Rn. 74.
925 Dürig, in: Maunz/Dürig (Hrsg.), Grundgesetz Sonderdruck, Art. 2 Abs. I Rn. 74.
926 Erichsen, in: Isensee/Kirchhof (Hrsg.), HStR VI, § 152 Rn. 40.
927 Scholz, AöR 100 (1975), 265 (284).
928 BVerfGE 6, 389 (434); Scholz, AöR 100 (1975), 265 (284).
929 BVerfGE 7, 198 (220); Scholz, AöR 100 (1975), 265 (284).

Definitionen[930] wie „überlieferte sittliche Vorstellungen",[931] die guten Sitten und Treu und Glauben,[932] „ethische Normen von solcher Fundamentalität [...], dass sie dem staatlichen Recht unverfügbare überpositive Normen vorgegeben sind."[933] Sicher ist, dass das Sittengesetz auf Grund der Offenheit und der Neutralität des Grundgesetzes nicht mit den ethischen Vorstellungen einer konkreten Religion oder Weltanschauung verwechselt werden darf.[934] Das Problem besteht darin, dass auch wenn man der oben erwähnten Definition des Bundesverwaltungsgerichts folgt, eine Einstimmigkeit darüber, was unter das Sittengesetz fällt, unter den Menschen schwierig herstellbar zu sein scheint, weil jeder Mensch - auch der billig und gerecht Denkende - von verschiedenen ethischen Idealen beseelt ist. Aus diesem Grund ist es richtig, zu vertreten, dass das Sittengesetz die ethischen Wertungen des Grundgesetzgebers enthält,[935] sowie die Sozialmoral,[936] wie sie sich aus den Wertungen des Gesetzgebers ergibt, der, zumindest theoretisch, auf der am meisten authentischen Weise die Gesellschaft ausdrückt.[937]

dd) Das Selbstbestimmungsrecht des Volkes

Auch das Selbstbestimmungsrecht des Volkes stellt ein Schutzgut der Allgemeinheit dar, das eine immanente Grenze der Freiheitsrechte verkörpert.[938]

---

930 Zu den verschiedenen Definitionen des Sittengesetzes, die hier dargestellt werden, siehe Murswiek/Rixen, in: Sachs (Hrsg.), GG, Art. 2 Rn. 94 ff.

931 So Starck, in: FS Geiger zum 65. Geburtstag, S. 259 (273).

932 So Dürig, in: Maunz/Dürig (Hrsg.), Grundgesetz Sonderdruck, Art. 2 Abs. I Rn. 16; Kingreen/Poscher, Grundrechte, Rn. 465.

933 So Murswiek/Rixen, in: Sachs (Hrsg.), GG, Art. 2 Rn. 96.

934 Schlaich, Neutralität als Verfassungsrechtliches Prinzip, S. 172, 187, 236 ff.; Erichsen, in: Isensee/Kirchhof (Hrsg.), HStR VI, § 152 Rn. 41; Murswiek/Rixen, in: Sachs (Hrsg.), GG, Art. 2 Rn. 97.

935 Erbel, Das Sittengesetz als Schranke der Grundrechte, S. 210 f., 254 ff.; Erichsen, in: Isensee/Kirchhof (Hrsg.), HStR VI, § 152 Rn. 41.

936 Erbel, Das Sittengesetz als Schranke der Grundrechte, S. 261; Erichsen, in: Isensee/Kirchhof (Hrsg.), HStR VI, § 152 Rn. 41 m.w.N.

937 Eine Idee, die in Bezug auf der entsprechenden Vorschrift der griechischen Verfassung (Art. 5 Abs. 1) unterstützt wird. Siehe Chryssogonos/Vlachopoulos, Individuelle und Soziale Rechte, S. 217, im Anschluß an Ladas, Die Nichtigkeit des Rechtsgeschäfts, S. 51 m.w.N. Vgl. Hufen, Staatsrecht II, § 14 Rn. 22.

938 Vgl. Gallwas, Der Mißbrauch von Grundrechten, S. 84.

Das Selbstbestimmungsrecht des Volkes ist dem Demokratieprinzip zu entnehmen.[939] Art. 20 Abs. 2 S. 1 GG besagt: „Alle Staatsgewalt geht vom Volke aus". Das demokratische Prinzip, auf dem das Grundgesetz aufgebaut ist, hat zur Folge, dass sich die Gesamtbürgerschaft als „Träger einer Selbstgestaltungsbefugnis" versteht, „die sie durch Konstituierung ausübt und zugleich ausformt, indem sie durch eine Verfassung Willensbildung und Willensvorzug für die Zukunft regelt".[940] Zumindest wird durch das Demokratieprinzip gefordert, „dass dem Volk ein effektiver und entscheidender Einfluß auf die konkrete politische Gestaltung des Staates und seiner Gesellschaft zukommt."[941]

Die Beziehung des Selbstbestimmungsrechts mit dem Demokratieprinzip anerkennt auch das Bundesverfassungsgericht seit Langem.[942] Schon im Jahre 1951 betonte das Gericht Folgendes: „Daß ein Volk über seine staatliche Grundordnung und damit auch über das Fortbestehen seines Staates grundsätzlich selbst zu bestimmen hat, ergibt sich [...] aus dem demokratischen Prinzip [...]. Das Land Baden ist als Glied des Bundes ein Staat, zu dem notwendigerweise ein Staatsvolk gehört. Dieses Staatsvolk [...] besitzt in der Demokratie jenes Selbstbestimmungsrecht."[943] In dem SRP-Verbot-Urteil definiert das Gericht die freiheitliche demokratische Grundordnung als eine Ordnung, „die unter Ausschluß jeglicher Gewalt- und Willkürherrschaft eine rechtsstaatliche Herrschaftsordnung auf der Grundlage der Selbstbestimmung des Volkes nach dem Willen der jeweiligen Mehrheit und der Freiheit und Gleichheit darstellt".[944] Auch in dem Baden-Abstimmung-Urteil hebt das Gericht hervor, dass das Grundgesetz, in

939 Gallwas, Der Mißbrauch von Grundrechten, S. 85. Vgl. Huber, Verfassungsstaat und Finanzkrise, S. 49; ders., Deutschland in der Föderalismusfalle?, S. 17 f.; ders., Volksgesetzgebung und Ewigkeitsgarantie, S. 28 ff.

940 Gallwas, Der Mißbrauch von Grundrechten, S. 85 f., mit Verweis bezüglich des Zusammenhangs von demokratischem Prinzip und Selbstbestimmung auf BVerfGE 1, 14 (50); 2, 1 (12); 5, 34 (42); Decker, Das Selbstbestimmungsrecht der Nationen, S. 22 f.; Rabl, Das Selbstbestimmungsrecht der Völker, S. 163 f.; Kluke, Selbstbestimmung, S. 16 f.

941 Huber, Recht der Europäischen Integration, § 4 Rn. 36. Siehe auch ders., in: Huber/Mößle/Stock (Hrsg.), Zur Lage der parlamentarischen Demokratie, S. 105 (107); ders., in: Huber (Hrsg.), Das Ziel der europäischen Integration, S. 11 (13 f.).

942 Die folgenden Entscheidungen des Bundesverfassungsgerichts wurden von Gallwas, Der Mißbrauch von Grundrechten, S. 86 Fn. 233, aufgezählt.

943 BVerfGE 1, 14 (50).

944 BVerfGE 2, 1 (12 f.).

dem es „ein Stück Selbstbestimmungsrecht des Volkes" verwirkliche, das demokratische Prinzip berücksichtige.[945]

Dass die Freiheitsrechte zum Angriff des Selbstbestimmungsrechts des Volkes nicht berechtigen, ergibt sich zuerst daraus, dass es anderenfalls um einen Selbstwiderspruch des Grundgesetzgebers ginge.[946] Denn ein Wille des Grundgesetzgebers, dem Bürger eine auf die Beseitigung der Selbstgestaltung hinauslaufende Freiheit zu gewährleisten, kann sich mit seinem „Wille zur ständigen Selbstgestaltung durch die Gesamtbürgerschaft" nicht vereinbaren.[947] Es ergibt sich aber auch aus der Tatsache, dass die Demokratie eine notwendige Voraussetzung für die Existenz der individuellen Freiheit darstellt.[948] *Di Fabio* formuliert treffend: „Ohne die Volkslegitimation der gesetzgebenden Körperschaft und der Regierung bleiben die auf Abwehr und Leistung zielenden Grundrechte unvollständig; ohne wirksame demokratische Selbstbestimmung bleibt der von Art. 1 Abs. 1 GG ausgehende Entwurf einer freien Gemeinschaft uneingelöst […]. Der demokratische Staat ist die Einrichtung, die die Voraussetzung der individuellen Freiheit schafft: einen befriedeten Raum der Ordnung – Rechtsordnung –, in dem der Mensch persönlich sicher und mit einem Mindestmaß an sozialer Erwartungssicherheit seinen Lebensentwurf verwirklichen kann."[949]

Aus diesen Gründen genießen nach richtiger Auffassung alle das Prinzip der Selbstgestaltung durch die Gesamtbürgerschaft angreifenden Handlungen des Freiheitsrechtsträgers keinen Grundrechtsschutz.[950]

d) Schutzgüter des Staates als Grenzen der Freiheitsrechte

Im Grundgesetz gibt es nach richtiger Auffassung drei Schutzgüter des Staates, die immanente Grenzen der Freiheitsrechte darstellen: der Bestand des Staates, die Funktionsfähigkeit des Staates und die Fundamentalnormen.[951]

---

945 BVerfGE 5, 34 (42).

946 So treffend Gallwas, Der Mißbrauch von Grundrechten, S. 86.

947 Gallwas, Der Mißbrauch von Grundrechten, S. 86, mit Verweis auf Dürig, in: Maunz/Dürig/Herzog, GG, Art. 18 Rn. 5, S. 4 f.

948 So treffend Gallwas, Der Mißbrauch von Grundrechten, S. 86, mit Verweis auf Dürig, in: Maunz/Dürig/Herzog, GG, Art. 18 Rn. 9, S. 6 f.

949 Di Fabio, in: FS Badura zum siebzigsten Geburtstag, S. 77 (77 f.).

950 So Gallwas, Der Mißbrauch von Grundrechten, S. 86.

951 Gallwas, Der Mißbrauch von Grundrechten, S. 88, 90 ff.

aa) Der Bestand des Staates

Der Bestand des Staates wird in vielen Vorschriften vom Grundgesetz zum Verfassungsgut erhoben.[952] Nach richtiger Auffassung ist aber das Schutzgut „Bestand der Bundesrepublik“ (Art. 21 Abs. 2 GG) oder „Bestand des Bundes und der Länder“ (Art. 91 Abs. 1 GG) absolut geschützt[953] und Handlungen, die zu seiner Beeinträchtigung führen, sind a priori ohne Grundrechtsschutz.[954] Da die Grundrechte nur innerhalb eines Staates gesichert sind,[955] wäre es ein Paradoxon, wenn auch die Beeinträchtigung des Bestandes des Staates Gegenstand der grundrechtlichen Freiheit darstellen würde. Es stellt sich aber die Frage, wann dieses Schutzgut genau beeinträchtigt wird.

Art. 92 Abs. 1 StGB beschreibt einige Beispiele der Beeinträchtigung des Bestandes der Bundesrepublik Deutschland.[956] Es nimmt eine Beeinträchtigung des Bestandes der Bundesrepublik Deutschland dann an, wenn man „ihre Freiheit von fremder Botmäßigkeit aufhebt, ihre staatliche Einheit beseitigt oder ein zu ihr gehörendes Gebiet abtrennt“. Solche Verhaltensweisen sind aber in Bezug zu unserer Frage exemplarisch.[957] Da der Staat aus drei Elementen konstituiert wird, nämlich Staatsvolk, Staatsgebiet und Staatsgewalt,[958] gibt es Bestandsgefährdungen, wenn das Leben und die Existenz eines großen Teils des Staatsvolkes gefährdet wird,[959] wenn man sich auf die Schmälerung des Bundesgebiets richtet[960] und schließlich, wenn man entweder existenzgefährdende Angriffe gegen staatsleitende Personen, Beamte u.s.w. vornimmt[961] oder gegen den Sachbestand der Staatsgewalt wendet.[962]

---

952 Norbert, Das Demonstrationsrecht, S. 398.

953 So Gallwas, Der Mißbrauch von Grundrechten, S. 90.

954 Gallwas, Der Mißbrauch von Grundrechten, S. 90.

955 Vgl. Hesse, Grundzüge des Verfassungsrechts, Rn. 282.

956 Vgl. dazu Volkmann, in: von Mangoldt/Klein/Starck, GG, Art. 91 Rn. 14.

957 Volkmann, in: von Mangoldt/Klein/Starck, GG, Art. 91 Rn. 14.

958 Siehe ausführlich Jellinek, Allgemeine Staatslehre, S. 394 ff. Siehe auch Volkmann, in: von Mangoldt/Klein/Starck, GG, Art. 91 Rn. 14; Gallwas, Der Mißbrauch von Grundrechten, S. 91.

959 Volkmann, in: von Mangoldt/Klein/Starck, GG, Art. 91 Rn. 14.

960 Gallwas, Der Mißbrauch von Grundrechten, S. 91. Vgl. Volkmann, in: von Mangoldt/Klein/Starck, GG, Art. 91 Rn. 14; Dürig, in: Maunz/Dürig (Hrsg.), Grundgesetz Sonderdruck, Art. 2 Abs. I Rn. 86.

961 Gallwas, Der Mißbrauch von Grundrechten, S. 91.

962 Gallwas, Der Mißbrauch von Grundrechten, S. 91.

bb) Die Funktionsfähigkeit der staatlichen Gewalten

Es wird von *Gallwas* betont, dass die Verfassung das Modell für die Organe und deren Interaktion bei der Erfüllung der Aufgaben des Staates liefere und dieses Modell sei „denknotwendig auf Effizienz angelegt".[963] Eine Grundrechtsausübung, die die Staatsgewalten funktionsunfähig mache, sei missbräuchlich, stelle ein „Handeln ohne Recht" dar, denn anderenfalls gäbe es einen Selbstwiderspruch in der Verfassung, wenn sie zum einen Gewalten einsetzte, die das Leben des Staates stützen sollen, zum anderen dem einzelnen über die Grundrechte die Befugnis sicherte, diese Gewalten ihrer Funktionsfähigkeit zu berauben.[964]

Der Ansicht von *Gallwas* ist zuzustimmen. Es muss aber zusätzlich betont werden, dass das Schutzgut der Funktionsfähigkeit des Staates eine Anerkennung in Art. 73 Abs. 1 Nr. 10 b) GG findet,[965] der lautet: „Der Bund hat die ausschließliche Gesetzgebung über die Zusammenarbeit des Bundes und der Länder zum Schutze der freiheitlichen demokratischen Grundordnung, des Bestandes und der Sicherheit des Bundes oder eines Landes (Verfassungsschutz)." Der Begriff der „Sicherheit" impliziert den Schutz der Funktionsfähigkeit des Staates.[966] Als Beweis gilt die gesetzliche Definition der Sicherheit des Staates in § 4 Abs. 1 b) BVerfSchG,[967] der besagt: „Im Sinne dieses Gesetzes sind Bestrebungen gegen die Sicherheit des Bundes oder eines Landes solche politisch bestimmten, ziel- und zweckgerichteten Verhaltensweisen in einem oder für einen Personenzusammenschluß, der darauf gerichtet ist, den Bund, Länder oder deren Einrichtungen in ihrer Funktionsfähigkeit erheblich zu beeinträchtigen."

Funktionsunfähigkeit bedeutet, dass die Hoheitsgewalt nicht mehr handeln kann, auch wo sie handeln dürfte.[968] Die Funktionsfähigkeit werde in erster Linie „in Frage gestellt, wenn die staatlichen Gewalten gehindert werden, sich ihrem Zweck entsprechend zu organisieren, oder wenn die für eine sachgerechte Erledigung der übertragenen Aufgaben unerlässlichen rechtlichen Voraussetzungen nicht gewahrt bleiben."[969]

---

963 Gallwas, Der Mißbrauch von Grundrechten, S. 94, mit Verweis auf Krüger, Staatslehre, S. 766 ff.

964 Gallwas, Der Mißbrauch von Grundrechten, S. 94 f.

965 Norbert, Das Demonstrationsrecht, S. 401.

966 Norbert, Das Demonstrationsrecht, S. 401.

967 Norbert, Das Demonstrationsrecht, S. 401. Vgl. Droste, Handbuch des Verfassungsschutzrechts, S. 192 f.; Werthebach/Droste, in: Kahl/Waldhoff/Walter (Hrsg.), BK GG, Art. 73 Nr. 10 Rn. 181.

968 Gallwas, Der Mißbrauch von Grundrechten, S. 95.

969 Gallwas, Der Mißbrauch von Grundrechten, S. 95.

Auf jeden Fall, wenn das staatliche Gewaltmonopol komplett infrage gestellt wird und dem Staat nicht mehr möglich ist, sowohl seine Friedens- als auch seine Freiheitsfunktion zu erfüllen, dann geht es um eine Bestandsgefährdung,[970] die, wie schon betont, als solche von vornherein ohne Grundrechtsschutz ist.[971]

cc) Die Fundamentalnormen

In Art. 79 Abs. 3 GG werden Fundamentalnormen zusammengefasst, deren „Berührung" allein diese Vorschrift für unzulässig erklärt:[972] „Eine Änderung dieses Grundgesetzes, durch welche die Gliederung des Bundes in Länder, die grundsätzliche Mitwirkung der Länder bei der Gesetzgebung oder die in den Artikeln 1 und 20 niedergelegten Grundsätze berührt werden, ist unzulässig." Fundamentale Normen sind daher[973] „die Gliederung des Bundes in Länder", „die grundsätzliche Mitwirkung der Länder bei der Gesetzgebung" und generell die Garantie der Bundesstaatlichkeit[974] sowie die Menschenwürdegarantie,[975] das Bekenntnis zu den Menschenrechten,[976] das Sozialstaatsprinzip,[977] das republikanische Prinzip,[978] das demokratische Prinzip mit der Volkssouveränität, den Wahlrechtsgrundsätzen und der Mehrheitsregel,[979] das Rechtsstaatsprinzip[980] und die Garantie der Gewaltenteilung.[981]

Die Auffassung, dass die Grundrechtsausübung zulasten von Fundamentalnormen ohne Grundrechtsschutz ist, ist nichts Neues. Es wird schon, aber

---

970 Volkmann, in: von Mangoldt/Klein/Starck, GG, Art. 91 Rn. 15; Klein, in: Isensee/Kirchhof (Hrsg.), HStR XII, § 280 Rn. 17; Hase, in: Denninger/Hoffmann-Riem/Schneider/Stein (Hrsg.), AK-GG, Art. 9 Rn. 19; Grzeszick, in: Friauf (Begr.)/Höfling (Hrsg.), BKGG, Art. 91 Rn. 5.

971 Gallwas, Der Mißbrauch von Grundrechten, S. 90.

972 Huber, Maastricht – ein Staatsstreich?, S. 16.

973 Vgl. die zusammenfassende Darstellung von Gallwas, Der Mißbrauch von Grundrechten, S. 93 f.

974 Siehe ausführlich Hain, in: von Mangoldt/Klein/Starck, GG, Art. 79 Rn. 119 ff.

975 Siehe ausführlich Hain, in: von Mangoldt/Klein/Starck, GG, Art. 79 Rn. 59 ff.

976 So u.a. Stern, in: Stern (Hrsg.), Staatsrecht III/2, § 89, S. 1115 ff. Weitere Nachweise in Hain, in: von Mangoldt/Klein/Starck, GG, Art. 79 Rn. 70 Fn. 212.

977 Siehe ausführlich Hain, in: von Mangoldt/Klein/Starck, GG, Art. 79 Rn. 72 ff.

978 So u.a. Stern, Staatsrecht I, § 17, S. 581. Weitere Nachweise in Hain, in: von Mangoldt/Klein/Starck, GG, Art. 79 Rn. 137, Fn. 488.

979 Siehe ausführlich Hain, in: von Mangoldt/Klein/Starck, GG, Art. 79 Rn. 75 ff.

980 So u.a. Sachs, in: Sachs (Hrsg.), GG, Art. 79 Rn. 73. Weitere Nachweise in Hain, in: von Mangoldt/Klein/Starck, GG, Art. 79 Rn. 88, Fn. 300.

981 Hain, in: von Mangoldt/Klein/Starck, GG, Art. 79 Rn. 91 ff.

teilweise, von *Dürig* dargelegt.[982] Nach *Dürig* gehören „[z]u den unerläßlichen Voraussetzungen unseres staatsbürgerlichen Zusammenlebens und damit zu den immanenten Schranken jeglicher Grundrechtsausübung" solche Verfassungsentscheidungen, „die in Abkehr vom staatlichen Wertneutralismus gerade wegen der freiheitlichen Bürgerstellung ‚verewigt' wurden", und in Klammer gesetzt verweist er auf die in Art. 79 Abs. 3 GG vorhandenen Bezugnahmen auf die Art. 1 und 20.[983] *Dürig* fügt aber zugleich hinzu: „Aber leider bringt bereits der ‚Staatsfundamentalnormen' enthaltende Art. 79 III Ordnungswerte, die keinesfalls allen Grundrechten als immanenten Schranken hinzugedacht werden können. Etwa ist die Organisationsnorm der ‚grundsätzlichen Mitwirkung der Länder bei der Gesetzgebung' sicherlich kraft der konkret-historisch-politisch bedingten Entscheidung des Verfassungsgesetzgebers gerechtfertigt. Aber mit Grundrechtsschranken (etwa mit der Frage eines grundrechtsgeschützten Eintretens für den Einheitsstaat) hat sie nichts zu tun."[984]

Diese Idee findet man auch bei *Schmitt Glaeser*,[985] sie ist aber mit seinem Hauptgedanken verbunden, dass die Meinungsfreiheit „individuelles Mitwirkungsrecht" darstellt.[986] Im Einzelnen betont *Schmitt Glaeser*, dass die Funktion der politischen Meinungsfreiheit niemals mit „positiv-inhaltlichen Qualifizierungen" verbunden werden darf, sodass derjenige, dessen Meinungsäußerung nicht dem Interesse der freiheitlichen demokratischen Grundordnung „nützt", sich außerhalb des Grundrechtsschutzes befindet.[987] Die Funktion der politischen Meinungsfreiheit sei aber mit einer „negativ-inhaltlichen Qualifizierung" verbunden.[988] Man darf den Integrationseffekt nicht stören, anderenfalls verliert er den grundrechtlichen Schutz.[989] Die Grenze der Meinungsfreiheit erweise sich „als Erscheinung des Staats- und Verfassungsschutzes."[990] „*Störungen*, die

---

982 Gallwas, Der Mißbrauch von Grundrechten, S. 93 Fn. 264.

983 Dürig, in: Maunz/Dürig (Hrsg.), Grundgesetz Sonderdruck, Art. 2 Abs. I Rn. 86.

984 Dürig, in: Maunz/Dürig (Hrsg.), Grundgesetz Sonderdruck, Art. 2 Abs. I Rn. 86.

985 Gallwas, Der Mißbrauch von Grundrechten, S. 93 Fn. 264.

986 Siehe dazu ausführlich Schmitt Glaeser, Mißbrauch und Verwirkung von Grundrechten im politischen Meinungskampf, S. 102 ff., 125.

987 Schmitt Glaeser, Mißbrauch und Verwirkung von Grundrechten im politischen Meinungskampf, S. 126 f.; ders., DVBl. 1966, 166 (170).

988 Schmitt Glaeser, Mißbrauch und Verwirkung von Grundrechten im politischen Meinungskampf, S. 128 ff.; ders., DVBl. 1966, 166 (170).

989 Schmitt Glaeser, Mißbrauch und Verwirkung von Grundrechten im politischen Meinungskampf, S. 128 f.

990 Schmitt Glaeser, Mißbrauch und Verwirkung von Grundrechten im politischen Meinungskampf, S. 129; ders., DVBl. 1966, 166 (170).

sich in einer Mißachtung der unabdingbaren Wertbasis des Staates realisieren, soll der Grundrechtsschutz versagt bleiben", betont er.[991] Diese Wertbasis sei, wie Art. 79 Abs. 3 zeige, die freiheitliche demokratische Grundordnung „als Inbegriff unserer wertbestimmenden Verfassungsprinzipien."[992] *Schmitt Glaeser* hebt weiter hervor, dass es um eine Grenze geht, „die nicht überschritten werden darf, soll die Meinungsäußerung und -verbreitung noch als funktionsgerechter Gebrauch des Grundrechts auf Meinungsfreiheit anerkannt und geschützt werden."[993] Er formuliert darüber hinaus, dass man „hier auch von einer dem Grundrecht der Meinungsfreiheit von vornherein ‚immanenten' oder ‚inhärenten' Schranke (oder genauer: Begrenzung) sprechen" könne.[994] Die Meinungsäußerung muss aber nach ihm die Gesamtheit der freiheitlichen demokratischen Grundordnung entschieden ablehnen, sodass sie von der Funktion des Grundrechts nicht mehr gedeckt wird.[995]

Überzeugender ist aber die Meinung, die *Gallwas* vertritt, dass, was durch den Verfassungsgeber von der Verfassungsänderung ausgenommen worden ist, nicht von den subjektiven Rechten als geschützt angesehen werden darf, die von derselben Verfassung eingeräumt sind.[996] „Das Strapazieren des Freiheitsrechts zur Abschaffung der Freiheit" stelle keine „‚normale' Grundrechtsausübung" dar, und wer wünsche, dass die Freiheit auch die Befugnis zur Beseitigung enthalte, neige zu einer Art von „permanenter Revolution", wobei anhand des Stabilisierungszwecks jeder Verfassung Widersprüche auftreten.[997] Eine Grundrechtsausübung, die darauf abziele, „die Grundsätze des Art. 79 Abs. 3 um ihre Geltung

---

991 Schmitt Glaeser, Mißbrauch und Verwirkung von Grundrechten im politischen Meinungskampf, S. 129; ders., DVBl. 1966, 166 (170); Hervorhebung im Original.

992 Schmitt Glaeser, Mißbrauch und Verwirkung von Grundrechten im politischen Meinungskampf, S. 129; ders., DVBl. 1966, 166 (171).

993 Schmitt Glaeser, Mißbrauch und Verwirkung von Grundrechten im politischen Meinungskampf, S. 129; ders., DVBl. 1966, 166 (171).

994 Schmitt Glaeser, Mißbrauch und Verwirkung von Grundrechten im politischen Meinungskampf, S. 129, mit Verweis auf Vertreter der Immanenzlehre.

995 Schmitt Glaeser, Mißbrauch und Verwirkung von Grundrechten im politischen Meinungskampf, S. 129 f.

996 Gallwas, Der Mißbrauch von Grundrechten, S. 92, mit Verweis auf Kägi, Die Verfassung als rechtliche Grundordnung des Staates, S. 64 f.; Maunz, Deutsches Staatsrecht, S. 66; Dürig, in: Maunz/Dürig (Hrsg.), Grundgesetz Sonderdruck, Art. 2 Abs. I Rn. 86., S. 76 f.; ders., in: Maunz/Dürig/Herzog, GG, Art. 18 Rn. 7, S. 5; Schmitt, DÖV 1965, 433 (438 ff.).

997 Gallwas, Der Mißbrauch von Grundrechten, S. 92. Vgl. BVerfGE 144, 20 (195).

zu bringen, stellt sich […] ‚essentiell als Teilhabe der vom Volk ausgehenden Staatsgewalt dar'[998] und würde daher über den ‚status activus' hinausgreifen, der dem Bürger als Glied des Staatsvolkes durch die abschließende Regelung des Art. 20 Abs. 2 S. 2 GG eingeräumt ist."[999] Sie stelle daher ein „Handeln ohne Recht" dar.[1000]

Tatsächlich scheint widersprüchlich, dass das, was jedem verfassungsändernden Gesetzgeber verboten ist, was kein Gegenstand der „legislatorischen Gestaltungsfreiheit" darstellt,[1001] Gegenstand der grundrechtlichen Freiheit ist.

IV. Rechtsfolgen des Grundrechtsmissbrauchs

Es ist nun darzustellen, welche die Rechtsfolgen des Grundrechtsmissbrauchs sind. Die Rechtsfolgen lassen sich in allgemeine und besondere einteilen,[1002] wobei die Letzteren vom Grundgesetz vorgesehen sind.[1003] Die besonderen Rechtsfolgen werden aber im Zusammenhang mit den allgemeinen Rechtsfolgen analysiert.

1. Allgemeine Rechtsfolgen

a) Allgemeines zur „Rückverweisung in die bestehenden Grenzen des Rechts"

Wie *Gallwas* zutreffend betont, berührt sowohl die Verhinderung als auch die Unterbindung eines Grundrechtsmissbrauchs die grundrechtlich geschützte Freiheitssphäre nicht, weil der Grundrechtsmissbrauch ein „Handeln ohne Recht" darstellt.[1004] Staatliche Maßnahmen, die ausschließlich gegen den Missbrauch als solchen ergriffen werden, berühren die Freiheitsrechte nicht.[1005] Der

998 Im Anschluß an BVerfGE 8, 104 (171).
999 Gallwas, Der Mißbrauch von Grundrechten, S. 93.
1000 Gallwas, Der Mißbrauch von Grundrechten, S. 93.
1001 Huber, Maastricht – ein Staatsstreich?, S. 15.
1002 Vgl. Gallwas, Der Mißbrauch von Grundrechten, S. 99 ff., 116 ff.
1003 Gallwas, Der Mißbrauch von Grundrechten, S. 116.
1004 Gallwas, Der Mißbrauch von Grundrechten, S. 99. Aus der Rechtsprechung BVerfGE 84, 203 (210).
1005 Gallwas, Der Mißbrauch von Grundrechten, S. 99 f.

Grundrechtsträger wird hier bloß in die schon bestehenden Grenzen seines Rechts zurückverwiesen.[1006]

Dennoch sind Maßnahmen wie zum Beispiel Ersatzleistung, Strafe und Sicherungsmaßnahmen, keine Rückverweisung in die bestehenden Grenzen, sondern echte Grundrechtsverkürzungen und aus diesem Grund ist der Staat an die Grundrechte gebunden.[1007] So stellt die Verurteilung zu einer Freiheitsstrafe als „Sühne für begangenes Unrecht" und freiheitsentziehende Maßregeln der Sicherung und Besserung Einschränkungen des Grundrechts der persönlichen Freiheit[1008] und die Entziehung eines Tatwerkzeugs eine Einschränkung des Eigentumsrechts dar.[1009]

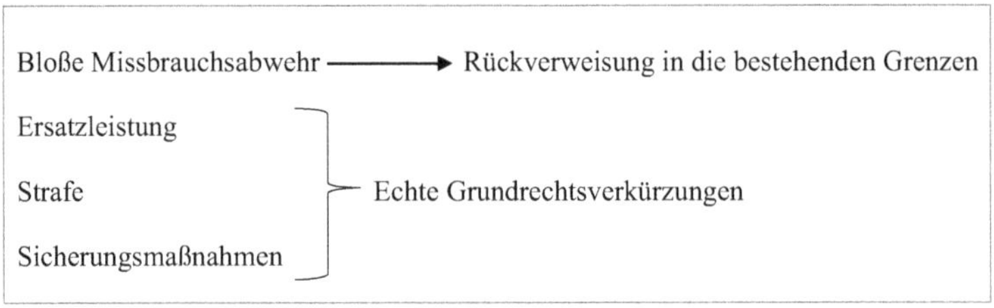

b) Reaktionsmöglichkeiten des Gesetzgebers

Was den Gesetzgeber betrifft, hat er die Möglichkeit, durch Generalklausel und unbestimmte Rechtsbegriffe einen umfangreichen Bereich von Missbrauchsfällen zu skizzieren und der Verwaltung oder den Gerichten eine Ermächtigung zur Sistierung zu geben.[1010] Es ist ihm auch möglich, konkrete Missbrauchsfälle zu präzisieren und zu verbieten.[1011] Zum Schluss ist auch eine gesetzgeberische Eröffnung der Befugnis zu „echten Eingriffen" in die Freiheitssphäre möglich, soweit es einen entsprechenden grundrechtlichen Vorbehalt gibt.[1012]

1006 Dürig, in: Maunz/Dürig (Hrsg.), Grundgesetz Sonderdruck, Art. 2 Abs. I Rn. 76, S. 63 f.; Dürig, AöR 81 (1956), 117 (149); Dürig, AöR 79 (1953/1954), 57 (86); Gallwas, Der Mißbrauch von Grundrechten, S. 100.

1007 Gallwas, Der Mißbrauch von Grundrechten, S. 100; Dürig, in: Maunz/Dürig (Hrsg.), Grundgesetz Sonderdruck, Art. 2 Abs. I, Rn 77 f., S. 65 ff.; Stree, Deliktsfolgen und Grundgesetz, S. 87, 229 f.; Lerche, Übermaß und Verfassungsrecht, S. 119 f.

1008 Stree, Deliktsfolgen und Grundgesetz, S. 229 f.

1009 Stree, Deliktsfolgen und Grundgesetz, S. 87.

1010 Gallwas, Der Mißbrauch von Grundrechten, S. 102.

1011 Gallwas, Der Mißbrauch von Grundrechten, S. 102.

1012 Gallwas, Der Mißbrauch von Grundrechten, S. 103.

Insbesondere bei einer Strafdrohung muss der Gesetzgeber den Verhältnismäßigkeitsgrundsatz berücksichtigen sowie die weiteren Schranken-Schranken des Art. 19 Abs. 1 und 2 GG.[1013]

Im Allgemeinen ist zu betonen, dass der Gesetzgeber, wenn er Missbrauchstatbestände positiviert, er nicht konstitutiv wirkt, sondern deklaratorisch.[1014] Bei dieser Positivierung ist er nicht eigenständig,[1015] sondern an die Wertentscheidungen des Grundgesetzes gebunden.[1016] Insoweit unterliegt er auch der Kontrolle der richterlichen Gewalt.[1017]

c) Der Grundsatz des Vorbehalts des Gesetzes

Was die Verwaltung betrifft, stellt sich insbesondere die Frage, ob die Verwaltung eine gesetzliche Grundlage benötigt, wenn sie nur den Missbrauch abwehrt und demzufolge grundrechtlich geschützten Freiheitsraum nicht berührt. Nach einer Auffassung impliziere die Tatsache, dass die Verwaltung an das Grundrecht nicht gebunden sei, nicht, dass sie auch ohne genügende gesetzliche Grundlage den Missbrauch abwehren darf.[1018] Auch im Missbrauchsfall gelte der Grundsatz der Gesetzmäßigkeit der Verwaltung,[1019] der in Art. 20 Abs. 3 GG[1020] niedergelegt sei.[1021]

Diese Frage ist aber nicht so einfach zu beantworten. Der Grundsatz der Gesetzmäßigkeit der Verwaltung hat nach der Literatur zunächst eine negative Bedeutung: Das gesetzeswidrige Handeln ist der Verwaltung untersagt.[1022] In welchen Fällen die Gesetzmäßigkeit der Verwaltung auch eine positive

1013 Zur Geltung des Verhältnismäßigkeitsgrundsatzes sowie der weiteren Schranken-Schranken des Art. 19 Abs. 1 und 2 GG im Rahmen der Strafgesetzgebung siehe ausführlich Stächelin, Strafgesetzgebung im Verfassungsstaat, S. 101 ff.

1014 Gallwas, Der Mißbrauch von Grundrechten, S. 103.

1015 Gallwas, Der Mißbrauch von Grundrechten, S. 103; von Hippel, Grenzen und Wesensgehalt der Grundrechte, S. 40 Fn. 76.

1016 Von Hippel, Grenzen und Wesensgehalt der Grundrechte, S. 40 Fn. 76.

1017 Von Hippel, Grenzen und Wesensgehalt der Grundrechte, S. 40 Fn. 76.

1018 Gallwas, Der Mißbrauch von Grundrechten, S. 100.

1019 Gallwas, Der Mißbrauch von Grundrechten, S. 100 m.w.N.

1020 Art. 20 Abs. 3 GG: „Die Gesetzgebung ist an die verfassungsmäßige Ordnung, die vollziehende Gewalt und die Rechtsprechung sind an Gesetz und Recht gebunden".

1021 Gallwas, Der Mißbrauch von Grundrechten, S. 105.

1022 Siehe u.a. Horn, Die grundrechtsunmittelbare Verwaltung, S. 22 m.w.N.; Kluth, in: Wolff/Bachof/Stober/Kluth, Verwaltungsrecht I, § 30 Rn 5.

Bedeutung hat, in dem Sinne der Existenz eines Vorbehalts des Gesetzes,[1023] ist jedoch in der Literatur strittig. Nach einer Auffassung werde zwar in Art. 20 Abs. 3 GG nicht explizit der Vorbehalt des Gesetzes normiert, dieser Grundsatz werde aber in diesem Artikel vorausgesetzt, „weil anderenfalls die Frage, in welchem Umfang die vollziehende und die rechtsprechende Gewalt an das Gesetz gebunden sein sollen, offenbliebe und der Vorrang des Gesetzes seinen Sinn verlöre."[1024] Es wird aber zugleich betont, dass dieser Grundsatz bestimmte staatliche Akte „nach der herkömmlichen Formel ‚Eingriffe in Freiheit und Eigentum'" betreffe und dass die Reichweite des Vorbehalts des Gesetzes im konkreten Fall der Bestimmung nicht entnommen werden könne.[1025] Nach anderer Auffassung ist dem Art. 20 Abs. 3 GG kein allgemeiner Vorbehaltsgrundsatz zu entnehmen.[1026] Die Gegenmeinung „vermengt die Begriffe von Gesetz und Gesetzgeber."[1027]

Nach richtiger Meinung ist aber ein allgemeiner Vorbehalt des Gesetzes dem Rechtsstaats- und dem Demokratieprinzip (Art. 20 Abs. 1, 2 GG[1028]) zu entnehmen.[1029] Auf diesen Gedanken stützt sich auch die Wesentlichkeitstheorie des Bundesverfassungsgerichts, nach der beide Prinzipien den Gesetzgeber verpflichten, die wesentlichen Entscheidungen selbst zu treffen[1030] und die den Vorbehalt des Gesetzes zum Parlamentsvorbehalt umformt.[1031] Wenn der Vorbehalt

---

1023 Siehe u.a. Horn, Die grundrechtsunmittelbare Verwaltung, S. 28 m.w.N.; Kluth, in: Wolff/Bachof/Stober/Kluth, Verwaltungsrecht I, § 30 Rn 28.

1024 So Hesse, Grundzüge des Verfassungsrechts, Rn. 201.

1025 Hesse, Grundzüge des Verfassungsrechts, Rn. 201.

1026 So u.a. Horn, Die grundrechtsunmittelbare Verwaltung, S. 31.

1027 So Horn, Die grundrechtsunmittelbare Verwaltung, S. 31.

1028 Art. 20 Abs. 1, 2 GG: „(1) Die Bundesrepublik Deutschland ist ein demokratischer und sozialer Bundesstaat. (2) Alle Staatsgewalt geht vom Volke aus. Sie wird vom Volke in Wahlen und Abstimmungen und durch besondere Organe der Gesetzgebung, der vollziehenden Gewalt und der Rechtsprechung ausgeübt".

1029 So Huber, Allgemeines Verwaltungsrecht, S. 77 ff.; Schachtschneider, Prinzipien des Rechtsstaates, S. 114; Jesch, Gesetz und Verwaltung, S. 145 f., 171 ff., insbesondere 175 ff, deren Analyse sich aber auf die Geltung des Vorbehalts des Gesetzes für die Leistungsverwaltung konzentriert.

1030 BVerfGE 34, 165 (192 f.); 41, 251 (259 f.); 45, 400 (417 f.); 47, 46 (78 f.); 49, 89 (126 f.); 57, 295 (320 ff.); 58, 257 (268); 108, 282 (312); 150, 1 (96 ff.). Zur Wesentlichkeitstheorie des Bundesverfassungsgerichts siehe Huber, Grundrechtsschutz durch Organisation und Verfahren, S. 195 ff.; ders., Allgemeines Verwaltungsrecht, S. 78 ff.; Kloepfer, JZ 1984, 685 (689 ff.); Schachtschneider, Prinzipien des Rechtsstaates, S. 116 f.

1031 Siehe u.a. BVerfGE 58, 257 (268); Kloepfer, JZ 1984, 685 (690).

des Gesetzes nicht nur für die Eingriffsverwaltung, sondern auch für die Leistungsverwaltung gilt,[1032] dann soll das auch für die Missbrauchsabwehr gelten, die sogar in der Praxis mit echten Eingriffen in Grundrechte verbunden werden kann. Darüber hinaus soll nicht vergessen werden, dass die zweite Gewalt im Grundgesetz als „vollziehende Gewalt" bezeichnet wird.[1033]

d) Die polizeiliche Generalklausel

Es kann sein, dass nicht alle Missbrauchstatbestände vom Gesetzgeber normiert sind.[1034] Dann ergibt sich die Frage der Anwendung einer polizeilichen Generalklausel.[1035] Die Generalklauseln des Polizei- und des Ordnungsrechts, die gegenüber fachspezifischen Einzelregelungen subsidiären Charakter haben,[1036] geben den Behörden die Befugnis, „die notwendigen Maßnahmen zu treffen, um eine im einzelnen Falle bestehende Gefahr für die öffentliche Sicherheit oder Ordnung abzuwehren."[1037] Die Weite der Generalklausel sowohl auf der Ebene des Tatbestandes als auch dieser der Rechtsfolgen versucht, den Behörden die erforderliche Flexibilität sowie die erforderliche Effektivität zu sichern.[1038]

Nach richtiger Auffassung ist die Kompetenz der Polizei zur Konkretisierung dessen, was die öffentliche Sicherheit und Ordnung im Einzelfall fordern, anzunehmen, weil das Misstrauen gegenüber der Polizei bei dieser Konkretisierung „in einem rechtsstaatlichen Verfassungssystem ohne rechten Grund" ist.[1039] Zwar gibt es auch „ein rechtsstaatliches Desiderat" für die Ersetzung der Generalklausel durch bestimmte Einzelregelungen für bestimmte Sachbereiche,[1040] dennoch unterstreicht das Erfordernis der „Notwendigkeit" genau den Zusammenhang zwischen dem Mittel und dem Zweck des polizeilichen Handelns und begrenzt die Maßnahmen nicht nur im Hinblick auf ihre Art, sondern auch im

---

1032 Siehe dazu Huber, Allgemeines Verwaltungsrecht, S. 78; Schachtschneider, Prinzipien des Rechtsstaates, S. 113 ff.

1033 Schachtschneider, Prinzipien des Rechtsstaates, S. 112.

1034 Gallwas, Der Mißbrauch von Grundrechten, S. 106.

1035 Gallwas, Der Mißbrauch von Grundrechten, S. 106.

1036 Friauf, in: von Münch/Schmidt-Aßmann (Hrsg.), Besonderes Verwaltungsrecht, Rn. 26.

1037 Gusy, Polizei- und Ordnungsrecht, Rn. 312.

1038 Gusy, Polizei- und Ordnungsrecht, Rn. 316 m.w.N.

1039 So Gallwas, Der Mißbrauch von Grundrechten, S. 107.

1040 So Friauf, in: von Münch/Schmidt-Aßmann (Hrsg.), Besonderes Verwaltungsrecht, Rn. 25.

Hinblick auf ihren Inhalt.[1041] Zusätzlich findet das Erfordernis der „Notwendigkeit" ihre Entwicklung im Übermaßverbot.[1042] In diesem Rahmen kann die Polizei alle unmittelbar störenden Handlungen zum Stillstand bringen.[1043]

e) Reaktionsmöglichkeiten der Gerichte

Was schließlich die Judikative angeht: Wenn sie rein repressiv gegen missbräuchliche Grundrechtsausübungen reagiert, dann bedarf diese Reaktion keiner besonderen gesetzlichen Ermächtigung, weil es um eine Rechtsanwendung geht.[1044] Klassisches Beispiel einer Rechtsanwendung stellt die Abweisung des Antrags auf Rechtsschutz dar, die der Missbraucher für den Grundrechtsmissbrauch stellt.[1045] Dennoch bedarf eine über die reine Repression hinausgehende und nicht missbräuchliche Grundrechtsausübungen erfassende Reaktion, wie z. B. die Verhängung von Strafen, eines grundrechtlichen Vorbehaltes und einer besonderen gesetzlichen Ermächtigung.[1046] Im Gegensatz zum Strafrichter, der Maßnahmen zur Abwehr von Grundrechtsausübungen, die strafbare Handlungen darstellen, nicht zu treffen hat, denn er ist durch das Gesetzmäßigkeitsgebot („nulla poena sine lege") beschränkt,[1047] kann der Zivilrichter auch repressive Mittel benutzen.[1048] In der Literatur wird dazu das Beispiel des Erlasses einer einstweiligen Anordnung erwähnt.[1049]

2. Besondere Rechtsfolgen

Das Grundgesetz sieht in Art. 9 Abs. 2, 18 und 21 Abs. 2 GG für konkrete Grundrechtsausübungen besondere Sanktionen vor: das Vereinigungsverbot, die Verwirkung und das Parteiverbot.[1050] Alle diese Vorschriften haben ein gemeinsames

---

1041 Gusy, Polizei- und Ordnungsrecht, Rn. 315.

1042 Gusy, Polizei- und Ordnungsrecht, Rn. 315. Vgl. Gallwas, Der Mißbrauch von Grundrechten, S. 107.

1043 So treffend Gallwas, Der Mißbrauch von Grundrechten, S. 107.

1044 Gallwas, Der Mißbrauch von Grundrechten, S. 112.

1045 Gallwas, Der Mißbrauch von Grundrechten, S. 112, mit Verweis auf BVerfGE 12, 1 (4); BGHZ 12, 197 (202).

1046 Gallwas, Der Mißbrauch von Grundrechten, S. 112, mit Verweis auf BVerfGE 15, 226; von Hippel, Grenzen und Wesensgehalt der Grundrechte, S. 41 ff.

1047 Gallwas, Der Mißbrauch von Grundrechten, S. 112.

1048 Gallwas, Der Mißbrauch von Grundrechten, S. 113.

1049 Siehe Gallwas, Der Mißbrauch von Grundrechten, S. 113 ff. Zur einstweiligen Verfügung im Allgemeinen siehe Schellhamer, Zivilprozess, Rn. 1937 ff.

1050 Vgl. Gallwas, Der Mißbrauch von Grundrechten, S. 116.

Merkmal: Sie zeigen die Entscheidung des Grundgesetzgebers für die sogenannte „streitbare Demokratie".[1051] Die dort vorgesehenen Sanktionen sind Mechanismen des Schutzes der freiheitlichen demokratischen Grundordnung.[1052] Die vorliegende Arbeit verfolgt aber die Frage der Beziehung zwischen diesen Vorschriften und den allgemeinen Rechtsfolgen des Grundrechtsmissbrauchs.

a) Die Sanktion der Verwirkung

aa) Allgemeines zur Verwirkung

Art 18 GG begnügt sich nicht damit, den Missbrauch konkreter Freiheitsrechte zu verbieten, sondern sieht eine Rechtsfolge dieses Missbrauchs vor, nämlich die Verwirkung:[1053] „Wer die Freiheit der Meinungsäußerung, insbesondere die Pressefreiheit (Artikel 5 Abs. 1), die Lehrfreiheit (Artikel 5 Abs. 3), die Versammlungsfreiheit (Artikel 8), die Vereinigungsfreiheit (Artikel 9), das Brief-, Post- und Fernmeldegeheimnis (Artikel 10), das Eigentum (Artikel 14) oder das Asylrecht (Artikel 16a) zum Kampfe gegen die freiheitliche demokratische Grundordnung mißbraucht, verwirkt diese Grundrechte. Die Verwirkung und ihr Ausmaß werden durch das Bundesverfassungsgericht ausgesprochen".

Jeder Grundrechtsgebrauch zum Kampf gegen die freiheitliche demokratische Grundordnung ist aufgrund des allgemeinen Missbrauchsvorbehalts ohne Grundrechtsschutz.[1054] Die ausdrückliche Erwähnung des Wortes „mißbraucht" in Art. 18 GG nur für konkrete Freiheitsrechte hat nicht den Sinn, dass die Benutzung der sonstigen Freiheitsrechte zum Kampf gegen die freiheitliche demokratische Grundordnung als „Grundrechtsgebrauch" zu verstehen ist, sondern als „Indiz" dafür, dass ein solches Verhalten als Grundrechtsüberschreitung für alle Freiheitsrechte anzusehen ist.[1055]

Die besondere Bedeutung des Art. 18 GG liegt deshalb darin, dass für sehr gefährliche Missbrauchsfälle die „besondere" Sanktion der Verwirkung

1051 BVerfGE 80, 244 (253); 144, 20 (166); Löwer, in: von Münch (Begr.)/Kunig (Hrsg.), GGK I, Art. 9 Rn. 9. Vgl. BVerfGE 5, 85 (139); 25, 88 (100).

1052 BVerfGE 144, 20 (166); Löwer, in: von Münch (Begr.)/Kunig (Hrsg.), GGK I, Art. 9 Rn. 9, Fn. 34; Löwer, in: Hillgruber/Waldhoff (Hrsg.), 60 Jahre Bonner Grundgesetz, S. 65 (66 ff., 79–83).

1053 Dagtoglou, in: Iliopoulos-Strangas (Hrsg.), Der Mißbrauch von Grundrechten in der Demokratie, S. 103 (110).

1054 So treffend Gallwas, Der Mißbrauch von Grundrechten, S. 148.

1055 Gallwas, Der Mißbrauch von Grundrechten, S. 147 f.

vorgesehen wird.[1056] Die Verwirkung betrifft nicht den Grundrechtsschutz für die konkrete Missbrauchshandlung, sondern diesen für zukünftige Grundrechtsausübungen.[1057] Damit die Verfassung geschützt wird, „wird dem der Verwirkung Unterliegenden der weitere Grundrechtsgebrauch unabhängig von einem damit verbundenen Missbrauch genommen".[1058] „Der Mißbraucher wird also, was seinen grundrechtlichen Schutz betrifft, pro futuro aus einem bestimmten Lebensbereich gewiesen."[1059] Die Annahme des allgemeinen Missbrauchsvorbehalts bei den Grundrechten macht eine Rückwirkung des Verwirkungsausspruchs[1060] entbehrlich.[1061]

Allgemeiner Missbrauchsvorbehalt	**Verwirkung**
Kein Grundrechtsschutz für die **konkrete** Missbrauchshandlung	Kein Grundrechtsschutz für **zukünftige** Grundrechtsausübungen

bb) Die Sperrwirkung des Entscheidungsmonopols gegenüber den allgemeinen Rechtsfolgen des Grundrechtsmissbrauchs

Jedoch entfaltet das Entscheidungsmonopol des Bundesverfassungsgerichts eine Sperrwirkung gegenüber den allgemeinen Rechtsfolgen des Grundrechtsmissbrauchs.[1062]

Der Rechtsprechung des Bundesverfassungsgerichts lassen sich einige Aspekte zu dieser Sperrwirkung entnehmen. Nach dem Berufsverbot I-Beschluss habe das Grundgesetz für den Missbrauch des Rechts der freien politischen Betätigung zum Kampf gegen die freiheitliche demokratische Grundordnung „schwere Sanktionen angedroht, zugleich aber durch besondere Rechtsgarantien dafür gesorgt, daß diese nicht leichthin verhängt werden können. Dem gilt vor allem die Beschränkung des Ausspruchs der Sanktionen

1056 Gallwas, Der Mißbrauch von Grundrechten, S. 148.

1057 Gallwas, Der Mißbrauch von Grundrechten, S. 131; ihm zustimmend Thiel, in: Thiel (Hrsg.), Wehrhafte Demokratie, S. 129 (153).

1058 Thiel, in: Thiel (Hrsg.), Wehrhafte Demokratie, S. 129 (151). So auch Reißmüller, JZ 1960, 529 (532).

1059 Reißmüller, JZ 1960, 529 (532).

1060 So Dürig, JZ 1952, 513 (517).

1061 Thiel, in: Thiel (Hrsg.), Wehrhafte Demokratie, S. 129 (154).

1062 So treffend Gallwas, Der Mißbrauch von Grundrechten, S. 148.

durch das Bundesverfassungsgericht. [...] Dieses wohlausgewogene System darf nicht dadurch durchbrochen werden, daß neben der bundesverfassungsrechtlichen Regelung für den gleichen Tatbestand des Mißbrauchs noch weitere gleichartige Sanktionen von einem Landesgesetzgeber angedroht werden, deren Verhängung überdies einer spezifisch politischen Stelle übertragen wird."[1063] Dieser Beschluss wurde ergänzt, indem der Erste Senat in späterem Beschluss betont, dass die Feststellung des Kampfes gegen die freiheitliche demokratische Grundordnung nicht nur im Verfahren gemäß Art. 18 GG vom Bundesverfassungsgericht getroffen werden könne.[1064] Das Bundesverfassungsgericht sei zwar vom Art. 18 GG „zum gesetzlichen Richter für den Ausspruch der Verwirkung gewisser Grundrechte" bestimmt und damit seien Entscheidungen anderer Staatsorgane ausgeschlossen, „die im Ergebnis eines der in Art. 18 GG genannten Grundrechte aberkennen", gebe es aber keinen solchen Fall, „wenn einem Verfolgten Entschädigungsansprüche [...] versagt werden, denn diese Ansprüche gehören nicht zu den in Art. 18 GG behandelten Grundrechten".[1065] Schließlich teilt der Erste Senat des Bundesverfassungsgerichts in dem Berufsverbot II-Beschluss den Gedanken, „Art. 18 GG bilde keine Schranke für strafrechtliche Sanktionen, soweit das Grundgesetz im übrigen die Sicherung der Verfassung mit strafrechtlichen Mitteln gestattet".[1066]

Dieser Rechtsprechung ist grundsätzlich zuzustimmen. Die Sperrwirkung betrifft alle einfachgesetzlichen Vorschriften, deren Tatbestand *und* Rechtsfolgen mit Art. 18 GG übereinstimmen.[1067] Wie *Stern* zutreffend betont, ist diese Konsequenz der „allgemeinen Interpretationsregel" zu entnehmen, „daß Normen nur bei einer solchen Übereinstimmung nicht gemeinsam angewandt werden können".[1068] Kritisch ist aber die Rechtsfolgenseite.[1069] Wenn eine gesetzliche

1063 BVerfGE 10, 118 (123); Gallwas, Der Mißbrauch von Grundrechten, S. 148 f.; Seuffert, in: FS Geiger zum 65. Geburtstag, S. 797 (799). Vgl. Simon, Sondervotum, BVerfGE 63, 298 (306 f.), zitiert auch von Stern, in: Stern (Hrsg.), Staatsrecht III/2, § 87, S. 978 f.

1064 BVerfGE 13, 46 (51); Seuffert, in: FS Geiger zum 65. Geburtstag, S. 797 (799).

1065 BVerfGE 13, 46 (51); Seuffert, in: FS Geiger zum 65. Geburtstag, S. 797 (799).

1066 BVerfGE 25, 88 (100); Seuffert, in: FS Geiger zum 65. Geburtstag, S. 797 (800).

1067 Stern, in: Stern (Hrsg.), Staatsrecht III/2, § 87, S. 979; Gallwas, Der Mißbrauch von Grundrechten, S. 151; Schmitt Glaeser, Mißbrauch und Verwirkung von Grundrechten im politischen Meinungskampf, S. 274 ff.; Thiel, in: Thiel (Hrsg.), Wehrhafte Demokratie, S. 129 (166).

1068 Stern, in: Stern (Hrsg.), Staatsrecht III/2, § 87, S. 979.

1069 Dürig/Klein, in: Maunz/Dürig, GG, Art. 18 Rn. 129.

Regelung an den Tatbestand des Grundrechtsmissbrauchs des Art. 18 GG die Grundrechtsverwirkung geknüpft hätte, dann wäre es offensichtlich, dass eine solche Regelung unzulässig ist.[1070] So stellt sich die Frage nach der Gleichartigkeit der Rechtsfolge.[1071] Die Zielrichtung und der angestrebte Zweck der Maßnahme, die präventiv oder repressiv sein kann, stellt das Kriterium dafür dar.[1072] Da die Verwirkung die Zukunft betrifft und demzufolge es beim Art. 18 GG um einen präventiven Schutz der Verfassung geht, bezieht sich das Entscheidungsmonopol des Bundesverfassungsgerichts nicht auf Maßnahmen, die ausschließlich repressiv sind.[1073] Das sogenannte politische Strafrecht, soweit es als Tatbestandsmerkmal den Kampf gegen die freiheitliche demokratische Grundordnung hat, hat zwar den gleichen Tatbestand mit Art. 18 GG, sieht aber nicht dieselben Rechtsfolgen vor.[1074] Die Sanktion der Freiheits- oder Geldstrafe „ist Sühne für schuldhaft begangenes Unrecht", was aber für die Grundrechtsverwirkung nicht der Fall ist.[1075] Dasselbe gilt auch für die strafrechtlichen Nebenfolgen, die nach § 45, 70, 92a StGB ausgesprochen werden können, denn auch sie sind Strafsanktionen.[1076] Insbesondere das Berufsverbot hat als strafrechtliche Nebenfolge einen anderen Zweck als denjenigen, den die Verwirkung anstrebt.[1077] Das Berufsverbot kann verhängt werden, wenn sich der Gesamtwürdigung des Täters und der Tat die Gefahr entnehmen lässt, dass er „erhebliche rechtswidrige Taten" begehen wird, wenn er seinen Beruf weiter ausübt, nicht aber angesichts der Bekämpfung der freiheitlichen demokratischen Grundordnung, sondern angesichts seines Berufs.[1078]

Schließlich ist zu betonen, dass Art. 18 GG nach richtiger Auffassung keine Sperrwirkung für diejenigen Grundrechte hat, die vom Art. 18 GG nicht erfasst sind.[1079] In diesem Rahmen entfaltet Art. 18 GG keine Sperrwirkung

---

1070 Dürig/Klein, in: Maunz/Dürig, GG, Art. 18 Rn. 129.

1071 Dürig/Klein, in: Maunz/Dürig, GG, Art. 18 Rn. 129; Brenner, in: von Mangoldt/Klein/Starck, GG, Art. 18 Rn. 90.

1072 Brenner, in: von Mangoldt/Klein/Starck, GG, Art. 18 Rn. 90.

1073 Gallwas, Der Mißbrauch von Grundrechten, S. 149; Reißmüller, JZ 1960, 529 (532); Seuffert, in: FS Geiger zum 65. Geburtstag, S. 797 (799 f.); Thiel, in: Thiel (Hrsg.), Wehrhafte Demokratie, S. 129 (166).

1074 Stern, in: Stern (Hrsg.), Staatsrecht III/2, § 87, S. 980.

1075 Stern, in: Stern (Hrsg.), Staatsrecht III/2, § 87, S. 980.

1076 Stern, in: Stern (Hrsg.), Staatsrecht III/2, § 87, S. 980 m.w.N.

1077 Brenner, in: von Mangoldt/Klein/Starck, GG, Art. 18 Rn. 91.

1078 Brenner, in: von Mangoldt/Klein/Starck, GG, Art. 18 Rn. 91.

1079 So Stern, § 87 Die Grundrechtsverwirkung, in: Stern, Staatsrecht III/2, S. 981.

gegenüber zulässigen Berufsverboten des Gewerberechts, denn Art. 12 GG ist vom Art. 18 GG nicht erfasst.[1080] Nur Art. 12 GG stellt den Maßstab dar, um ein Verbot als zulässig zu beurteilen.[1081]

b) Die Sanktion des Vereinigungsverbots

aa) Allgemeines zum Vereinigungsverbot

Beim Art. 9 Abs. 2 geht es um eine Sicherung des Staates gegenüber den „Gefahren der freien gesellschaftlichen Assoziation".[1082] Gemäß diesem Artikel gilt: „Vereinigungen, deren Zwecke oder deren Tätigkeit den Strafgesetzen zuwiderlaufen oder die sich gegen die verfassungsmäßige Ordnung oder gegen den Gedanken der Völkerverständigung richten, sind verboten".

Im Gegensatz zu Art. 21 Abs. 2 GG ist in Art. 9 Abs. 2 GG nicht explizit geregelt, dass eine Entscheidung über die Verfassungswidrigkeit benötigt wird.[1083] Das bedeutet aber nicht, dass jede Behörde „ohne weiteres" die Befugnis hat, die Bedingungen dieses Artikels festzustellen und entsprechende Maßnahmen zu ergreifen.[1084] Vielmehr wird eine Konkretisierung des Vereinigungsverbots in jedem einzelnen Fall durch die zuständige Stelle der Exekutive benötigt.[1085] Die Verbotsverfügung wirkt konstitutiv.[1086]

Nach richtiger Auffassung[1087] sind mit dem Begriff der „Strafgesetze" nur solche Strafrechtsnormen gemeint, deren Tatbestände zugleich „materiellrechtlich Kriminalunrecht" darstellen, von den Rechtsgenossen auch als „crimen" angesehen werden.[1088] Zur verfassungsmäßigen Ordnung im Sinne von Art. 9 Abs. 2 GG gehören nach der Rechtsprechung des Bundesverwaltungsgerichts „(mindestens) die elementaren Verfassungsgrundsätze, die [...] den Begriff der freiheitlich-demokratischen Grundordnung im Sinne von Art. 21 Abs. 2 GG bilden", jedoch „insbesondere das demokratische Prinzip mit der Verantwortlichkeit

---

1080 Stern, in: Stern (Hrsg.), Staatsrecht III/2, § 87, S. 981.

1081 Stern, in: Stern (Hrsg.), Staatsrecht III/2, § 87, S. 981.

1082 Löwer, in: von Münch (Begr.)/Kunig (Hrsg.), GGK I, Art. 9 Rn. 9.

1083 BVerfGE 47, 330 (351); BVerwGE 4, 188 (189).

1084 BVerfGE 47, 330 (351); BVerwGE 4, 188 (189).

1085 BVerfGE 47, 330 (351); BVerwGE 4, 188 (189).

1086 BVerfGE 47, 330 (351). Zur konstitutiven Wirkung der Verbotsverfügung siehe Kemper, in: von Mangoldt/Klein/Starck, GG, Art. 9 Abs. 2 Rn. 70 m.w.N.

1087 So Gallwas, Der Mißbrauch von Grundrechten, S. 161.

1088 Im Sinne *Dürigs*. Siehe Dürig, in: Maunz/Dürig (Hrsg.), Grundgesetz Sonderdruck, Art. 2 Abs. I Rn. 76, S. 63.

der Regierung, das Mehrparteienprinzip und das Recht auf verfassungsmäßige Bildung und Ausübung einer Opposition".[1089] Auch nach dem Bundesverfassungsgericht umfasse „dieses Schutzgut die elementaren Grundsätze der Verfassung (…), namentlich die Menschenwürde nach Art. 1 Abs. 1 GG, das Demokratieprinzip und den Grundsatz der Rechtsstaatlichkeit".[1090]

bb) Die Sperrwirkung des Art. 9 Abs. 2 GG gegenüber den allgemeinen Rechtsfolgen des Grundrechtsmissbrauchs

Das Vereinigungsverbot betrifft daher Ausübungen der Vereinigungsfreiheit, die Missbrauchstatbestände in dem Sinne des allgemeinen Missbrauchsvorbehalts darstellen.[1091] Die Sperrwirkung des Art. 9 Abs. 2 GG gegenüber den allgemeinen Rechtsfolgen des Grundrechtsmissbrauchs betrifft aber nur die Ausschließlichkeit der Gründe, aus denen eine Vereinigung verboten werden darf.[1092] Weitere Verbotsgründe sind nur durch Verfassungsänderung möglich.[1093] Die Vorschrift bedeutet aber nicht, dass die Individualgrundrechte der Vereinigung nicht beschränkt werden dürfen.[1094] Art. 9 Abs. 2 GG stellt gewiss kein Hindernis für ein Verbot bestimmter Tätigkeiten der Vereinigung dar.[1095] Jedoch darf eine Vereinigung vor der Verbotsverfügung auf keinen Fall als verboten behandelt werden.[1096]

Was einzelne Vereinigungsmitglieder betrifft, können die allgemeinen Rechtsfolgen des Grundrechtsmissbrauchs gegen sie verhängt werden.[1097] Darüber

---

1089 BVerwG NJW 1981, 1796 (1796) mit Verweis auf BVerfGE 2, 1 (12 f.). Zu dieser Rechtsprechung siehe auch Kemper, in: von Mangoldt/Klein/Starck, GG, Art. 9 Abs. 2 Rn. 77.

1090 BVerfGE 149, 160 (197) = NVwZ 2018, 1788 (1791).

1091 So treffend Gallwas, Der Mißbrauch von Grundrechten, S. 161, 174.

1092 Gallwas, Der Mißbrauch von Grundrechten, S. 161 f. Den abschließenden Charakter der Verbotsgründe betonen u.a. auch BVerfGE 80, 244 (253): „Mit dieser abschließenden Festlegung von Verbotsgründen"; Füßlein, in: Neumann/Nipperdey/Scheuner (Hrsg.), Die Grundrechte II, S. 425 (435); Lengsfeld, Das Recht zum Verbot verfassungswidriger Vereinigungen, S. 40 ff.; Spiller, Das Vereinsverbot, S. 76 ff.; Schnorr, Öffentliches Vereinsrecht, § 3 Rn. 4; von Münch, in: Kahl/Waldhoff/Walter (Hrsg.), BK GG, Art. 9 Rn. 79; Kemper, in: von Mangoldt/Klein/Starck, GG, Art. 9 Abs. 2 Rn. 79; Scholz, in: Maunz/Dürig, GG, Art. 9 Rn. 122.

1093 Von Münch, in: Kahl/Waldhoff/Walter (Hrsg.), BK GG, Art. 9 Rn. 79.

1094 Gallwas, Der Mißbrauch von Grundrechten, S. 162; von Münch, in: Kahl/Waldhoff/Walter (Hrsg.), BK GG, Art. 9 Rn. 94.

1095 BVerfGE 149, 160 (195) = NVwZ 2018, 1788 (1790).

1096 BVerwGE 47, 330 (351).

1097 Gallwas, Der Mißbrauch von Grundrechten, S. 162.

hinaus kann man ihnen missbrauchte Grundrechte nach Art. 18 GG aberkennen lassen.[1098] Art. 18 GG darf aber „nicht in der Weise instrumentalisiert werden, dass durch die Einleitung einer Vielzahl von Verwirkungsverfahren ein faktisches Verbot der Vereinigung erreicht wird".[1099]

c) Die Sanktion des Parteiverbots

aa) Allgemeines zum Parteiverbot

Gemäß Art. 21 Abs. 2 GG gilt: „Parteien, die nach ihren Zielen oder nach dem Verhalten ihrer Anhänger darauf ausgehen, die freiheitliche demokratische Grundordnung zu beeinträchtigen oder zu beseitigen oder den Bestand der Bundesrepublik Deutschland zu gefährden, sind verfassungswidrig. Über die Frage der Verfassungswidrigkeit entscheidet das Bundesverfassungsgericht".

Das Bundesverfassungsgericht versteht Art. 21 Abs. 2 GG als „Ausdruck des bewußten verfassungspolitischen Willens zur Lösung eines Grenzproblems der freiheitlichen demokratischen Staatsordnung, Niederschlag der Erfahrungen eines Verfassungsgebers, der in einer bestimmten historischen Situation das Prinzip der Neutralität des Staates gegenüber den politischen Parteien nicht mehr rein verwirklichen zu dürfen glaubte, Bekenntnis zu einer – in diesem Sinne – ‚streitbaren Demokratie'."[1100]

Das Gericht hat das Verbot der Sozialistischen Reichspartei (SRP) im Jahre 1952[1101] und der Kommunistischen Partei Deutschlands (KPD) im Jahre 1956[1102] ausgesprochen, während die Nationaldemokratische Partei Deutschlands (NPD) im Jahre 2017 nicht verboten wurde, obwohl vom Bundesverfassungsgericht festgestellt wurde, dass sie „nach ihren Zielen und dem Verhalten ihrer Anhänger die Beseitigung der freiheitlichen demokratischen Grundordnung" anstrebe[1103] und „planvoll und qualifiziert auf die Erreichung ihrer gegen die freiheitliche demokratische Grundordnung gerichteten Ziele" hinarbeite.[1104]

1098 Gallwas, Der Mißbrauch von Grundrechten, S. 162; Brenner, in: von Mangoldt/Klein/Starck, GG, Art. 18 Rn. 78; Krebs, in: von Münch (Begr.)/Kunig (Hrsg.), GGK I, Art. 18 Rn. 22; Pestalozza, Verfassungsprozeßrecht, § 3 Rn. 19; Dürig/Klein, in: Maunz/Dürig, GG, Art. 18 Rn. 115 ff.

1099 Brenner, in: von Mangoldt/Klein/Starck, GG, Art. 18 Rn. 78. Vgl. Dürig/Klein, in: Maunz/Dürig, GG, Art. 18 Rn. 116.

1100 BVerfGE 5, 85 (139). Siehe auch Ipsen, in: Sachs (Hrsg.), GG, Art. 21 Rn. 146.

1101 Siehe BVerfGE 2, 1 ff.

1102 Siehe BVerfGE 5, 85 ff.

1103 BVerfGE 144, 20 (22 f.) = EuGRZ 2017, 44, (45, Leitsatz 9 a).

1104 BVerfGE 144, 20 (23) = EuGRZ 2017, 44, (45, Leitsatz 9 b).

Denn es fehle „an konkreten Anhaltspunkten von Gewicht, die es zumindest möglich erscheinen lassen, dass dieses Handeln zum Erfolg führt".[1105]

bb) Die Sperrwirkung des Art. 21 Abs. 2 GG gegenüber den allgemeinen Rechtsfolgen des Grundrechtsmissbrauchs

Auch hier stellen die Gründe, aus denen eine Partei verboten werden darf, Missbrauchstatbestände in dem Sinne des allgemeinen Missbrauchsvorbehalts dar[1106] und sind ausschließlich erwähnt worden.[1107] Auch die Parteien unterliegen grundsätzlich den allgemeinen Missbrauchsgrenzen und sie müssen die allgemeinen Rechtsfolgen des Grundrechtsmissbrauchs tolerieren.[1108] Entsprechendes gilt auch für ihre Mitglieder, wenn sie ihre Grundrechte missbrauchen.[1109]

Jedoch schützt diese Vorschrift nicht nur die Rechtsordnung, sondern auch die Parteien selbst,[1110] denn sie drückt das sogenannte „Parteienprivileg" aus.[1111] Eine Definition des Parteienprivilegs gibt das Bundesverfassungsgericht: „Art. 21 GG stattet die politischen Parteien wegen ihrer Sonderstellung im Verfassungsleben mit einer erhöhten Schutz- und Bestandsgarantie (dem sogenannten ‚Parteienprivileg') aus. Diese findet vor allem ihren Ausdruck darin, daß die politischen Parteien im Gegensatz zu anderen politischen Vereinigungen nur durch das Bundesverfassungsgericht für verfassungswidrig erklärt werden können. Daraus folgt, daß bis zur Entscheidung des Bundesverfassungsgerichts niemand die Verfassungswidrigkeit einer Partei rechtlich geltend machen kann. Insofern kommt der Entscheidung des Bundesverfassungsgerichts konstitutive Bedeutung zu."[1112]

Das Bundesverfassungsgericht anerkennt demzufolge nicht nur eine „formellrechtliche Sperrwirkung" (ausschließliche Zuständigkeit des Bundesverfassungsgerichts), sondern auch eine „materiell-rechtliche Sperrwirkung" (keine rechtliche Geltendmachung der Verfassungswidrigkeit einer Partei bis zur Entscheidung des Bundesverfassungsgerichts).[1113] Nach ständiger Rechtsprechung

---

1105 BVerfGE 144, 20 (23) = EuGRZ 2017, 44, (45, Leitsatz 9 c).
1106 Gallwas, Der Mißbrauch von Grundrechten, S. 162 f., 174.
1107 Gallwas, Der Mißbrauch von Grundrechten, S. 163.
1108 Gallwas, Der Mißbrauch von Grundrechten, S. 163.
1109 Gallwas, Der Mißbrauch von Grundrechten, S. 163.
1110 Gallwas, Der Mißbrauch von Grundrechten, S. 163.
1111 Gallwas, Der Mißbrauch von Grundrechten, S. 163, mit Verweis auf Entscheidungen des Bundesverfassungsgerichts.
1112 BVerfGE 12, 296 (304 f.).
1113 So zutreffend Streinz, in: von Mangoldt/Klein/Starck, GG, Art. 21 Abs. 2 Rn. 216.

des Bundesverfassungsgerichts schließe das Entscheidungsmonopol des Bundesverfassungsgerichts für die Feststellung der Verfassungswidrigkeit einer Partei „administratives Einschreiten gegen den Bestand einer politischen Partei schlechthin aus, mag sie sich der freiheitlichen demokratischen Grundordnung gegenüber noch so feindlich verhalten.“[1114] Eine Partei könne mit der Argumentation, dass sie die freiheitliche demokratische Grundordnung bekämpfe oder auf die Gefährdung der Sicherheit des Staates ausgehe, „zwar politisch bekämpft werden“, eine rechtliche Hinderung an ihrer politischen Aktivität sei aber nicht möglich, „solange sie nicht vom Bundesverfassungsgericht in dem dafür vorgesehenen besonderen Verfahren verboten worden ist.“[1115] Das Grundgesetz dulde die Gefahr, „die in der Gründung oder Tätigkeit einer solchen Partei bis zur Feststellung ihrer Verfassungswidrigkeit besteht, um der politischen Freiheit willen.“[1116] Angesichts der Tatsache, dass „die Parteien verfassungsrechtlich relevante Integrationsfaktoren sind, schließt das Grundgesetz die Möglichkeit aus, daß eine Partei dem Zugriff der Exekutive oder des Gesetzgebers ausgesetzt wird.“[1117]

Somit versteht das Bundesverfassungsgericht das „Parteienprivileg“ als Hindernis zu den allgemeinen Rechtsfolgen des Grundrechtsmissbrauchs.[1118] Nach richtiger Auffassung gilt das aber nur, insoweit keine anderen Missbrauchstatbestände gleichzeitig erfüllt werden.[1119] Jedoch auch in diesem Fall dürfen die Maßnahmen nicht einem Parteiverbot gleichkommen.[1120]

Schließlich schützt Art. 21 Abs. 2 GG bis zu einem Verbot auch die parteioffizielle oder parteiverbundene Tätigkeit der Funktionäre und Anhänger vor dem Zugriff der Exekutive oder des Gesetzgebers.[1121] Zutreffend aber betont das Bundesverfassungsgericht, dass dieser Schutz nicht alle Tätigkeiten, sondern nur die „mit allgemein erlaubten Mitteln arbeitende Tätigkeit“, die insbesondere im

---

1114 BVerfGE 5, 85 (140). Siehe auch BVerfGE 40, 287 (291); 47, 198 (228); 107, 339 (362); BVerfGE 144, 20 (201) = EuGRZ 2017, 44, Rn. 526.

1115 BVerfGE 39, 334 (357). Siehe auch BVerfGE 47, 130 (139); 47, 198 (228); 107, 339 (362); BVerfGE 144, 20 (201) = EuGRZ 2017, 44, Rn. 526. Vgl. BVerfGE 5, 85 (140); 12, 296 (305); 13, 123 (126); 17, 155 (166).

1116 BVerfGE 12, 296 (306). Siehe auch BVerfGE 47, 198 (228); 107, 339 (362); BVerfGE 144, 20 (201) = EuGRZ 2017, 44, Rn. 526.

1117 BVerfGE 12, 296 (306).

1118 Vgl. Gallwas, Der Mißbrauch von Grundrechten, S. 163.

1119 So Gallwas, Der Mißbrauch von Grundrechten, S. 163.

1120 Gallwas, Der Mißbrauch von Grundrechten, S. 163.

1121 BVerfGE 12, 296 (305); 13, 46 (52); 13, 123 (126); 17, 155 (166); 47, 130 (139).

Rahmen der allgemeinen Gesetze erfolge, betreffe.[1122] So bedingt die Bestrafung eines Mitgliedes oder Anhängers einer politischen Partei nicht, dass das Bundesverfassungsgericht gemäß Art. 21 Abs. 2 GG die Verfassungswidrigkeit der Partei festgestellt hat, wenn die Funktionäre und die Anhänger einer Partei gegen die allgemeinen Strafgesetze, nämlich diejenigen, „die sich nicht gerade gegen das in Art. 21 GG, geschützte Rechtsgut als solches, d. h. nicht gezielt gegen die Freiheit der Parteigründung, den ungeschmälerten Bestand und die freie Entfaltung der Parteien richten, Vorschriften also, die kein Sonderrecht gegen die Parteien enthalten", verstoßen.[1123]

V. Zusammenfassung

Trotz der Kritik gegenüber der Immanenzlehre verstößt die Annahme von immanenten Grenzen nicht gegen den Vorrang der Verfassung[1124] und sie ist mit dem Charakter der Grundrechte als Freiheitsrechte nicht a priori unvereinbar.[1125] Sie berücksichtigt sowohl die Einheit der Verfassung und die Widerspruchsfreiheit der Entscheidungen des Verfassungsgebers[1126] als auch die Gemeinschaftsbezogenheit der grundrechtlichen Freiheit.[1127] Die vorsichtige Annahme von immanenten Grenzen ist nicht nur dogmatisch vorzugswürdig, sondern sie hat auch praktische Vorteile. Sie führt zur Verdeutlichung des Grundrechtstatbestands[1128] und zur Vermeidung von „unnötigen" Grundrechtskollisionen.[1129]

Der liberale Charakter der Grundrechte des Grundgesetzes gründet sich auf das Grundgesetz. Die Freiheitsrechte haben jedoch immanente Grenzen, die die Gemeinschaftsbezogenheit der grundrechtlichen Freiheit ausdrücken. Solche Grenzen haben nicht den Charakter einer positiven Pflicht des Beitrags zur

---

1122 BVerfGE 12, 296 (305); 13, 46 (52); 13, 123 (126); 17, 155 (166); 47, 130 (139).

1123 BVerfGE 47, 130 (139 ff.). Siehe auch Streinz, in: von Mangoldt/Klein/Starck, GG, Art. 21 Abs. 2 Rn. 220.

1124 Muckel, in: FS Schiedermair, S. 347 (349 f.). Vgl. ders., Religiöse Freiheit und staatliche Letztentscheidung, S. 202.

1125 Vgl. Gallwas, Der Mißbrauch von Grundrechten, S. 24.

1126 Vgl. Gallwas, Der Mißbrauch von Grundrechten, S. 35: „so daß man es, falls das Grundrecht das so geschützte Interesse verdrängte, mit einer verfassungswidrigen verfassungsrechtlichen Gewährleistung zu tun hätte".

1127 Das berücksichtigt sowohl das institutionelle als auch das funktionelle Grundrechtsverständnis.

1128 Merten, in: Merten/Papier (Hrsg.), HbGR III, § 60 Rn. 12.

1129 Merten, in: Merten/Papier (Hrsg.), HbGR III, § 60 Rn. 12. Vgl. Starck, JuS 1981, 237 (245 f.).

Gemeinschaft über die Freiheitsrechtsausübung, sondern bloß den Sinn des Ausschlusses derjenigen Verhalten aus dem Schutzbereich der Freiheitsrechte,[1130] die konkrete Schutzgüter anderer Grundrechtsträger, der Allgemeinheit oder des Staates beeinträchtigen.[1131] Diese Grenzen widersprechen dem liberalen-abwehrrechtlichen Charakter der Grundrechte nicht, denn die Freiheitsrechte werden nicht zu „öffentlichen Aufgaben“ umgesetzt.[1132] Sie implizieren aber die Möglichkeit scheinbarer Freiheitsrechtsausübung und damit die Existenz eines allgemeinen Missbrauchsvorbehalts bei den Freiheitsrechten. Der Missbrauch liegt eben in der Beeinträchtigung konkreter Schutzgüter anderer Grundrechtsträger, der Allgemeinheit oder des Staates.[1133]

Da der Grundrechtsmissbrauch ein „Handeln ohne Recht“ darstellt,[1134] sind die von den staatlichen Organen ergriffenen Maßnahmen ausschließlich gegen den Missbrauch als solchen bloß eine Rückverweisung in die schon bestehenden Grenzen des Rechts.[1135] Dennoch sind Maßnahmen, wie zum Beispiel Ersatzleistung, Strafe und Sicherungsmaßnahmen, keine Rückverweisung in die

---

1130 Eine Idee, die auch *Volkmann* unterstützt. Siehe Volkmann, in: Merten/Papier (Hrsg.), HbGR II, § 32 Rn. 43.

1131 Vgl. Gallwas, Der Mißbrauch von Grundrechten, S. 32 ff., sowie seine Definition zum Grundrechtsmissbrauch (S. 35): „Realisierung des freiheitlichen Gehaltes einer Grundrechtsformulierung zu Lasten eines am Grundrechtsverhältnis Beteiligten (anderer Grundrechtsträger, Allgemeinheit oder Staat), sofern das jeweils verletzte Interesse durch eine höherrangige Verfassungsnorm, durch eine vorverfassungsrechtliche Grundidee oder durch einen überpositiven Rechtsgedanken objektiv erkennbar geschützt ist“.

1132 Vgl. Dagtoglou, in: Iliopoulos-Strangas (Hrsg.), Der Mißbrauch von Grundrechten in der Demokratie, S. 103 (106).

1133 Vgl. Gallwas, Der Mißbrauch von Grundrechten, S. 35: der, nachdem er den Grundrechtsmissbrauch als „Realisierung des freiheitlichen Gehaltes einer Grundrechtsformulierung zu Lasten eines am Grundrechtsverhältnis Beteiligten (anderer Grundrechtsträger, Allgemeinheit oder Staat), sofern das jeweils verletzte Interesse durch eine höherrangige Verfassungsnorm, durch eine vorverfassungsrechtliche Grundidee oder durch einen überpositiven Rechtsgedanken objektiv erkennbar geschützt ist“ definiert, betont, dass dieses Kriterium ausreicht, „um festzustellen, ob ein bestimmtes Tun oder Unterlassen Handeln ohne Grundrecht, unzulässige Grundrechtsausübung im Sinne der allgemeinen Mißbrauchslehre ist“.

1134 Gallwas, Der Mißbrauch von Grundrechten, S. 99. Aus der Rechtsprechung BVerfGE 84, 203 (210).

1135 Dürig, in: Maunz/Dürig (Hrsg.), Grundgesetz Sonderdruck, Art. 2 Abs. I Rn. 76, S. 63 f.; Dürig, AöR 81 (1956), 117 (149); Dürig, AöR 79 (1953/1954), 57 (86); Gallwas, Der Mißbrauch von Grundrechten, S. 99 f.

bestehenden Grenzen, sondern echte Grundrechtsverkürzungen und aus diesem Grund ist der Staat an die Grundrechte gebunden.[1136]

Jeder Grundrechtsgebrauch zum Kampf gegen die freiheitliche demokratische Grundordnung und demzufolge auch die Missbrauchshandlung des Art. 18 GG ist aufgrund des allgemeinen Missbrauchsvorbehalts ohne Grundrechtsschutz.[1137] Dasselbe gilt auch für die Tatbestände der Art. 9 Abs. 2[1138] und 21 Abs. 2 GG.[1139]

Die Sperrwirkung des Entscheidungsmonopols des Bundesverfassungsgerichts im Rahmen des Art. 18 GG betrifft alle einfachgesetzlichen Vorschriften, deren Tatbestand *und* Rechtsfolgen mit Art. 18 GG übereinstimmen.[1140] Kritisch ist aber die Rechtsfolgenseite.[1141] Die Zielrichtung und der angestrebte Zweck der Maßnahme, die präventiv oder repressiv, sein kann, stellt das Kriterium dafür dar.[1142] Da die Verwirkung die Zukunft betrifft und es demzufolge beim Art. 18 GG um einen präventiven Schutz der Verfassung geht, bezieht sich das Entscheidungsmonopol des Bundesverfassungsgerichts nicht auf Maßnahmen, die ausschließlich repressiv sind.[1143] Das sogenannte politische Strafrecht, soweit es als Tatbestandsmerkmal den Kampf gegen die freiheitliche demokratische Grundordnung aufweist, hat zwar den gleichen Tatbestand mit Art. 18 GG, sieht aber nicht dieselben Rechtsfolgen vor.[1144] Dasselbe gilt auch für die strafrechtlichen Nebenfolgen, die nach § 45, 70, 92a StGB ausgesprochen werden können, denn auch sie sind Strafsanktionen.[1145]

1136 Gallwas, Der Mißbrauch von Grundrechten, S. 100; Dürig, in: Maunz/Dürig (Hrsg.), Grundgesetz Sonderdruck, Art. 2 Abs. I, Rn 77 f., S. 65 ff.; Stree, Deliktsfolgen und Grundgesetz, S. 87, 229 f.; Lerche, Übermaß und Verfassungsrecht, S. 119 f.

1137 Gallwas, Der Mißbrauch von Grundrechten, S. 148.

1138 Gallwas, Der Mißbrauch von Grundrechten, S. 161, 174.

1139 Gallwas, Der Mißbrauch von Grundrechten, S. 162 f., 174.

1140 Stern, in: Stern (Hrsg.), Staatsrecht III/2, § 87, S. 979; Gallwas, Der Mißbrauch von Grundrechten, S. 151; Schmitt Glaeser, Mißbrauch und Verwirkung von Grundrechten im politischen Meinungskampf, S. 274 ff.; Thiel, in: Thiel (Hrsg.), Wehrhafte Demokratie, S. 129 (166).

1141 Dürig/Klein, in: Maunz/Dürig, GG, Art. 18 Rn. 129.

1142 Brenner, in: von Mangoldt/Klein/Starck, GG, Art. 18 Rn. 90.

1143 Gallwas, Der Mißbrauch von Grundrechten, S. 149; Reißmüller, JZ 1960, 529 (532); Seuffert, in: FS Geiger zum 65. Geburtstag, S. 797 (799 f.); Thiel, in: Thiel (Hrsg.), Wehrhafte Demokratie, S. 129 (166).

1144 Stern, in: Stern (Hrsg.), Staatsrecht III/2, § 87, S. 980.

1145 Stern, in: Stern (Hrsg.), Staatsrecht III/2, § 87, S. 980 m.w.N.

Die Sperrwirkung des Art. 9 Abs. 2 GG gegenüber den allgemeinen Rechtsfolgen des Grundrechtsmissbrauchs betrifft nur die Ausschließlichkeit der Gründe, aus denen eine Vereinigung verboten werden darf.[1146]

Auch beim Art. 21 Abs. 2 GG sind die Gründe, aus denen eine Partei verboten werden darf, ausschließlich erwähnt.[1147] Auch die Parteien unterliegen grundsätzlich den allgemeinen Missbrauchsgrenzen und sie müssen die allgemeinen Rechtsfolgen des Grundrechtsmissbrauchs tolerieren.[1148] Jedoch schützt diese Vorschrift nicht nur die Rechtsordnung, sondern auch die Parteien selbst,[1149] denn sie drückt das sogenannte „Parteienprivileg" aus.[1150] Das Bundesverfassungsgericht versteht das „Parteienprivileg" als Hindernis zu den allgemeinen Rechtsfolgen des Grundrechtsmissbrauchs.[1151] Nach richtiger Auffassung gilt das aber nur, insoweit keine anderen Missbrauchstatbestände gleichzeitig erfüllt werden.[1152] Jedoch auch in diesem Fall dürfen die Maßnahmen nicht einem Parteiverbot gleichkommen.[1153]

1146 Gallwas, Der Mißbrauch von Grundrechten, S. 161 f. Den abschließenden Charakter der Verbotsgründe betonen u.a. auch BVerfGE 80, 244 (253): „Mit dieser abschließenden Festlegung von Verbotsgründen"; Füßlein, in: Neumann/Nipperdey/Scheuner (Hrsg.), Die Grundrechte II, S. 425 (435); Lengsfeld, Das Recht zum Verbot verfassungswidriger Vereinigungen, S. 40 ff.; Spiller, Das Vereinsverbot, S. 76 ff.; Schnorr, Öffentliches Vereinsrecht, § 3 Rn. 4; von Münch, in: Kahl/Waldhoff/Walter (Hrsg.), BK GG, Art. 9 Rn. 79; Kemper, in: von Mangoldt/Klein/Starck, GG, Art. 9 Abs. 2 Rn. 79; Scholz, in: Maunz/Dürig, GG, Art. 9 Rn. 122.

1147 Gallwas, Der Mißbrauch von Grundrechten, S. 163.

1148 Gallwas, Der Mißbrauch von Grundrechten, S. 163.

1149 Gallwas, Der Mißbrauch von Grundrechten, S. 163.

1150 Gallwas, Der Mißbrauch von Grundrechten, S. 163, mit Verweis auf Entscheidungen des Bundesverfassungsgerichts.

1151 Vgl. Gallwas, Der Mißbrauch von Grundrechten, S. 163.

1152 So Gallwas, Der Mißbrauch von Grundrechten, S. 163.

1153 Gallwas, Der Mißbrauch von Grundrechten, S. 163.

Wichtige Ergebnisse

1. Sowohl die Rechtsprechung des Bundesverfassungsgerichts als auch diese des Bundesverwaltungsgerichts und des Bundesgerichtshofs erkennen einen schutzbereichsbegrenzenden allgemeinen Missbrauchsvorbehalt bei den Grundrechten an. Derjenige, der seine Grundrechte missbraucht, genießt keinen Grundrechtsschutz. Die missbräuchliche Grundrechtsausübung steht außerhalb des Schutzbereichs des betroffenen Grundrechts.[1154]
2. Die Literatur begründet die Existenz eines allgemeinen Missbrauchsvorbehalts mit vielen und verschiedenen Argumenten. Dieser Vorbehalt wird aber meistens in dem Sinne verstanden, dass die missbräuchliche Grundrechtsausübung a priori vom Grundrechtsschutz ausgenommen ist. Der Missbrauch wird nämlich als immanente Grenze der Grundrechte angesehen. Aus diesem Grund konzentriert sich ein wesentlicher Teil der Kritik gegenüber einem allgemeinen Missbrauchsvorbehalt auf den schutzbereichsbegrenzenden Charakter der Missbrauchsfigur. Die herrschende Meinung schließt aber aus Art. 18 GG eine immanente Begrenzung zumindest der in ihm erwähnten Grundrechte. Jedoch findet auch sie wesentliche Kritik, während auch vermittelnde Ansichten vertreten werden.[1155]
3. Die vorsichtige Annahme von immanenten Grenzen ist nicht nur dogmatisch vorzugswürdig, sondern sie hat auch praktische Vorteile.[1156]
4. Der liberal-abwehrrechtliche Charakter der Grundrechte des Grundgesetzes gründet sich auf das Grundgesetz.[1157]
5. Die Freiheitsrechte haben immanente Grenzen, die die Gemeinschaftsbezogenheit der grundrechtlichen Freiheit ausdrücken. Solche Grenzen haben nicht den Charakter einer positiven Pflicht des Beitrags zur Gemeinschaft über die Freiheitsrechtsausübung, sondern bloß den Sinn des Ausschlusses derjenigen Verhalten aus dem Schutzbereich der Freiheitsrechte, die konkrete Schutzgüter anderer Grundrechtsträger, der Allgemeinheit oder des Staates beeinträchtigen. Diese Grenzen implizieren die Möglichkeit scheinbarer Freiheitsrechtsausübung und damit die Existenz eines allgemeinen

1154 Siehe oben S. 41 ff.
1155 Siehe oben S. 58 ff.
1156 Siehe oben S. 111 ff.
1157 Siehe oben S. 124 ff.

Missbrauchsvorbehalts bei den Freiheitsrechten. Der Missbrauch liegt eben in der Beeinträchtigung konkreter Schutzgüter anderer Grundrechtsträger, der Allgemeinheit oder des Staates. Die Aufzählung der Schutzgüter stützt sich im Prinzip auf die Aufzählung der „vorrangigen Interessen" anderer Grundrechtsträger,[1158] der Allgemeinheit[1159] sowie der „schutzwürdigen Interessen" der staatlichen Gewalten,[1160] die *Gallwas* in seiner Missbrauchslehre aufführt. Die Argumentation weicht aber in vielen Fragen ab und versucht, die Schwächen der Lehre von *Gallwas* zu überwinden, wobei sie neuere Rechtsprechung und Literatur berücksichtigt.

6. Die Schutzgüter anderer Grundrechtsträger, die immanente Grenzen der Freiheitsrechte bilden, sind die Menschenwürde, das Grundrecht auf Leben, die gleichen Grundrechte anderer Grundrechtsträger sowie strafrechtlich geschützte Individualrechtsgüter, insoweit die strafbare Handlung zugleich „crimen" im Sinne *Dürigs* darstellt. Aber auch die Inanspruchnahme fremden Eigentums oder sonstiger Gegenstände, die zur ausschließlichen Dispositionsbefugnis eines Dritten gehören, stellt ein Handeln außerhalb des grundrechtlichen Schutzes dar.[1161]
7. Die Schutzgüter der Allgemeinheit, die immanente Grenzen der Freiheitsrechte bilden, sind der Bestand der Allgemeinheit, die öffentliche Sicherheit und Ordnung, das Sittengesetz und das Selbstbestimmungsrecht des Volkes.[1162]
8. Die Schutzgüter des Staates, die immanente Grenzen der Freiheitsrechte bilden, sind der Bestand des Staates, die Funktionsfähigkeit der staatlichen Gewalten und die Fundamentalnormen des Art. 79 Abs. 3 GG.[1163]
9. Die Reaktionsmöglichkeiten der staatlichen Gewalten, soweit sie bloß eine Rückverweisung in die bestehenden Grenzen des Rechts im Sinne *Dürigs* darstellen, sind nicht an den Grundrechten zu messen.[1164] Der Vorbehalt des Gesetzes gilt aber auch für die Missbrauchsabwehr.[1165]

1158 Gallwas, Der Mißbrauch von Grundrechten, S. 40 ff.
1159 Gallwas, Der Mißbrauch von Grundrechten, S. 73 ff.
1160 Gallwas, Der Mißbrauch von Grundrechten, S. 90 ff.
1161 Siehe oben S. 139 ff.
1162 Siehe oben S. 145 ff.
1163 Siehe oben S. 155 ff.
1164 Siehe oben S. 161 f.
1165 Siehe oben S. 163 ff.

10. Die Missbrauchshandlung des Art. 18 GG sowie die Tatbestände der Art. 9 Abs. 2 und 21 Abs. 2 GG sind aufgrund des allgemeinen Missbrauchsvorbehalts ohne Grundrechtsschutz.[1166]
11. Das Entscheidungsmonopol des Bundesverfassungsgerichts im Rahmen des Art. 18 GG entfaltet keine Sperrwirkung für einfachgesetzliche Normen, die für den gleichen Tatbestand verschiedene Rechtsfolgen vorsehen.[1167]
12. Die Gründe, aus denen eine Vereinigung oder eine Partei verboten werden darf, sind in Art. 9 Abs. 2 und 21 Abs. 2 GG entsprechend ausschließlich erwähnt.[1168]
13. Das Bundesverfassungsgericht versteht das „Parteienprivileg" als Hindernis zu den allgemeinen Rechtsfolgen des Grundrechtsmissbrauchs. Das gilt aber nach richtiger Auffassung nur grundsätzlich.[1169]

1166 Siehe oben S. 167 f., 172, 174.
1167 Siehe oben S. 168 ff.
1168 Siehe oben S. 172, 174.
1169 Siehe oben S. 174 ff.

Literaturverzeichnis

Abel, Ralf Bernd, Verfassungsrechtliche Aspekte, in: Engstfeld, Paul A./Haack, Friedrich-Wilhelm/Habscheid, Walter J./Klein, Hans Hugo/Klein, Franz/Püttner, Günter/Roxin, Claus/Schmidt, Rainer (Hrsg.), Juristische Probleme im Zusammenhang mit den sogenannten neuen Jugendreligionen, 2. Auflage, München 1982, S. 34 (zitiert als Abel, in: Engstfeld/Haack/Habscheid/Klein/Klein/Püttner/Roxin/Schmidt (Hrsg.), Juristische Probleme, S. 34)

Alexy, Robert, Theorie der Grundrechte, 8. Auflage, Frankfurt am Main 2018 (zitiert als Alexy, Theorie der Grundrechte)

Anthopoulos, Charalambos, Das Problem der funktionalen Verpflichtung der Grundrechte angesichts des Art. 25 §§ 2, 3 und 4 der Verfassung, Thessaloniki 1993 (griechisch) (zitiert als Anthopoulos, Das Problem der funktionalen Verpflichtung der Grundrechte)

Arnauld, Andreas von, Die Freiheitsrechte und ihre Schranken, Baden-Baden 1999 (zitiert als von Arnauld, Die Freiheitsrechte und ihre Schranken)

Bäumlin, Richard, Die rechtsstaatliche Demokratie. Eine Untersuchung der gegenseitigen Beziehungen von Demokratie und Rechtsstaat, Berner Dissertation, Zürich 1954 (zitiert als Bäumlin, Die rechtsstaatliche Demokratie)

Bamberger, Christian, Verfassungswerte als Schranken vorbehaltloser Freiheitsgrundrechte. Vom Verfassungs- zum Gegenseitigkeitsvorbehalt, Frankfurt am Main 1999 (zitiert als Bamberger, Verfassungswerte als Schranken vorbehaltloser Freiheitsgrundrechte)

Baruzzi, Arno, Europäisches „Menschenbild“ und das Grundgesetz für die Bundesrepublik Deutschland, Freiburg/München 1979 (zitiert als Baruzzi, Europäisches „Menschenbild“)

Bauer, Fritz, Grundgesetz und „Schmutz- und Schundgesetz“, JZ 1965, 41 (zitiert als Bauer, JZ 1965, 41)

Baumann, Marcel, Der Begriff von Treu und Glauben im öffentlichen Recht: Ein Beitrag zur Lehre von den obersten Rechtsgrundsätzen, Diss. Zürich 1952 (zitiert als Baumann, Der Begriff von Treu und Glauben)

Bayer, Hermann-Wilfried, Die Bundestreue, Tübingen 1961 (zitiert als Bayer, Die Bundestreue)

Beisel, Daniel, Die Kunstfreiheitsgarantie des Grundgesetzes und ihre strafrechtlichen Grenzen, Heidelberg 1997 (zitiert als Beisel, Die Kunstfreiheitsgarantie des Grundgesetzes)

Bethge, Herbert, Grundrechtswahrnehmung, Grundrechtsverzicht, Grundrechtsverwirkung, in: Isensee, Josef/Kirchhof, Paul (Hrsg.), Handbuch des Staatsrechts der Bundesrepublik Deutschland, Band IX: Allgemeine Grundrechtslehren, 3. Auflage, Heidelberg 2011, § 203 (zitiert als Bethge, in: HStR IX, § 203)

Bethge, Herbert, Rundfunkfreiheit und privater Rundfunk: Eine rechtsgutachtliche Untersuchung der Verfassungsmäßigkeit des niedersächsischen Landesrundfunkgesetzes vom 23. Mai 1984, Frankfurt am Main/Berlin 1985 (zitiert als Bethge, Rundfunkfreiheit und privater Rundfunk)

Bettermann, Karl August, Grenzen der Grundrechte, 2. Auflage, Berlin/New York 1976 (zitiert als Bettermann, Grenzen der Grundrechte)

Beyer, Wilhelm R., Anmerkung zu BGH, Urt. v. 01.02.1954 – III ZR 233/52, NJW 1954, 713 (zitiert als Beyer, NJW 1954, 713)

Birk, Dieter/Desens, Marc/Tappe, Henning, Steuerrecht, 21. Auflage, Heidelberg 2018 (zitiert als Birk/Desens/Tappe, Steuerrecht)

Bleckmann, Albert, Staatsrecht II – Die Grundrechte, 4. Auflage, Köln/Berlin/Bonn/München 1997 (zitiert als Bleckmann, Staatrecht II)

Böckenförde, Ernst-Wolfgang, Grundrechtstheorie und Grundrechtsinterpretation, in: Augsberg, Ino/Unger, Sebastian (Hrsg.), Basistexte: Grundrechtstheorie, Baden-Baden 2012, S. 15 (zitiert als Böckenförde, in: Augsberg/Unger (Hrsg.), Basistexte: Grundrechtstheorie, S. 15)

Böckenförde, Ernst-Wolfgang, Staat, Verfassung, Demokratie: Studien zur Verfassungstheorie und zum Verfassungsrecht, Frankfurt am Main 1991 (zitiert als Böckenförde, Staat, Verfassung, Demokratie)

Böckenförde, Ernst-Wolfgang, Grundrechtstheorie und Grundrechtsinterpretation, NJW 1974, 1529 (zitiert als Böckenförde, NJW 1974, 1529)

Bork, Reinhard, Allgemeiner Teil des Bürgerliches Gesetzbuchs, 4. Auflage, Tübingen 2016 (zitiert als Bork, Allgemeiner Teil)

Bork, Robert H., Neutral Principles and Some First Amendment Problems, Ind. L.J. 47 (1971), 1 (zitiert als Bork, Ind. L.J. 47 (1971), 1)

Brenner, Michael, Grundrechtsschranken und Verwirkung von Grundrechten, DÖV 1995, 60 (zitiert als Brenner, DÖV 1995, 60)

Brugger, Winfried, Kommunitarismus als Sozialtheorie und Verfassungstheorie des Grundgesetzes, ZRPh 2003, 3 (zitiert als Brugger, ZRPh 2003, 3)

Brugger, Winfried, Demokratie, Freiheit, Gleichheit: Studien zum Verfassungsrecht der USA, Berlin 2002 (zitiert als Brugger, Demokratie, Freiheit, Gleichheit)

Brugger, Winfried, Elemente verfassungsliberaler Grundrechtstheorie, JZ 1987, 633 (zitiert als Brugger, JZ 1987, 633)

Butzer, Hermann, Art. 18 [Verwirkung von Grundrechten], in: Epping, Volker/Hillgruber, Christian (Hrsg.), Beck'scher Online-Kommentar GG, 41. Edition (Stand: 15.05.2019) (zitiert als Butzer, in: Epping/Hillgruber (Hrsg.), GG, Art. 18)

Chemerinsky, Erwin, Constitutional Law: Principles and Policies, 5th edition, New York 2015 (zitiert als Chemerinsky, Constitutional Law)

Chen, Alan K., Instrumental Music and the First Amendment, Hastings Law Journal 66 (2015), 381 (zitiert als Chen, Hastings Law Journal 66 (2015), 381)

Christensen, Ralph/Kudlich, Hans, Recht und Missbrauch des Rechtsmissbrauchs, in: Feldner, Birgit/Forgó, Nikolaus (Hrsg.), Norm und Entscheidung: Prolegomena zu einer Theorie des Falls, Wien/New York 2000, S. 189 (zitiert als Christensen/Kudlich, in: Feldner/Forgó (Hrsg.), Norm und Entscheidung, S. 189)

Chryssogonos, Kostas/Vlachopoulos, Spyros, Individuelle und Soziale Rechte, 4. Auflage, Athen 2017 (griechisch) (zitiert als Chryssogonos/Vlachopoulos, Individuelle und Soziale Rechte)

Coelln, Christian von, Art. 18 [Verwirkung von Grundrechten], in: Stern, Klaus/Becker, Florian (Hrsg.), Grundrechte-Kommentar. Die Grundrechte des Grundgesetzes mit ihren europäischen Bezügen, 3. Auflage, Köln 2019 (zitiert als von Coelln, in: Stern/Becker (Hrsg.), Grundrechte-Kommentar, Art. 18)

Čopić, Hans, Grundgesetz und politisches Strafrecht neuer Art: Untersuchungen zur Problematik der Verfassungsmäßigkeit der Tatbestände und Deliktsfolgen der §§ 88-98 (incl. § 86), 100 d II, 100 d III i. V. m. II, 128, 129 StGB, § 20 VereinsG und der Deliktsfolgen gem. §§ 31–34, 37, 42 e, 42 m, 42 l StGB im Falle ihrer Verknüpfung mit den vorgenannten politischen Straftatbeständen, Tübingen 1967 (zitiert als Čopić, Grundgesetz und politisches Strafrecht neuer Art)

Čopić, Hans, Berufsverbot und Pressefreiheit, JZ 1963, 494 (zitiert als Čopić, JZ 1963, 494)

Dagtoglou, Prodromos, Der Mißbrauch von Grundrechten in der griechischen Theorie und Praxis, in: Iliopoulos-Strangas, Julia (Hrsg.), Der Mißbrauch von Grundrechten in der Demokratie: Referate und Diskussionsberichte des internationalen Symposions der Marangopoulos-Stiftung für Menschenrechte, Athen, in Zusammenarbeit mit dem Goethe-Institut, Athen, in Athen vom 20. bis 21. März 1989, Baden-Baden 1989, S. 103 (zitiert als Dagtoglou, in: Iliopoulos-Strangas (Hrsg.), Der Mißbrauch von Grundrechten in der Demokratie, S. 103)

Dagtoglou, Prodromos, Die Griechische Verfassung von 1975: Eine Einführung, JÖR 1983, 355 (zitiert als Dagtoglou, JÖR 1983, 355)

Decken, Georg von der, Meinungsäusserungsfreiheit und Ehrenschutz in der politischen Auseinandersetzung, Diss. Göttingen 1980 (zitiert als von der Decken, Meinungsäusserungsfreiheit und Ehrenschutz)

Decker, Günter, Das Selbstbestimmungsrecht der Nationen, Göttingen 1955 (zitiert als Decker, Das Selbstbestimmungsrecht der Nationen)

Detterbeck, Steffen, Allgemeines Verwaltungsrecht mit Verwaltungsprozessrecht, 17. Auflage München 2019 (zitiert als Detterbeck, Allgemeines Verwaltungsrecht)

Di Fabio, Udo, Zur Theorie eines grundrechtlichen Wertesystems, in: Merten, Detlef/Papier, Hans-Jürgen (Hrsg.), Handbuch der Grundrechte in Deutschland und Europa, Band II, Grundrechte in Deutschland: Allgemeine Lehren I, Heidelberg 2006, § 46 (zitiert als Di Fabio, in: Merten/Papier (Hrsg.), HbGR II, § 46)

Di Fabio, Udo, Demokratie im System des Grundgesetzes, in: Brenner, Michael/Huber, Peter M./Möstl, Markus (Hrsg.), Der Staat des Grundgesetzes – Kontinuität und Wandel. Festschrift für Peter Badura zum siebzigsten Geburtstag, Tübingen 2004, S. 77 (zitiert als Di Fabio, in: FS Badura zum siebzigsten Geburtstag)

Di Fabio, Udo, Der Verfassungsstaat in der Weltgesellschaft, Tübingen 2001 (zitiert als Di Fabio, Der Verfassungsstaat)

Dickert, Thomas, Naturwissenschaften und Forschungsfreiheit, Berlin 1991 (zitiert als Dickert, Naturwissenschaften)

Dreier, Horst (Hrsg.), Grundgesetz Kommentar, 3. Auflage, Band I: Präambel, Artikel 1–19, Tübingen 2013 (zitiert als Bearbeiter, in: Dreier (Hrsg.), GG I)

Drews, Bill, Preußisches Polizeirecht, Allgemeiner Teil: Ein Leitfaden für Verwaltungsbeamte, Berlin 1927 (zitiert als Drews, Preußisches Polizeirecht)

Drews, Bill/Wacke, Gerhard, Allgemeines Polizeirecht: Ordnungsrecht der Länder und des Bundes, dargestellt für Verwaltungsbeamte und das wissenschaftliche Studium, 7. Auflage, Berlin/Köln/München/Bonn 1961 (zitiert als Drews/Wacke, Allgemeines Polizeirecht)

Droste, Bernadette, Handbuch des Verfassungsschutzrechts, Stuttgart/München/Hannover/Berlin/Weimar/Dresden 2007 (zitiert als Droste, Handbuch des Verfassungsschutzrechts)

Drüen, Klaus-Dieter, vor § 42, in: Tipke, Klaus/Kruse, Heinrich Wilhelm (Begr.), Abgabenordnung-Finanzgerichtsordnung, Kommentar, Loseblatt, Köln (zitiert als Drüen, in: Tipke/Kruse (Begr.), AO FGO, vor § 42)

Dürig, Günter, in: Maunz, Theodor/Dürig, Günter (Hrsg.), Grundgesetz Sonderdruck: Kommentierung der Artikel 1 und 2 Grundgesetz, München 2003 (zitiert als Dürig, in: Maunz/Dürig (Hrsg.), Grundgesetz Sonderdruck)

Dürig, Günter, Art. 18, in: Maunz, Theodor/Dürig, Günter/Herzog, Roman (Hrsg.), Grundgesetz Kommentar, Lieferungen 1 bis 3, Band I, Art. 1–37, München 1973 (zitiert als Dürig, in: Maunz/Dürig/Herzog, GG, Art. 18)

Dürig, Günter, Der Grundrechtssatz von der Menschenwürde: Entwurf eines praktikablen Wertsystems der Grundrechte aus Art. 1 Abs. I in Verbindung mit Art. 19 Abs. II des Grundgesetzes, AöR 81 (1956), 117 (zitiert als Dürig, AöR 81 (1956), 117)

Dürig, Günter, Art. 2 des Grundgesetzes und die Generalermächtigung zu allgemeinpolizeilichen Maßnahmen, AöR 79 (1953/1954), 57 (zitiert als Dürig, AöR 79 (1953/1954), 57)

Dürig, Günter, Die Verwirkung von Grundrechten nach Artikel 18 des Grundgesetzes: Ein Beitrag zur öffentlich-rechtlichen Verwirkungslehre, JZ 1952, 513 (zitiert als Dürig, JZ 1952, 513)

Dürig, Günter, Die Menschenauffassung des Grundgesetzes, JR 1952, 259 (zitiert als Dürig, JR 1952, 259)

Dürig, Günter/Klein, Hans H., Art. 18 GG, in: Herzog, Roman/Scholz, Rupert/Herdegen, Matthias/Klein, Hans H. (Hrsg.), Maunz, Theodor/Dürig, Günter, Grundgesetz-Kommentar, 81. Lieferung (September 2017) (zitiert als Dürig/Klein, in: Maunz/Dürig, GG, Art. 18)

Dworkin, Ronald, Liberalism, in: Dworkin, Ronald, A Matter of Principle, Cambridge/Massachusetts/London, England 1985, S. 181 (zitiert als Dworkin, in: ders., A Matter of Principle, S. 181)

Dworkin, Ronald, Bürgerrechte ernstgenommen (übersetzt von Ursula Wolf), 1. Auflage, Frankfurt am Main 1984 (zitiert als Dworkin, Bürgerrechte ernstgenommen)

Erbel, Günter, Das Sittengesetz als Schranke der Grundrechte: Ein Beitrag zur Auslegung des Art. 2 Abs. I des Grundgesetzes, Berlin 1971 (zitiert als Erbel, Das Sittengesetz als Schranke der Grundrechte)

Erichsen, Hans-Uwe, Allgemeine Handlungsfreiheit, in: Isensee, Josef/Kirchhof, Paul (Hrsg.), Handbuch des Staatsrechts der Bundesrepublik Deutschland, Band VI, Freiheitsrechte, 2. Auflage, Heidelberg 2001, § 152 (zitiert als Erichsen, in: Isensee/Kirchhof (Hrsg.), HStR VI, § 152)

Fechner, Erich, Die soziologische Grenze der Grundrechte. Versuch einer Ordnung der einwirkenden Kräfte zum Zwecke ihrer besseren Beherrschung, Tübingen 1954 (zitiert als Fechner, Die soziologische Grenze der Grundrechte)

Fischer, Peter, § 42 AO, in: Hübschmann, Walter/Hepp, Ernst/Spitaler, Armin (Begr.), Kommentar zur Abgabenordnung und Finanzgerichtsordnung, Loseblatt, Köln (zitiert als Fischer, in: Hübschmann/Hepp/Spitaler, AO/FGO, Lieferung ..., § 42)

Fischer, Peter, Überlegungen zu § 42 AO i.d.F. des JStG 2008, FR 2008, 306 (zitiert als Fischer, FR 2008, 306)

Fischer, Peter, Gestaltungsanspruch des Steuergesetzes, Steuerumgehung und „wirtschaftliche oder sonst beachtliche außersteuerliche Gründe" – Zehn Thesen zum Meinungsstreit zwischen „Außen- und Innentheorie", FR 2001, 1212 (zitiert als Fischer, FR 2001, 1212)

Fiss, Owen M., Free Speech and Social Structure, IOWA L. REV. 71 (1986), 1405 (zitiert als Fiss, IOWA L. REV. 71 (1986), 1405)

Flitsch, Michael, Die Funktionalisierung der Kommunikationsgrundrechte, Berlin 1998 (zitiert als Flitsch, Die Funktionalisierung der Kommunikationsgrundrechte)

Forsthoff, Ernst, Lehrbuch des Verwaltungsrechts, Erster Band: Allgemeiner Teil, 10. Auflage, München 1973 (zitiert als Forsthoff, Lehrbuch des Verwaltungsrechts I)

Friauf, Karl Heinrich, Polizei- und Ordnungsrecht, in: von Münch, Ingo/Schmidt-Aßmann, Eberhard (Hrsg.), Besonderes Verwaltungsrecht, 9. Auflage, Berlin/New York 1992 (zitiert als Friauf, in: von Münch/Schmidt-Aßmann (Hrsg.), Besonderes Verwaltungsrecht)

Füchtenbusch, Walther, Die Möglichkeiten polizeilichen Handelns im Rahmen von Art. 5 Abs. 1 und 2 des Grundgesetzes, Diss. Münster 1961 (zitiert als Füchtenbusch, Die Möglichkeiten polizeilichen Handelns)

Füßlein, Rudolf Werner, Vereins- und Versammlungsfreiheit, in: Neumann, Franz L./Nipperdey, Hans Carl/Scheuner, Ulrich (Hrsg.), Die Grundrechte: Handbuch der Theorie und Praxis der Grundrechte, Band II, Die Freiheitsrechte in Deutschland, 2. unveränderte Auflage, Berlin 1968, S. 425 (zitiert als Füßlein, in: Neumann/Nipperdey/Scheuner (Hrsg.), Die Grundrechte II, S. 425)

Gabel, Monika G., Verfassungsrechtliche Maßstäbe spezieller Missbrauchsnormen im Steuerrecht, Baden-Baden 2011 (zitiert als Gabel, Verfassungsrechtliche Maßstäbe)

Gallwas, Hans-Ullrich, Faktische Beeinträchtigungen im Bereich der Grundrechte: Ein Beitrag zum Begriff der Nebenwirkungen, Berlin 1970 (zitiert als Gallwas, Faktische Beeinträchtigungen)

Gallwas, Hans-Ullrich, Der Mißbrauch von Grundrechten, Berlin 1967 (zitiert als Gallwas, Der Mißbrauch von Grundrechten)

Gassner, Wolfgang, Interpretation und Anwendung der Steuergesetze: Kritische Analyse der wirtschaftlichen Betrachtungsweise des Steuerrechts, Wien 1972 (zitiert als Gassner, Interpretation und Anwendung der Steuergesetze)

Geck, Wilhelm Karl, Zum Versammlungsbegriff des Art. 8 GG, DVBl. 1980, 797 (zitiert als Geck, DVBl., 1980, 797)

Geiger, Willi, Menschenrecht und Menschenbild in der Verfassung der Bundesrepublik Deutschland, in: Zeidler, Wolfgang/Maunz, Theodor/Roellecke, Gerd (Hrsg.), Festschrift für Hans Joachim Faller, München 1984, S. 3 (zitiert als Geiger, in: FS Faller, S. 3)

Geiger, Willi, Grundrechte und Rechtsprechung, Mit dem Text der Grundrechte im Anhang, München 1959 (zitiert als Geiger, Grundrechte und Rechtsprechung)

Geiger, Willi, Gesetz über das Bundesverfassungsgericht vom 12. März 1951, Kommentar, Berlin und Frankfurt a. M. 1952 (zitiert als Geiger, BVerfGG)

Goerlich, Helmut, Grundrechte als Verfahrensgarantien: Ein Beitrag zum Verständnis des Grundgesetzes für die Bundesrepublik Deutschland, Baden-Baden 1981 (zitiert als Goerlich, Grundrechte als Verfahrensgarantien)

Götz, Volkmar/Geis, Max-Emanuel, Allgemeines Polizei- und Ordnungsrecht, 16. Auflage, München 2017 (zitiert als Götz/Geis, Allgemeines Polizei- und Ordnungsrecht)

Gowa, Ferdinard, Die Rechtsnorm von Treu und Glauben im Verwaltungsrecht, Diss. Hamburg 1933 (zitiert als Gowa, Die Rechtsnorm von Treu und Glauben im Verwaltungsrecht)

Grabenwarter, Christoph, Art. 5 Abs. 1, 2, in: Herzog, Roman/Scholz, Rupert/Herdegen, Matthias/Klein, Hans H. (Hrsg.), Maunz, Theodor/Dürig, Günter, Grundgesetz-Kommentar, 68. Lieferung (Januar 2013) (zitiert als Grabenwarter, in: Maunz/Dürig, GG, Art. 5 Abs. 1, 2)

Grabenwarter, Christoph/Pabel, Katharina, Europäische Menschenrechtskonvention. Ein Studienbuch, 6. Auflage, München 2016 (zitiert als Grabenwarter/Pabel, Europäische Menschenrechtskonvention)

Grabitz, Eberhard, Freiheit als Verfassungsprinzip, Rechtstheorie 8 (1977), 1 (zitiert als Grabitz, Rechtstheorie 8 (1977), 1)

Gröschner, Rolf, Die Würde des Menschen, in: Bavastro, Paolo (Hrsg.), Individualität und Ethik, Stuttgart 1997, S. 15 (zitiert als Gröschner, in: Bavastro (Hrsg.), Individualität und Ethik, S. 15)

Grüneberg, Christian, § 242, in: Palandt, Otto, Bürgerliches Gesetzbuch: mit Nebengesetzen, insbesondere mit Einführungsgesetz (Auszug) einschließlich Rom I-, Rom II- und Rom III-Verordnungen sowie EU-Güterrechtsverordungen, Haager Unterhaltsprotokoll und EU-Erbrechtsverordnung, Allgemeines

Gleichbehandlungsgesetz (Auszug), Wohn- und Betreuungsvertragsgesetz, Unterlassungsklagengesetz, Produkthaftungsgesetz, Erbbaurechtsgesetz, Wohnungseigentumsgesetz, Versorgungsausgleichsgesetz, Lebenspartnerschaftsgesetz, Gewaltschutzgesetz, 78. Auflage, München 2019, § 242 (zitiert als Grüneberg, in: Palandt, BGB, § 242)

Grzeszick, Bernd, Art. 91, in: Friauf, Heinrich (Begr.)/Höfling, Wolfram (Hrsg.), Berliner Kommentar zum Grundgesetz, Band 4, Berlin 2019, 14. Ergänzungslieferung (zitiert als Grzeszick, in: Friauf (Begr.)/Höfling (Hrsg.), BKGG, Art. 91)

Gundel, Jörg, Beschränkungsmöglichkeiten, in: Merten, Detlef/Papier, Hans-Jürgen (Hrsg.), Handbuch der Grundrechte in Deutschland und Europa, Band VI/1: Europäische Grundrechte I, Heidelberg/München/Landsberg/Frechen/Hamburg 2010, § 147 (zitiert als Gundel, in: Merten/Papier (Hrsg.), HbGR VI/1, § 147)

Gusy, Christoph, Polizei- und Ordnungsrecht, 10. Auflage, Tübingen 2017 (zitiert als Gusy, Polizei- und Ordnungsrecht)

Häberle, Peter, Das Menschenbild im Verfassungsstaat, 4. Auflage, Berlin 2008 (zitiert als Häberle, Das Menschenbild im Verfassungsstaat)

Häberle, Peter, Die Wesensgehaltgarantie des Artikel 19 Abs. 2 Grundgesetz. Zugleich ein Beitrag zum institutionellen Verständnis der Grundrechte und zur Lehre vom Gesetzesvorbehalt, 3. Auflage, Heidelberg 1983 (zitiert als Häberle, Die Wesensgehaltgarantie)

Hänsle, Walter, Streik und Daseinsvorsorge: Verfassungsrechtliche Grenzen des Streikrechts in der Daseinsvorsorge. Zugleich ein Beitrag zur Staatsaufgabenlehre sowie zur Grundrechtsdogmatik des Art. 9 Abs. 3 GG, Tübingen 2016 (zitiert als Hänsle, Streik und Daseinsvorsorge)

Haferkamp, Hans-Peter, Die heutige Rechtsmißbrauchslehre – Ergebnis nationalsozialistischen Rechtsdenkens?, Berlin 1995 (zitiert als Haferkamp, Die heutige Rechtsmißbrauchslehre)

Haller, Ernst Friedrich, Grundrechtsverwirkung und Zuständigkeitsmonopol des Bundesverfassungsgerichts: Eine Untersuchung der Grenzen staatlichen Handelns vor und nach dem bundesverfassungsgerichtlichen Verwirkungsanspruch gemäß Artikel 18 des Grundgesetzes, Diss. Tübingen 1963 (zitiert als Haller, Grundrechtsverwirkung und Zuständigkeitsmonopol des Bundesverfassungsgerichts)

Hamann, Andreas/Lenz, Helmut, Das Grundgesetz für die Bundesrepublik Deutschland vom 23. Mai 1949: Ein Kommentar für Wissenschaft und Praxis, 3. Auflage, Neuwied/Berlin 1970 (zitiert als Hamann/Lenz, GG Kommentar)

Hamburger, Max, Treu und Glauben im öffentlichen Recht, LZ 1931, 1438 (zitiert als Hamburger, LZ 1931, 1438)

Hamel, Walter, Die Bedeutung der Grundrechte im sozialen Rechtsstaat: Eine Kritik an Gesetzgebung und Rechtsprechung, Berlin 1957 (zitiert als Hamel, Die Bedeutung der Grundrechte)

Hanack, Ernst-Walter, Sterilisation aus sozialer Indikation, JZ 1964, 393 (zitiert als Hanack, JZ 1964, 393)

Harris, David/O'Boyle, Michael/Warbrick, Colin, Law of the European Convention on Human Rights, 4th Edition, Oxford 2018 (zitiert als Harris/O'Boyle/Warbrick, Law of the European Convention on Human Rights)

Hartmann, Bernd J., Dienende Freiheit – notwendige Verstärkung oder widersprüchliche Beschränkung subjektiver Rechte?, JZ 2016, 18 (zitiert als Hartmann, JZ 2016, 18)

Hase, Friedhelm, Art. 91, in: Denninger, Erhard/Hoffmann-Riem, Wolfgang/Schneider, Hans-Peter/Stein, Ekkehart (Hrsg.), Kommentar zum Grundgesetz für die Bundesrepublik Deutschland (Reihe Alternativkommentare), 3. Auflage, Neuwied/Kriftel 2001, Aufbaulieferung Oktober 2001 (zitiert als Hase in: Denninger/Hoffmann-Riem/Schneider/Stein (Hrsg.), AK-GG, Art. 91)

Haverkate, Görg, Verfassungslehre: Verfassung als Gegenseitigkeitsordnung, München 1992 (zitiert als Haverkate, Verfassungslehre)

Hegel, Georg Wilhelm Friedrich, Grundlinien der Philosophie des Rechts: Auf der Grundlage der Edition des Textes in den Gesammelten Werken, Band 14, herausgegeben von Klaus Grotsch, Hamburg 2017 (zitiert als Hegel, Grundlinien der Philosophie des Rechts)

Hellhammer-Hawig, Giso, Neonazistische Versammlungen: Grundrechtsschutz und Grenzen, Dissertation, Aachen 2005 (zitiert als Hellhammer-Hawig, Neonazistische Versammlungen)

Herdegen, Matthias, Art. 1 Abs. 1, in: Herzog, Roman/Scholz, Rupert/Herdegen, Matthias/Klein, Hans H. (Hrsg.), Maunz, Theodor/Dürig, Günter, Grundgesetz-Kommentar, 55. Lieferung (Mai 2009) (zitiert als Herdegen, in: Maunz/Dürig, GG, Art. 1 Abs. 1)

Hesse, Konrad, Grundzüge des Verfassungsrechts der Bundesrepublik Deutschland, Neudruck der 20. Auflage, Heidelberg 1999 (zitiert als Hesse, Grundzüge des Verfassungsrechts)

Heuermann, Bernd, Vermieten als unangemessenes Gestalten durch gegenläufige Rechtsgeschäfte auf der Nutzungsebene – Zugleich einige methodenkritische Bemerkungen über den Sinn der Unterscheidung von Innen- und Außentheorie, StuW 2004, 124 (zitiert als Heuermann, StuW 2004, 124)

Hey, Johanna, Gestaltungsmissbrauch im Steuerrecht nach der Neufassung des § 42 AO und dem dazu ergangenen BMF-Erlass, BB 2009, 1044 (zitiert als Hey, BB 2009, 1044)

Hey, Johanna, Spezialgesetzliche Missbrauchsgesetzgebung aus steuersystematischer, verfassungs- und europarechtlicher Sicht, StuW 2008, 167 (zitiert als Hey, StuW 2008, 167)

Hillgruber, Christian, Grundrechtlicher Schutzbereich, Grundrechtsausgestaltung und Grundrechtseingriff, in: Isensee, Josef/Kirchhof, Paul (Hrsg.), Handbuch des Staatsrechts der Bundesrepublik Deutschland, Band IX: Allgemeine Grundrechtslehren, 3. Auflage, Heidelberg 2011, § 200 (zitiert als Hillgruber, in: Isensee/Kirchhof (Hrsg.), HStR IX, § 200)

Hippel, Eike von, Grenzen und Wesensgehalt der Grundrechte, Berlin 1965 (zitiert als von Hippel, Grenzen und Wesensgehalt der Grundrechte)

Hochmann, Thomas, Discours de haine et préjugés, RTDH 2013, 179 (zitiert als Hochmann, RTDH 2013, 179)

Höfling, Wolfram, Art. 8 [Versammlungsfreiheit], in: Sachs, Michael (Hrsg.), GG, Grundgesetz Kommentar, 2. Auflage, München 1999 (zitiert als Höfling, in: Sachs (Hrsg.), GG, 2. Auflage, Art. 8)

Höfling, Wolfram, Um Leben und Tod: Transplantationsgesetzgebung und Grundrecht auf Leben, JZ 1995, 26 (zitiert als Höfling, JZ 1995, 26)

Höfling, Wolfram, Grundrechtstatbestand – Grundrechtsschranken – Grundrechtsschrankenschranken, Jura 1994, 169 (zitiert als Höfling, Jura 1994, 169)

Höfling, Wolfram, Offene Grundrechtsinterpretation: Grundrechtsauslegung zwischen amtlichem Interpretationsmonopol und privater Konkretisierungskompetenz, Berlin 1987 (zitiert als Höfling, Offene Grundrechtsinterpretation)

Hönsch, Gerhard, Die Verwirkung von Grundrechten nach Art. 18 GG und das Monopol des Bundesverfassungsgerichts aus Art. 18 GG, Dissertation, Hamburg 1962 (zitiert als Hönsch, Die Verwirkung von Grundrechten)

Hoffmann-Riem, Wolfgang, Versammlungsfreiheit, in: Merten, Detlef/Papier, Hans-Jürgen (Hrsg.), Handbuch der Grundrechte in Deutschland und Europa, Band IV, Grundrechte in Deutschland: Einzelgrundrechte I, Heidelberg 2011, § 106 (zitiert als Hoffmann-Riem, in: Merten/Papier (Hrsg.), HbGR IV, § 106)

Horn, Hans-Detlef, Die grundrechtsunmittelbare Verwaltung: Zur Dogmatik des Verhältnisses zwischen Gesetz, Verwaltung und Individuum unter dem Grundgesetz, Tübingen 1999 (zitiert als Horn, Die grundrechtsunmittelbare Verwaltung)

Huber, Ernst Rudolf, Wirtschafts-Verwaltungsrecht, 2. Auflage, Erster Band, Tübingen 1953 (zitiert als Huber, Wirtschafts-Verwaltungsrecht I)

Huber, Peter M., Verfassungsstaat und Finanzkrise, Baden-Baden 2014 (zitiert als Huber, Verfassungsstaat und Finanzkrise)

Huber, Peter M., Staat und Wissenschaft, Paderborn/München/Wien/Zürich 2008 (zitiert als Huber, Staat und Wissenschaft)

Huber, Peter M., Offene Staatlichkeit: Vergleich, in: von Bogdandy, Armin/Villalón, Pedro Cruz/Huber, Peter M. (Hrsg.), Handbuch Ius Publicum Europaeum, Band II: Offene Staatlichkeit – Wissenschaft vom Verfassungsrecht, Heidelberg 2008, § 26 (zitiert als Huber, in: von Bogdandy/Villalón/Huber (Hrsg.), IPE II, § 26)

Huber, Peter M., Deutschland in der Föderalismusfalle?, Heidelberg 2003 (zitiert als Huber, Deutschland in der Föderalismusfalle?)

Huber, Peter M., Volksgesetzgebung und Ewigkeitsgarantie: Zur Verfassungsmäßigkeit des Volksbegehrens „Mehr Demokratie in Thüringen", Stuttgart/München/Hannover/Berlin/Weimar/Dresden 2003 (zitiert als Huber, Volksgesetzgebung und Ewigkeitsgarantie)

Huber, Peter M., Recht der Europäischen Integration, 2. Auflage, München 2002 (zitiert als Huber, Recht der Europäischen Integration)

Huber, Peter M., Das Menschenbild im Grundgesetz, Jura 1998, 505 (zitiert als Huber, Jura 1998, 505)

Huber, Peter-Michael, Allgemeines Verwaltungsrecht, 2. Auflage, Heidelberg 1997 (zitiert als Huber, Allgemeines Verwaltungsrecht)

Huber, Peter M., Die parlamentarische Demokratie unter den Bedingungen der europäischen Integration, in: Huber, Peter M. (Hrsg.), Das Ziel der europäischen Integration, Berlin 1996, S. 11 (zitiert als Huber, in: Huber (Hrsg.), Das Ziel der europäischen Integration, S. 11)

Huber, Peter M., Die parlamentarische Demokratie unter den Bedingungen der europäischen Integration, in: Huber, Peter M./Mößle, Wilhem/Stock, Martin (Hrsg.), Zur Lage der parlamentarischen Demokratie, Symposium zum 60. Geburtstag von Peter Badura, Tübingen 1995, S. 105 (zitiert als Huber, in: Huber/Mößle/Stock (Hrsg.), Zur Lage der parlamentarischen Demokratie, S. 105)

Huber, Peter M., Maastricht – ein Staatsstreich?, Stuttgart/München/Hannover/Berlin/Weimar 1993 (zitiert als Huber, Maastricht – ein Staatsstreich?)

Huber, Peter-Michael, Konkurrenzschutz im Verwaltungsrecht: Schutzanspruch und Rechtsschutz bei Lenkungs- und Verteilungsentscheidungen der öffentlichen Verwaltung, Tübingen 1991 (zitiert als Huber, Konkurrenzschutz im Verwaltungsrecht)

Huber, Peter M., Das „Volk" des Grundgesetzes, DÖV 1989, 531 (zitiert als Huber, DÖV 1989, 531)

Huber, Peter-Michael, Grundrechtsschutz durch Organisation und Verfahren als Kompetenzproblem in der Gewaltenteilung und im Bundesstaat, München 1988 (zitiert als Huber, Grundrechtsschutz durch Organisation und Verfahren)

Huber, Peter M./Voßkuhle, Andreas (Hrsg.)/von Mangoldt, Hermann/Klein, Friedrich/Starck, Christian, GG, Grundgesetz, Kommentar, 7. Auflage, München 2018 (zitiert als Bearbeiter, in: von Mangoldt/Klein/Starck, GG)

Hubmann, Heinrich, Grundsätze der Interessenabwägung, AcP 155, 85 (zitiert als Hubmann, AcP 155, 85)

Hüttemann, Steuerrechtsprechung und Steuerumgehung, DStR 2015, 1146 (zitiert als Hüttemann, DStR 2015, 1146)

Hufen, Friedhelm, Staatsrecht II: Grundrechte, 7. Auflage, München 2018 (zitiert als Hufen, Staatsrecht II)

Iliopoulos-Strangas, Julia, Bedrohung und Verteidigung der Demokratie – Ein rechtsvergleichender einführender Überblick, in: Iliopoulos-Strangas, Julia (Hrsg.), Der Mißbrauch von Grundrechten in der Demokratie: Referate und Diskussionsberichte des internationalen Symposions der Marangopoulos-Stiftung für Menschenrechte, Athen, in Zusammenarbeit mit dem Goethe-Institut, Athen, in Athen vom 20. bis 21. März 1989, Baden-Baden 1989, S. 77 (zitiert als Iliopoulos-Strangas, in: Iliopoulos-Strangas (Hrsg.), Der Mißbrauch von Grundrechten in der Demokratie, S. 77)

Isensee, Josef, Grundrechtsvoraussetzungen und Verfassungserwartungen an die Grundrechtsausübung, in: Isensee, Josef/Kirchhof, Paul (Hrsg.), Handbuch des Staatsrechts der Bundesrepublik Deutschland, Band IX: Allgemeine Grundrechtslehren, 3. Auflage, Heidelberg 2011, § 190 (zitiert als Isensee, in: Isensee/Kirchhof (Hrsg.), HStR IX, § 190)

Isensee, Josef, Das Grundrecht als Abwehrrecht und als staatliche Schutzpflicht, in: Isensee, Josef/Kirchhof, Paul (Hrsg.), Handbuch des Staatsrechts der Bundesrepublik Deutschland, Band IX: Allgemeine Grundrechtslehren, 3. Auflage, Heidelberg 2011, § 191 (zitiert als Isensee, in: Isensee/Kirchhof (Hrsg.), HStR IX, § 191)

Isensee, Josef, Verfassungsnorm in Anwendbarkeitsnöten: Artikel 18 des Grundgesetzes – Grundrechtsverwirkung in rechtsdogmatischer Sicht und im internationalen Menschenrechtskontext, in: Pfeiffer, Gerd/Burgermeister, Udo/Roth, Gerald (Hrsg.), Der verfaßte Rechtsstaat. Festgabe für Karin Graßhof, Heidelberg 1998, S. 289 (zitiert als Isensee, in: FS Graßhof, S. 289)

Jaqué, Jean-Paul, Diskussionsbeitrag, in: Iliopoulos-Strangas, Julia (Hrsg.), Der Mißbrauch von Grundrechten in der Demokratie: Referate und Diskussionsberichte des internationalen Symposions der Marangopoulos-Stiftung für Menschenrechte, Athen, in Zusammenarbeit mit dem Goethe-Institut,

Athen, in Athen vom 20. bis 21. März 1989, Baden-Baden 1989, S. 169 (zitiert als Jaqué, in: Iliopoulos-Strangas (Hrsg.), Der Mißbrauch von Grundrechten in der Demokratie, Diskussionsbeitrag, S. 169)

Jellinek, Georg, Allgemeine Staatslehre, 3. Auflage, unveränderter Nachdruck des 5. Neudrucks der 3. Auflage, Kronberg/Ts. 1976 (zitiert als Jellinek, Allgemeine Staatslehre)

Jesch, Dietrich, Gesetz und Verwaltung: Eine Problemstudie zum Wandel des Gesetzmäßigkeitsprinzipes, 2. Auflage, Tübingen 1968 (zitiert als Jesch, Gesetz und Verwaltung)

Kägi, Werner, Die Verfassung als rechtliche Grundordnung des Staates: Untersuchungen über die Entwicklungstendenzen im modernen Verfassungsrecht, Zürich 1945 (zitiert als Kägi, Die Verfassung als rechtliche Grundordnung des Staates)

Kant, Immanuel, Grundlegung zur Metaphysik der Sitten, herausgegeben, eingeleitet und erläutert von Jens Timmermann, Göttingen 2004 (zitiert als Kant, Grundlegung zur Metaphysik der Sitten)

Kapries, Frank U., Die Schranken der Grundrechte des Art. 5 Abs. 1 GG, Berlin 2005 (zitiert als Kapries, Die Schranken der Grundrechte)

Kaufmann, Erich, Die Grenzen der Verfassungsgerichtsbarkeit, VVDStRL 9, 1 (zitiert als Kaufmann, VVDStRL 9, 1)

Kingreen Thorsten/Poscher, Ralf, Grundrechte Staatsrecht II, 34. Auflage, Heidelberg 2018 (zitiert als Kingreen/Poscher, Grundrechte)

Kirchhof, Paul, Beherzte Freiheit, Freiburg/Basel/Wien 2018 (zitiert als Kirchhof, Beherzte Freiheit)

Klein, Eckart, Innerer Staatsnotstand, in: Isensee, Josef/Kirchhof, Paul (Hrsg.), Handbuch des Staatsrechts der Bundesrepublik Deutschland, Band XII, Normativität und Schutz der Verfassung, 3. Auflage, Heidelberg/München/Landsberg/Frechen/Hamburg 2014, § 280 (zitiert als Klein, in: Isensee/Kirchhof (Hrsg.), HStR XII, § 280)

Klein, Hans H., Die Grundrechte im demokratischen Staat: Kritische Bemerkungen zur Auslegung der Grundrechte in der deutschen Staatsrechtslehre der Gegenwart, Stuttgart/Berlin/Köln/Mainz 1974 (zitiert als Klein, Die Grundrechte im demokratischen Staat)

Klein, Hans H., Öffentliche und private Freiheit: Zur Auslegung des Grundrechts der Meinungsfreiheit, Der Staat 10 (1971), 145 (zitiert als Klein, Der Staat 10 (1971), 145)

Kloepfer, Michael, Verfassungsrecht II: Grundrechte, München 2010 (zitiert als Kloepfer, Verfassungsrecht II)

Kloepfer, Michael, Der Vorbehalt des Gesetzes im Wandel, JZ 1984, 685 (zitiert als Kloepfer, JZ 1984, 685)

Kluke, Paul, Selbstbestimmung: Vom Weg einer Idee durch die Geschichte, Göttingen 1963 (zitiert als Kluke, Selbstbestimmung)

Knaut, Walter, Treu und Glauben im Verwaltungsrecht: unter Berücksichtigung der zivilrechtlichen Entwicklung, Diss. Göttingen 1937 (zitiert als Knaut, Treu und Glauben im Verwaltungsrecht)

Knödler, Christoph, Mißbrauch von Rechten, selbstwidersprüchliches Verhalten und Verwirkung im öffentlichen Recht, Herbolzheim 2000 (zitiert als Knödler, Mißbrauch von Rechten)

Kopp, Ferdinard, Das Menschenbild im Recht und in der Rechtswissenschaft, in: Bartlsperger, Richard/Ehlers, Dirk/Hofmann, Werner/Pirson, Dietrich (Hrsg.), Rechtsstaat, Kirche, Sinnverantwortung: Festschrift für Klaus Obermayer zum 70. Geburtstag, München 1986, S. 53 (zitiert als Kopp, in: FS Obermayer zum 70. Geburtstag, S. 53)

Kramme, Malte, § 242, in: Prütting, Hanns/Wegen, Gerhard/Weinreich, Gerd (Hrsg.), Bürgerliches Gesetzbuch Kommentar, 14. Auflage, Köln 2019 (zitiert als Kramme, in: Prütting/Wegen/Weinreich (Hrsg.), BGB Kommentar, § 242)

Krausnick, Daniel, Art. 98 Satz 1 bis 3 [Grundrechtseinschränkungen], in: Meder, Theodor/Brechmann, Winfried, Die Verfassung des Freistaates Bayern, Kommentar, 5. Auflage, Stuttgart/München/Hannover/Berlin/Weimar/Dresden 2014 (zitiert als Krausnick, in: Meder/Brechmann, Die Verfassung des Freistaates Bayern, Art. 98 Satz 1 bis 3)

Krüger, Heike, Rechtsmissbrauch im Sozialrecht, Berlin 2018 (zitiert als Krüger, Rechtsmissbrauch)

Krüger, Herbert, Allgemeine Staatslehre, 1. Auflage, Stuttgart 1964 (zitiert als Krüger, Staatslehre)

Krüger, Herbert, Mißbrauch und Verwirkung von Grundrechten, DVBl. 1953, 97 (zitiert als Krüger, DVBl. 1953, 97)

Koutnatzis, Stylianos-Ioannis G., Grundlagen und Grundzüge staatlichen Verfassungsrechts: Griechenland, in: von Bogdandy, Armin/Villalón, Pedro Cruz/Huber, Peter M. (Hrsg.), Handbuch Ius Publicum Europaeum, Band I: Grundlagen und Grundzüge staatlichen Verfassungsrechts, Heidelberg 2007, § 3 (zitiert als Koutnatzis, in: von Bogdandy/Villalón/Huber (Hrsg.), IPE I, § 3)

Kutscha, Martin, Verfassung und „streitbare Demokratie“: Historische und rechtliche Aspekte der Berufsverbote im öffentlichen Dienst, Köln 1979 (zitiert als Kutscha, Verfassung und „streitbare Demokratie“)

Ladas, Panagiotis, Die Nichtigkeit des Rechtsgeschäfts wegen Verstoßes gegen die guten Sitten, Thessaloniki 1979 (griechisch) (zitiert als Ladas, Die Nichtigkeit des Rechtsgeschäfts)

Lameyer, Johannes, Streitbare Demokratie: Eine verfassungshermeneutische Untersuchung, Berlin 1978 (zitiert als Lameyer, Streitbare Demokratie)

Lehmann, Jens, Der Schutz symbolträchtiger Orte vor extremistischen Versammlungen, Baden-Baden 2012 (zitiert als Lehmann, Der Schutz symbolträchtiger Orte)

Lengsfeld, Michael, Das Recht zum Verbot verfassungswidriger Vereinigungen und der Ausgleich zwischen Interessen des Staates und Rechten der Individualsphäre, Diss. Münster 1965 (zitiert als Lengsfeld, Das Recht zum Verbot verfassungswidriger Vereinigungen)

Lerche, Peter, Grundrechtlicher Schutzbereich, Grundrechtsprägung und Grundrechtseingriff, in: Isensee, Josef/Kirchhof, Paul (Hrsg.), Handbuch des Staatsrechts der Bundesrepublik Deutschland, Band V: Allgemeine Grundrechtslehren, 2. Auflage, Heidelberg 2000, § 121 (zitiert als Lerche, in: Isensee/Kirchhof (Hrsg.), HStR V, § 121)

Lerche, Peter, Übermaß und Verfassungsrecht: Zur Bindung des Gesetzgebers an die Grundsätze der Verhältnismäßigkeit und der Erforderlichkeit, 2. Auflage, Goldbach 1999 (zitiert als Lerche, Übermaß und Verfassungsrecht)

Lerche, Peter, Verfassungsrechtliche Aspekte der Gentechnologie, in: Lukes, Rudolf/Scholz, Rupert (Hrsg.), Rechtsfragen der Gentechnologie: Vorträge anläßlich eines Kolloquiums Recht und Technik. Rechtsfragen der Gentechnologie in der Tagungsstätte der Max-Planck-Gesellschaft „Schloß Ringberg" am 18./19./20. November 1985, Köln/Berlin/Bonn/München 1986, S. 88 (zitiert als Lerche, in: Lukes/Scholz (Hrsg.), Rechtsfragen der Gentechnologie, S. 88)

Lerche, Peter, Das Asylrecht ist unverwirkbar, in: Ehmke, Horst/Schmid, Carlo/Scharoun, Hans (Hrsg.), Festschrift für Adolf Arndt zum 65. Geburtstag, Frankfurt am Main 1969, S. 199 (zitiert als Lerche, in: FS Arndt zum 65. Geburtstag, S. 199)

Liebich, Rainer, Anmerkung zu BSG, Urteil vom 13.08.1996 – 12 RK 76/94, DAngVers 1996, 581 (zitiert als Liebich, DAngVers 1996, 581)

Lindner, Josef Franz, Vor Art. 98, in: Lindner, Josef Franz/Möstl, Markus/Wolff, Heinrich Amadeus, Verfassung des Freistaates Bayern, Kommentar, 2. Auflage, München 2017 (zitiert als Lindner, in: Lindner/Möstl/Wolff, Verfassung des Freistaates Bayern, Vor Art. 98)

Lindner, Josef Franz, Theorie der Grundrechtsdogmatik, Tübingen 2005 (zitiert als Lindner, Theorie der Grundrechtsdogmatik)

Löwer, Wolfgang, Wehrhafte Demokratie, in: Hillgruber, Christian/Waldhoff, Christian (Hrsg.), 60 Jahre Bonner Grundgesetz – eine geglückte Verfassung?, Göttingen 2010, S. 65 (zitiert als Löwer, in: Hillgruber/Waldhoff (Hrsg.), 60 Jahre Bonner Grundgesetz, S. 65)

Lorenz, Dieter, Wissenschaft darf nicht alles! Zur Bedeutung der Rechte anderer als Grenze grundrechtlicher Gewährleistung, in: Badura, Peter/Scholz, Rupert (Hrsg.), Wege und Verfahren des Verfassungslebens, Festschrift für Peter Lerche zum 65. Geburtstag, München 1993, S. 267 (zitiert als Lorenz, in: FS Lerche zum 65. Geburtstag, S. 267)

Mackeprang, Rudolf, Ehrenschutz im Verfassungsstaat: Zugleich ein Beitrag zu den Grenzen der Freiheiten des Art. 5 Abs. 1 GG, Berlin 1990 (zitiert als Mackeprang, Ehrenschutz im Verfassungsstaat)

Manesis, Aristovoulos, Verfassungsrechte: Individuelle Freiheiten, 4. Auflage, Thessaloniki 1982 (griechisch) (zitiert als Manesis, Verfassungsrechte)

Mahlmann, Matthias, Rechtsphilosophie und Rechtstheorie, 5. Auflage, Baden-Baden 2019 (zitiert als Mahlmann, Rechtsphilosophie und Rechtstheorie)

Mangoldt, Hermann von/Klein, Friedrich, Das Bonner Grundgesetz, 2. Auflage, Band I, Unveränderter Nachdruck, Berlin und Frankfurt a. M. 1966 (zitiert als von Mangoldt/Klein, Das Bonner Grundgesetz)

Mansel, Heinz-Peter, § 242, in: Stürner, Rolf/Jauernig, Othmar (Hrsg.), Bürgerliches Gesetzbuch mit Rom-I-, Rom-II-VO, EG-UnthVO/HUntProt und EuErbVO, 17. Auflage, München 2018 (zitiert als Mansel, in: Stürner/Jauernig, BGB Kommentar, § 242)

Maunz, Theodor, Deutsches Staatsrecht: Ein Studienbuch, 15. Auflage, München/Berlin 1966 (zitiert als Maunz, Deutsches Staatsrecht)

Meder, Theodor, Die Verfassung des Freistaates Bayern: Handkommentar, 4. Auflage, Stuttgart/München/Hannover/Berlin 1992 (zitiert als Meder, Die Verfassung des Freistaates Bayern)

Meiklejohn, Alexander, Free Speech And Its Relation to Self-government, New York 1948 (zitiert als Meiklejohn, Free Speech)

Mensching, Christian, Art. 17 Verbot des Missbrauchs der Rechte, in: Karpenstein, Ulrich/Mayer, Franz C. (Hrsg.), EMRK, Konvention zum Schutz der Menschenrechte und Grundfreiheiten, Kommentar, 2. Auflage, München 2015 (zitiert als Mensching, in: Karpenstein/Mayer (Hrsg.), EMRK, Art. 17)

Merten, Detlef, Grundrechtlicher Schutzbereich, in: Merten, Detlef/Papier, Hans-Jürgen (Hrsg.), Handbuch der Grundrechte in Deutschland und Europa, Band III, Grundrechte in Deutschland: Allgemeine Lehren II, Heidelberg 2009, § 56 (zitiert als Merten, in: Merten/Papier (Hrsg.), HbGR III, § 56)

Merten, Detlef, Immanente Grenzen und verfassungsunmittelbare Schranken, in: Merten, Detlef/Papier, Hans-Jürgen (Hrsg.), Handbuch der Grundrechte in Deutschland und Europa, Band III, Grundrechte in Deutschland: Allgemeine Lehren II, Heidelberg 2009, § 60 (zitiert als Merten, in: Merten/Papier (Hrsg.), HbGR III, § 60)

Merten, Detlef, Das Prinzip Freiheit im Gefüge der Staatsfundamentalbestimmungen, in: Merten, Detlef/Papier, Hans-Jürgen (Hrsg.), Handbuch der Grundrechte in Deutschland und Europa, Band II, Grundrechte in Deutschland: Allgemeine Lehren I, Heidelberg 2006, § 27 (zitiert als Merten, in: Merten/Papier (Hrsg.), HbGR II, § 27)

Michael, Lothar, Die wehrhafte Demokratie als verfassungsimmanente Schranke der Meinungsfreiheit, ZJS 2010, 155 (zitiert als Michael, ZJS 2010, 155)

Michael, Lothar/Morlok, Martin, Grundrechte, 6. Auflage, Baden-Baden 2017 (zitiert als Michael/Morlok, Grundrechte)

Muckel, Stefan, Begrenzung grundrechtlicher Schutzbereiche durch Elemente außerhalb des Grundrechtstatbestandes, in: Dörr, Dieter/Fink, Udo/Hillgruber, Christian/Kempen, Bernhard/Murswiek, Dietrich (Hrsg.), Die Macht des Geistes, Festschrift für Hartmut Schiedermair, Heidelberg 2001, S. 347 (zitiert als Muckel, in: FS Schiedermair, S. 347)

Muckel, Stefan, Religiöse Freiheit und staatliche Letztentscheidung: Die verfassungsrechtlichen Garantien religiöser Freiheit unter veränderten gesellschaftlichen Verhältnissen, Berlin 1997 (zitiert als Muckel, Religiöse Freiheit und staatliche Letztentscheidung)

Müller, Friedrich, Die Positivität der Grundrechte: Fragen einer praktischen Grundrechtsdogmatik, Berlin 1969 (zitiert als Müller, Die Positivität der Grundrechte)

Müller, Friedrich, Freiheit der Kunst als Problem der Grundrechtsdogmatik, Berlin 1969 (zitiert als Müller, Freiheit der Kunst)

Müller, Friedrich/Christensen, Ralph, Juristische Methodik, Band I: Grundlegung für die Arbeitsmethoden der Rechtspraxis, 11. Auflage, Berlin 2013 (zitiert als Müller/Christensen, Juristische Methodik I)

Müller, Werner, Wirkungsbereich und Schranken der Versammlungsfreiheit, insbesondere im Verhältnis zur Meinungsfreiheit, Berlin 1974 (zitiert als Müller, Wirkungsbereich und Schranken der Versammlungsfreiheit)

Münch, Ingo von, Art. 9, in: Kahl, Wolfgang/Waldhoff, Christian/Walter, Christian (Hrsg.), Bonner Kommentar zum Grundgesetz, Loseblatt, 16. Lieferung (Zweitbearbeitung Art. 9 / Juni 1966) (zitiert als von Münch, in: Kahl/Waldhoff/Walter (Hrsg.), BK GG, Art. 9)

Münch, Ingo von (Begr.)/Kunig, Philip (Hrsg.), Grundgesetz Kommentar, Band I: Präambel bis Art. 69, 6. Auflage, München 2012, (zitiert als Bearbeiter, in: von Münch (Begr.)/Kunig (Hrsg.), GGK I)

Murswiek, Dietrich, Grundrechtsdogmatik am Wendepunkt?, Der Staat 45 (2006), 473 (zitiert als Murswiek, Der Staat 45 (2006), 473)

Nieuwland, Herwig van, Darstellung und Kritik der Theorien der immanenten Grundrechtsschranken, Dissertation Göttingen 1981 (zitiert als van Nieuwland, Darstellung und Kritik)

Nipperdey, Hans Carl, Formmängel, Betretungsmängel, fehlende Genehmigung bei Rechtsgeschäften der öffentlichen Hand und Treu und Glauben, JZ 1952, 577 (zitiert als Nipperdey, JZ 1952, 577)

Norbert, Ullrich, Das Demonstrationsrecht: Im Spannungsfeld von Meinungsfreiheit, Versammlungsfreiheit und öffentlicher Sicherheit, Baden-Baden 2015 (zitiert als Norbert, Das Demonstrationsrecht)

Ossenbühl, Fritz, Grundsätze der Grundrechtsinterpretation, in: Merten, Detlef/Papier, Hans-Jürgen (Hrsg.), Handbuch der Grundrechte in Deutschland und Europa, Band I, Entwicklung und Grundlagen, Heidelberg 2004, § 15 (zitiert als Ossenbühl, in: Merten/Papier (Hrsg.), HbGR I, § 15)

Ott, Sieghart, Das Sittengesetz und seine Bedeutung im öffentlichen Recht, BayVBl. 1966, 186 (zitiert als Ott, BayVBl. 1966, 186)

Pecher, Christian Matthias, Verfassungsimmanente Schranken von Grundrechten, Münster/Hamburg/London 2002 (zitiert als Pecher, Verfassungsimmanente Schranken)

Pestalozza, Christian, Verfassungsprozeßrecht: Die Verfassungsgerichtsbarkeit des Bundes und der Länder mit einem Anhang zum internationalen Rechtsschutz, 3. Auflage, München 1991 (zitiert als Pestalozza, Verfassungsprozeßrecht)

Pilafas, Christos, Wissenschaft vom Verfassungsrecht: Griechenland, in: von Bogdandy, Armin/Villalón, Pedro Cruz/Huber, Peter M. (Hrsg.), Handbuch Ius Publicum Europaeum, Band II: Offene Staatlichkeit – Wissenschaft vom Verfassungsrecht, Heidelberg 2008, § 29 (zitiert als Pilafas, in: von Bogdandy/Villalón/Huber (Hrsg.), IPE II, § 29)

Planiol, Marcel/Ripert Georges, Traité élémentaire de droit civil, Dixième Édition, Tome Deuxième, Les preuves-Théorie générale des obligations-Les contrats-Les privilèges et les hypothèques, Paris 1926 (zitiert als Planiol/Ripert, Traité élémentaire II)

Post, Robert C., Equality and Autonomy in First Amendment Jurisprudence, MICH. L. REV. 95 (1997), 1517 (zitiert als Post, MICH. L. REV. 95 (1997), 1517)

Rabl, Kurt, Das Selbstbestimmungsrecht der Völker: Geschichtliche Grundlagen, Umriß der gegenwärtigen Bedeutung: Ein Versuch, 1. Auflage, München 1963 (zitiert als Rabl, Das Selbstbestimmungsrecht der Völker)

Radbruch, Gustav, Gesetzliches Unrecht und übergesetzliches Recht, SJZ 1946, 105 (zitiert als Radbruch, SJZ 1946, 105)

Raikos, Athanasios, Verfassungsrecht: Grundrechte, 4. Auflage, Athen 2011 (griechisch) (zitiert als Raikos, Verfassungsrecht)

Redish, Martin H., The Value of Free Speech, U. Pa. L. Rev. 130 (1982), 591 (zitiert als Redish, U. Pa. L. Rev. 130 (1982), 591)

Reif, Eduard Josef, Der Begriff der Verwirkung der Grundrechte in Artikel 18 des Grundgesetzes (unter besonderer Berücksichtigung der Lehre vom Mißbrauch der Grundrechte), Diss. Bochum 1970 (zitiert als Reif, Der Begriff der Verwirkung der Grundrechte)

Reißmüller, Johann Georg, Das Monopol des Bundesverfassungsgerichts aus Art. 18 des Grundgesetzes – Bemerkungen im Anschluss an BVerfGE 10, 118, JZ 1960, 529 (zitiert als Reißmüller, JZ 1960, 529)

Ridder, Helmut, „Sühnegedanke", Grundgesetz, „verfassungsmäßige Ordnung" und Verfassungsordnung der Bundesrepublik Deutschland – Erwägungen anlässlich einer unorthodoxen höchstrichterlichen Entscheidung, DÖV 1963, 321 (zitiert als Ridder, DÖV 1963, 321)

Robbins, Ira, What is the meaning of "like"? The First Amendment implications of social-media expression, Federal Courts Law Review 7 (2013), 127 (zitiert als Robbins, Federal Courts Law Review 7 (2013), 127)

Röhl, Matthias, Kein Rechtsmissbrauch bei Lohnsteuerklassenwechsel allein zur Erzielung höheren Elterngeldes vor Geburt, Anmerkung zu BSG 10. Senat, Urteil vom 25.06.2009 – B 10 EG 3/08 R, jurisPR-SozR 23/2009, Anm. 5 (zitiert als Röhl, jurisPR-SozR 23/2009, Anm. 5)

Rose, Gerd, Missbrauchs-Innentheorie und Steuerplanungssicherheit, FR 2003, 1274 (zitiert als Rose, FR 2003, 1274)

Rusteberg, Benjamin, Der grundrechtliche Gewährleistungsgehalt: Eine veränderte Perspektive auf die Grundrechtsdogmatik durch eine präzise Schutzbereichsbestimmung, Tübingen 2009 (zitiert als Rusteberg, Der grundrechtliche Gewährleistungsgehalt)

Sachs, Michael (Hrsg.), GG, Grundgesetz Kommentar, 8. Auflage, München 2018 (zitiert als Bearbeiter, in: Sachs (Hrsg.), GG)

Sachs, Michael, Verfassungsrecht II – Grundrechte, 3. Auflage, Berlin, Heidelberg 2017 (zitiert als Sachs, Verfassungsrecht II)

Salzmann, Andreas, Die zivilrechtliche Verwirkung durch Nichtausübung, München 2015 (zitiert als Salzmann, Die zivilrechtliche Verwirkung)

Sander, Gerald G./Schad, Thomas, Kapitel 2: Rechtliche Grundlage der öffentlichen Verwaltung, in: Schweickhardt, Rudolf/Vondung, Ute/Zimmermann-Kreher, Annette, Allgemeines Verwaltungsrecht, 10. Auflage, Stuttgart 2018, Rn. 39 (zitiert als Sander/Schad, in: Schweickhardt/Vondung/Zimmermann-Kreher, Allgemeines Verwaltungsrecht, Rn. 39)

Schachtschneider, Karl Albrecht, Prinzipien des Rechtsstaates, Berlin 2006 (zitiert als Schachtschneider, Prinzipien des Rechtsstaates)

Schaefer, Jan Philipp, Ordoliberale Theorie der Grundrechte des Grundgesetzes, Der Staat 48 (2009), 215 (Schaefer, Der Staat 48 (2009), 215)

Schaefer, Jan, Grundlegung einer ordoliberalen Verfassungstheorie: Die Grundbegriffe des Grundgesetzes in ordoliberaler Interpretation, entwickelt am Beispiel des Verbotes rechtsextremistischer Versammlungen wegen Gefährdung der öffentlichen Ordnung, Berlin 2007 (zitiert als Schaefer, Grundlegung einer ordoliberalen Verfassungstheorie)

Schellhamer, Kurt, Zivilprozess: Gesetz-Praxis-Fälle, 15. Auflage, Heidelberg 2016 (zitiert als Schellhamer, Zivilprozess)

Scheuner, Ulrich, Grundfragen des monderen Staates, in: Wandersleb, Hermann (Hrsg.)/Traumann, Erich (Bearb.), Recht – Staat – Wirtschaft, Dritter Band, Düsseldorf 1951, S. 126 (zitiert als Scheuner, in: Recht – Staat – Wirtschaft III, S. 126)

Schiedermair, Hartmut, Hoffnung und Menschenwürde. Das Erbe des Sisyphos, in: Burmeister, Joachim (Hrsg.), Verfassungsstaatlichkeit, Festschrift für Klaus Stern zum 65. Geburtstag, München 1997, S. 63 (zitiert als Schiedermair, in: FS Stern zum 65. Geburtstag, S. 63)

Schild, Wolfgang, Die Legitimation des Grundgesetzes als der Verfassung Deutschlands in der Perspektive Hegels, in: Brugger, Winfried (Hrsg.), Legitimation des Grundgesetzes aus Sicht von Rechtsphilosophie und Gesellschaftstheorie, Baden-Baden 1996, S. 65 (zitiert als Schild, in: Brugger (Hrsg.), Legitimation des Grundgesetzes, S. 65)

Schlaich, Klaus, Neutralität als verfassungsrechtliches Prinzip: vornehmlich im Kulturverfassungs- und Staatskirchenrecht, Tübingen 1972 (zitiert als Schlaich, Neutralität als verfassungsrechtliches Prinzip)

Schmidt, Eberhard, Schlägermensur und Strafrecht, JZ 1954, 369 (zitiert als Schmidt, JZ 1954, 369)

Schmidt, Rolf, Grundrechte: sowie Grundzüge der Verfassungsbeschwerde, 24. Auflage, Grasberg bei Bremen 2019 (zitiert als Schmidt, Grundrechte)

Schmitt, Carl, Verfassungslehre, 10. Auflage, Berlin 2010 (zitiert als Schmitt, Verfassungslehre)

Schmitt, Walter Oskar, Lehrfreiheit, Meinungsfreiheit und „Verfassungstreue", DVBl. 1966, 166 (zitiert als Schmitt, DVBl. 1966, 166)

Schmitt, Walter Oskar, Der Begriff der freiheitlichen demokratischen Grundordnung und Art. 79 Abs. 3 des Grundgesetzes, DÖV 1965, 433 (zitiert als Schmitt, DÖV 1965, 433)

Schmitt Glaeser, Walter, Die Meinungsfreiheit in der Rechtsprechung des Bundesverfassungsgerichts, AöR 113 (1988), 52 (zitiert als Schmitt Glaeser, AöR 113 (1988), 52)

Schmitt Glaeser, Walter, Meinungsfreiheit und Ehrenschutz – Zum Beschluß des *BVerfG* vom 22. Juni 1982 – 1 BvR 1376/79, JZ 1983, 95 (zitiert als Schmitt Glaeser, JZ 1983, 95)

Schmitt Glaeser, Walter, Mißbrauch und Verwirkung von Grundrechten im politischen Meinungskampf: Eine Untersuchung über die Verfassungsschutzbestimmung des Art. 18 GG und ihr Verhältnis zum einfachen Recht, insbesondere zum politischen Strafrecht, Berlin/Zürich 1968 (zitiert als Schmitt Glaeser, Mißbrauch und Verwirkung von Grundrechten im politischen Meinungskampf)

Schneider, Peter, Pressefreiheit und Staatssicherheit, Mainz 1968 (zitiert als Schneider, Pressefreiheit und Staatssicherheit)

Schnelle, Eva Marie, Freiheitsmissbrauch und Grundrechtsverwirkung: Versuch einer Neubestimmung von Artikel 18 GG, Berlin 2014 (zitiert als Schnelle, Freiheitsmissbrauch und Grundrechtsverwirkung)

Schnorr, Gerhard, Öffentliches Vereinsrecht, Kommentar zum Vereinsgesetz, Köln/Berlin/Bonn/München 1965 (zitiert als Schnorr, Öffentliches Vereinsrecht)

Scholz, Rupert, Art. 9, in: Herzog, Roman/Scholz, Rupert/Herdegen, Matthias/Klein, Hans H. (Hrsg.), Maunz, Theodor/Dürig, Günter, Grundgesetz-Kommentar, 81. Lieferung (September 2017) (zitiert als Scholz, in: Maunz/Dürig, GG, Art. 9)

Scholz, Rupert, Das Grundrecht der freien Entfaltung der Persönlichkeit in der Rechtsprechung des Bundesverfassungsgerichts (Schluß), AöR 100 (1975), 265 (zitiert als Scholz, AöR 100 (1975), 265)

Schubert, Claudia, § 242, in: Krüger, Wolfgang (Redakteur), Münchener Kommentar zum Bürgerlichen Gesetzbuch, Band 2: Schuldrecht – Allgemeiner Teil I, 8. Auflage, München 2019, § 242 (zitiert als Schubert, in: Krüger (Redakteur), Münchener Kommentar BGB II, § 242)

Schulze, Reiner, § 242, in: Schulze, Reiner (Schriftleitung), Bürgerliches Gesetzbuch: Handkommentar, 10. Auflage, Baden-Baden 2019 (zitiert als Schulze, in: Schulze (Schriftleitung), Hk-BGB, § 242)

Schüle, Adolf, Treu und Glauben im deutschen Verwaltungsrecht, VerwArch 38 (1933), 399 (zitiert als Schüle, VerwArch 38 (1933), 399)

Schwabe, Jürgen, Probleme der Grundrechtsdogmatik, Darmstadt 1977 (zitiert als Schwabe, Probleme der Grundrechtsdogmatik)

Schwabe, Jürgen, Glaubensfreiheit und Pflicht zur Hilfeleistung – OLG Stuttgart, MDR 1964, 1024, und BVerfGE 32, 98, JuS 1972, 380 (zitiert als Schwabe, JuS 1972, 380)

Schwark, Eberhard, Der Begriff der „allgemeinen Gesetze" in Artikel 5 Absatz 2 des Grundgesetzes, Berlin 1970 (zitiert als Schwark, Der Begriff der „allgemeinen Gesetze")

Schwarz, Kyrill-A., Das Postulat lückenlosen Grundrechtsschutzes und das System grundgesetzlicher Freiheitsgewährleistung, JZ 2000, 126 (Schwarz, JZ 2000, 126)

Selmer, Peter, in: Diskussionsbericht, in: Iliopoulos-Strangas, Julia (Hrsg.), Der Mißbrauch von Grundrechten in der Demokratie: Referate und Diskussionsberichte des internationalen Symposions der Marangopoulos-Stiftung für Menschenrechte, Athen, in Zusammenarbeit mit dem Goethe-Institut, Athen, in Athen vom 20. bis 21. März 1989, Baden-Baden 1989, S. 71 (zitiert als Selmer, in: Diskussionsbericht, in: Iliopoulos-Strangas (Hrsg.), Der Mißbrauch von Grundrechten in der Demokratie, S. 71)

Seuffert, Walter, Zum Verfahren nach Artikel 18 GG, in: Leibholz, Gerhard/Faller, Hans Joachim/Mikat, Paul/Reis, Hans (Hrsg.), Menschenwürde und freiheitliche Rechtsordnung, Festschrift für Willi Geiger zum 65. Geburtstag, Tübingen 1974, S. 797 (zitiert als Seuffert, in: FS Geiger zum 65. Geburtstag, S. 797)

Siebert, Wolfgang, Vorbemerkungen Vor § 226, in: Soergel, Hans Theodor (Begr.)/Siebert, Wolfgang (Hrsg.), Bürgerliches Gesetzbuch mit Einführungsgesetz und Nebengesetzen, I. Band: Einleitung. Allgemeiner Teil. Recht der Schuldverhältnisse. Allgemeiner Teil. §§ 1 bis 432, 9. Auflage, Stuttgart 1959 (zitiert als Siebert, in: Soergel (Begr.)/Siebert (Hrsg.), BGB I, Vorbemerkungen vor § 226)

Siebert, Wolfgang, Verwirkung und Unzulässigkeit der Rechtsausübung: Ein rechtsvergleichender Beitrag zur Lehre von den Schranken der privaten Rechte und zur exceptio doli (§§ 226, 242, 826 BGB), unter besonderer Berücksichtigung des gewerblichen Rechtsschutzes (§ 1 UWG), Marburg in Hessen 1934 (zitiert als Siebert, Verwirkung und Unzulässigkeit der Rechtsausübung)

Sieker, Susanne, Umgehungsgeschäfte: Typische Strukturen und Mechanismen ihrer Bekämpfung, Tübingen 2001 (zitiert als Sieker, Umgehungsgeschäfte)

Sigloch, Heinrich, Zur Bedeutung des Artikels 18 GG für das einfache Recht, MDR 1964, 881 (zitiert als Sigloch, MDR 1964, 881)

Smend, Rudolf, Das Recht der freien Meinungsäußerung, VVDStRL 4 (1928), 44 (zitiert als Smend, VVDStRL 4 (1928), 44)

Smend, Rudolf, Verfassung und Verfassungsrecht, München/Leipzig 1928 (zitiert als Smend, Verfassung und Verfassungsrecht)

Spiller, Wolfgang, Das Vereinsverbot nach geltendem Verfassungsrecht, Diss. Würzburg 1968 (zitiert als Spiller, Das Vereinsverbot)

Stächelin, Gregor, Strafgesetzgebung im Verfassungsstaat: Normative und empirische materielle und prozedurale Aspekte der Legitimation unter Berücksichtigung neuerer Strafgesetzgebungspraxis, Berlin 1998 (zitiert als Stächelin, Strafgesetzgebung im Verfassungsstaat)

Starck, Christian, Die Grundrechte des Grundgesetzes – Zugleich ein Beitrag zu den Grenzen der Verfassungsauslegung, JuS 1981, 237 (zitiert als Starck, JuS 1981, 237)

Starck, Christian, Das „Sittengesetz" als Schranke der freien Entfaltung der Persönlichkeit, in: Leibholz, Gerhard/Faller, Hans Joachim/Mikat, Paul/Reis, Hans (Hrsg.), Menschenwürde und freiheitliche Rechtsordnung, Festschrift für Willi Geiger zum 65. Geburtstag, Tübingen 1974, S. 259 (zitiert als Starck, in: FS Geiger zum 65. Geburtstag, S. 259)

Stark, Ralph, Ehrenschutz in Deutschland, Berlin 1996 (zitiert als Stark, Ehrenschutz in Deutschland)

Stein, Lorenz von, Gegenwart und Zukunft der Rechts- und Staatswissenschaft Deutschlands, Stuttgart 1876 (zitiert als von Stein, Gegenwart und Zukunft)

Stemmler, Thomas, Das „Neminem-laedere-Gebot". Zur Frage des Begriffs und der Existenz schutzbereichsimmanenter Grenzen der Freiheitsgrundrechte im Unterschied zu den so genannten verfassungsimmanenten Schranken. Zugleich eine Abhandlung über die Weite des Grundrechtstatbestandes, Frankfurt am Main 2005 (zitiert als Stemmler, Das „Neminem-laedere-Gebot")

Stern, Klaus (Hrsg.), Das Staatsrecht der Bundesrepublik Deutschland, Band III/2, Allgemeine Lehren der Grundrechte. Grundrechtstatbestand, Grundrechtsbeeinträchtigungen und Grundrechtsbegrenzungen, Grundrechtsverluste und Grundpflichten, Schutz der Grundrechte, Grundrechtskonkurrenzen, Grundrechtssystem, München 1994 (zitiert als Bearbeiter, in: Stern (Hrsg.), Staatsrecht III/2)

Stern, Klaus, Das Staatsrecht der Bundesrepublik Deutschland, Band I, Grundbegriffe und Grundlagen des Staatsrechts, Strukturprinzipien der Verfassung, 2. Auflage, München 1984 (zitiert als Stern, Staatsrecht I)

Stern, Klaus, Ehrenschutz und „allgemeine Gesetze“, in: Baumgärtel, Gottfried/Becker, Hans-Jürgen/Klingmüller, Ernst/Wacke, Andreas (Hrsg.), Festschrift für Heinz Hübner zum 70. Geburtstag am 7. November 1984, Berlin/New York 1984, S. 815 (zitiert als Stern, in: FS Hübner zum 70. Geburtstag, S. 815)

Stree, Walter, Deliktsfolgen und Grundgesetz: Zur Verfassungsmässigkeit der Strafen und sonstigen strafrechtlichen Massnahmen, Tübingen 1960 (zitiert als Stree, Deliktsfolgen und Grundgesetz)

Struth, Anna Katharina, Hassrede und Freiheit der Meinungsäußerung: Der Schutzbereich der Meinungsäußerungsfreiheit in Fällen demokratiefeindlicher Äußerungen nach der Europäischen Menschenrechtskonvention, dem Grundgesetz und der Charta der Grundrechte der Europäischen Union, Berlin/Heidelberg 2019 (Struth, Hassrede und Freiheit der Meinungsäußerung)

Stümmer, Erich, Das Sittengesetz im öffentlichen Recht, BayVBl. 1965, 185 (zitiert als Stümmer, BayVBl. 1965, 185)

Teichmann, Arndt, § 242 [Treu und Glauben], in: Soergel, Hans Theodor (Begr.)/Siebert, Wolfgang (Hrsg.), Bürgerliches Gesetzbuch mit Einführungsgesetz und Nebengesetzen, Band 2, Schuldrecht I (§§ 241–432), 12. Auflage, Stuttgart/Berlin/Köln, Stand: Juli 1990 (zitiert als Teichmann, in: Soergel (Begr.)/Siebert (Hrsg.), BGB II, 12. Auflage, § 242)

Teichmann, Arndt, Die Gesetzesumgehung, Göttingen 1962 (Teichmann, Gesetzesumgehung)

Teifke, Nils, Das Prinzip Menschenwürde: Zur Abwägungsfähigkeit des Höchstrangigen, Tübingen 2011 (zitiert als Teifke, Das Prinzip Menschenwürde)

Thiel, Markus, Die „Entgrenzung“ der Gefahrenabwehr: Grundfragen von Freiheit und Sicherheit im Zeitalter der Globalisierung, Tübingen 2011 (zitiert als Thiel, Die „Entgrenzung“ der Gefahrenabwehr)

Thiel, Markus, Die Verwirkung von Grundrechten gemäß Art. 18 GG, in: Thiel, Markus (Hrsg.), Wehrhafte Demokratie: Beiträge über die Regelungen zum Schutze der freiheitlichen demokratischen Grundordnung, Tübingen 2003, S. 129 (zitiert als Thiel, in: Thiel (Hrsg.), Wehrhafte Demokratie, S. 129)

Tillmanns, Reiner, Wehrhaftigkeit durch Werthaftigkeit – der ethische Grundkonsens als Existenzvoraussetzung des freiheitlichen Staates, in: Thiel, Markus (Hrsg.), Wehrhafte Demokratie: Beiträge über die Regelungen zum Schutze der freiheitlichen demokratischen Grundordnung, Tübingen 2003, S. 25 (zitiert als Tillmanns, in: Thiel (Hrsg.), Wehrhafte Demokratie, S. 25)

Tipke, Klaus/Lang, Joachim, Steuerrecht, 23. Auflage, Köln 2018 (zitiert als Bearbeiter, in: Tipke/Lang)

Tsatsos, Dimitrios, Verfassungsrecht, Band C, Grundrechte, I. Allgemeiner Teil, Athen-Komotini 1988 (griechisch) (zitiert als Tsatsos, Verfassungsrecht)

Tsatsos, Themistoklis D., Das Problem der Auslegung im Verfassungsrecht, Sonderdruck (vom Zweiten Band des Jahrbuchs Wissenschaftlicher Forschungen der Universität Athen) Athen 1970 (griechisch) (zitiert als Tsatsos, Das Problem der Auslegung im Verfassungsrecht)

Tsesis, Alexander, Free speech constitutionalism, U. Ill. L. Rev. 2015, 1015 (zitiert als Tsesis, U. Ill. L. Rev. 2015, 1015)

Unger, Sebastian, Das Verfassungsprinzip der Demokratie: Normstruktur und Norminhalt des grundgesetzlichen Demokratieprinzips, Tübingen 2008 (zitiert als Unger, Das Verfassungsprinzip der Demokratie)

Vlachopoulos, Spyros, Allgemeine Theorie der Grundrechte, in: Vlachopoulos, Spyros, Grundrechte: Individuelle, Soziale und politische Rechte, Athen 2017, [1] (zitiert als Vlachopoulos, in: Vlachopoulos, Grundrechte, [1])

Vlachos, Georgios K., Die Verfassung Griechenlands (Ergänzung zu A.I. Svolou/ G.K. Vlachou, Die Verfassung Griechenlands). Grundrechte und Grundfreiheiten. Die Verfassung von 11. Juni 1975 und die neuesten internationalen Entwicklungen, Athen-Komotini 1979 (griechisch) (zitiert als Vlachos, Die Verfassungs Griechenlands)

Vegleris, Phedon, Die Schranken der Menschenrechte, Athen-Komotini 1982 (griechisch) (zitiert als Vegleris, Die Schranken der Menschenrechte)

Vegleris, Phedon, in: Diskussionsbericht, in: Iliopoulos-Strangas, Julia (Hrsg.), Der Mißbrauch von Grundrechten in der Demokratie: Referate und Diskussionsberichte des internationalen Symposions der Marangopoulos-Stiftung für Menschenrechte, Athen, in Zusammenarbeit mit dem Goethe-Institut, Athen, in Athen vom 20. bis 21. März 1989, Baden-Baden 1989, S. 169 (zitiert als Vegleris, in: Diskussionsbericht, in: Iliopoulos-Strangas (Hrsg.), Der Mißbrauch von Grundrechten in der Demokratie, S. 169)

Volkmann, Uwe, Die Geistesfreiheit und der Ungeist – Der Wunsiedel-Beschluss des BVerfG, NJW 2010, 417 (zitiert als Volkmann, NJW 2010, 417)

Volkmann, Uwe, Freiheit und Gemeinschaft, in: Merten, Detlef/Papier, Hans-Jürgen (Hrsg.), Handbuch der Grundrechte in Deutschland und Europa, Band II, Grundrechte in Deutschland: Allgemeine Lehren I, Heidelberg 2006, § 32 (zitiert als Volkmann, in: Merten/Papier (Hrsg.), HbGR II, § 32)

Wachsmann, Patrick, Liberté d' expression et négationnisme, RTDH 2001, 585 (zitiert als Wachsmann, RTDH 2001, 585)

Wallerath, Maximilian, Allgemeines Verwaltungsrecht: Eine Einführung für Studium und Praxis, 5. Auflage, Siegburg 2000 (zitiert als Wallerath, Allgemeines Verwaltungsrecht)

Waltermann, Raimund, Sozialrecht, 13. Auflage, Heidelberg 2018 (zitiert als Waltermann, Sozialrecht)

Wernicke, Kurt Georg, Art. 18 in: Kommentar zum Bonner Grundgesetz, Loseblatt, 4. Lieferung (zitiert als Wernicke, in: BK, Art. 18)

Werthebach, Eckart/Droste, Bernadette, Art. 73 Nr. 10, in: Kahl, Wolfgang/Waldhoff, Christian/Walter, Christian (Hrsg.), Bonner Kommentar zum Grundgesetz, Loseblatt, 87. Lieferung (Dezember 1998) (zitiert als Werthebach/Droste, in: Kahl/Waldhoff/Walter (Hrsg.), BK GG, Art. 73 Nr. 10)

Wiegand, Bodo, Kein Grundrechtsschutz für Extremisten, NJ 1993, 396 (zitiert als Wiegand, NJ 1993, 396)

Wießner, Siegfried, Asylverweigerung ohne Anerkennungsverfahren – Zur grundrechtlichen Relevanz sog. mißbräuchlicher Asylanträge, EuGRZ 1980, 473 (zitiert als Wießner, EuGRZ 1980, 473)

Wilke, Dieter, Die Verwirkung der Pressefreiheit und das strafrechtliche Berufsverbot: Zugleich ein Beitrag zur Rechtsnatur und zu den Grenzen der Grundrechte, Berlin 1964 (zitiert als Wilke, Die Verwirkung der Pressefreiheit)

Willms, Günther, Staatsschutz im Geiste der Verfassung, Frankfurt am Main/Bonn 1962 (zitiert als Willms, Staatsschutz)

Willoweit, Dietmar, Die bürgerlichen Rechte und das gemeine Wohl. Das rechtspolitische Profil des Allgemeinen Landrechts für die Preußischen Staaten von 1794, in: Ebel, Friedrich (Hrsg.), Gemeinwohl – Freiheit – Vernunft – Rechtsstaat: 200 Jahre Allgemeines Landrecht für die Preußischen Staaten; Symposium der Juristischen Gesellschaft zu Berlin 27. – 29. Mai 1994, Berlin/New York 1995, S. 1 (zitiert als Willoweit, in: Ebel (Hrsg.), Gemeinwohl – Freiheit – Vernunft – Rechtsstaat, S. 1)

Winkler, Markus, Kollisionen verfassungsrechtlicher Schutznormen: Zur Dogmatik der „verfassungsimmanenten" Grundrechtsschranken, Berlin 2000 (zitiert als Winkler, Kollisionen verfassungsrechtlicher Schutznormen)

Wintrich, Josef, Über Eigenart und Methode verfassungsgerichtlicher Rechtsprechung, in: Verfassung und Verwaltung in Theorie und Wirklichkeit: Festschrift für Herrn Geheimrat Professor Dr. Wilhelm Laforet anläßlich seines 75. Geburtstages, München 1952, S. 227 (zitiert als Wintrich, in: FS Laforet, S. 227)

Wolff, Hans J./Bachof, Otto/Stober, Rolf /Kluth, Winfried, Verwaltungsrecht I. Ein Studienbuch, 13. Auflage, München 2017 (zitiert als Bearbeiter, in: Wolff/Bachof/Stober/Kluth, Verwaltungsrecht I)

Wolff, Hans J., Über die Gerechtigkeit als principium juris, in: Festschrift für Willhelm Sauer zu seinem 70. Geburtstag am 24. Juni 1949, mit Bibliographie, Berlin 1949, S. 103 (zitiert als Wolff, in: FS Sauer zu seinem 70. Geburtstag, S. 103)

Wülfing, Thomas, Grundrechtliche Gesetzesvorbehalte und Grundrechtsschranken, Berlin 1981 (zitiert als Wülfing, Grundrechtliche Gesetzesvorbehalte)

Wysk, Peter, Rechtsmißbrauch und Eherecht, Bielefeld 1994 (zitiert als Wysk, Rechtsmißbrauch)

Zolotas, Triantafyllos, Privatleben und Öffentlichkeit: Eine vergleichende Untersuchung zur Rechtslage in der Bundesrepublik Deutschland, in den Vereinigten Staaten von Amerika sowie nach der Europäischen Menschenrechtskonvention, Köln 2010 (zitiert als Zolotas, Privatleben und Öffentlichkeit)

Zuck, Rüdiger, Das Recht der Verfassungsbeschwerde, 5. Auflage, München 2017 (zitiert als Zuck, Das Recht der Verfassungsbeschwerde)

www.ingramcontent.com/pod-product-compliance
Ingram Content Group UK Ltd.
Pitfield, Milton Keynes, MK11 3LW, UK
UKHW021126041026
8980IPUK00026B/790

9 783631 868423